U0463864

统计概率

的系统性解读

主　编　刘成龙　吕荣春　余小芬

副主编　朱勇军　李玉刚　姜艳红

编　委　郭爱平　向　城　贺锌菠　杨坤林　赵珂誉　董　奇　叶　勇　夏金光
　　　　马　春　朱先华　刘代刚　胡　鹏　易　斌　陈久林　陈荣奎　刘奇峰
　　　　魏龙文　陈建军　张　玉　李　玉　淳　盼　张文鳢

四川大学出版社

项目策划：毕　潜
责任编辑：毕　潜
责任校对：周维彬
封面设计：墨创文化
责任印制：王　炜

图书在版编目（CIP）数据

统计概率的系统性解读 / 刘成龙，吕荣春，余小芬
主编 . — 成都：四川大学出版社，2019.11
ISBN 978-7-5690-3194-2

Ⅰ . ①统… Ⅱ . ①刘… ②吕… ③余… Ⅲ . ①概率论
－高中－升学参考资料②数理统计－高中－升学参考资料
Ⅳ . ① G634.663

中国版本图书馆 CIP 数据核字（2019）第 260671 号

书名	统计概率的系统性解读
主　　编	刘成龙　吕荣春　余小芬
出　　版	四川大学出版社
地　　址	成都市一环路南一段 24 号（610065）
发　　行	四川大学出版社
书　　号	ISBN 978-7-5690-3194-2
印前制作	四川胜翔数码印务设计有限公司
印　　刷	成都金龙印务有限责任公司
成品尺寸	185mm×260mm
印　　张	11.75
字　　数	299 千字
版　　次	2020 年 1 月第 1 版
印　　次	2020 年 1 月第 1 次印刷
定　　价	52.00 元

版权所有 ◆ 侵权必究

◆ 读者邮购本书，请与本社发行科联系。
　电话：(028)85408408/(028)85401670/
　(028)86408023　邮政编码：610065
◆ 本社图书如有印装质量问题，请寄回出版社调换。
◆ 网址：http://press.scu.edu.cn

四川大学出版社
微信公众号

前　言

统计概率在高考数学中占有重要的地位。如何有效应对统计概率，已成为一线教师及教研专家们讨论的热门话题。我们认为，对统计概率的研究应着眼全局、系统应对，因此提出了统计概率的系统性解读这一观点。本书围绕系统性解读，以高考试题和模拟试题为载体，从多个视角对高考数学统计概率进行了深入而细致的分析，希望对教师教学、学生备考有较大帮助。

本书共5章。第1章的内容包括计数原理综述、计数原理错因深度剖析、计数原理全国课标卷考查统计、计数原理考纲解读和全国课标卷高考题目追溯等；第2章的内容包括统计概率选填题考查统计、统计概率解答题考查统计、统计综述、全国卷中统计高考题目赏析、搜集数据、整理数据、分析数据等；第3章的内容包括统计概率易错点辨析，古典概型，几何概型，随机数模拟法，互斥、对立和独立事件以及条件概率等；第4章的内容包括随机变量和分布列综述，方差与期望的本质、相关公式与计算，离散性随机变量分布等；第5章的内容包括阅读能力和分类讨论的思想、利用概率统计知识做决策、数据处理能力等。

本书在撰写过程中力求体现如下特点：

（1）资料性：以全国卷的高考试题为主体，汇编了近15年经典高考试题，同时整合了最新的各地诊断、模拟试题。

（2）实用性：帮助学生构建完整的知识结构，感悟统计和概率的思想，发展学生的核心素养。

（3）深刻性：结合考试中心的剖析，从学科的高度，从学生和一线老师的角度，对全国卷一些典型试题的解法和应对做了深入分析。

衷心感谢为本书的出版提供大力支持和资助的内江师范学院数学与信息

科学学院和科研处、教育部本科教学工程内江师范学院"数学与应用数学专业综合改革试点"项目（ZG0464）、四川省教育厅"数学与应用数学专业教学综合改革项目"、四川省"西部卓越中学数学教师协同培养计划"项目（ZY16001）、四川省教育厅高师院校"三位一体，互动双赢"教育实习模式探索（PDTR2018-17）、内江师范学院"数学与应用数学专业转型发展改革试点"项目（ZX17003）、内江师范学院2016年度校级学科建设特色培养项目（T160009，T160010，T160011）、内江师范学院教材出版基金。感谢为本书的出版付出辛勤劳动的四川大学出版社的编辑们，以及本书所引用研究成果的作者。同时也真诚感谢关心、支持本书出版的所有亲人、朋友们，谢谢你们的支持和帮助！

由于时间及知识水平所限，本书在编写过程中难免有不足之处，恳请读者批评指正。

编　者
2019 年 9 月

目　录

第1章　计数原理

1.1　计数原理综述

一、知识结构

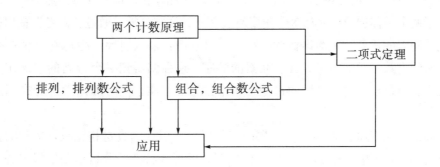

二、课标和教材解读

（一）分类加法原理和分步乘法原理是处理计数问题的两个基本原理，揭示数学思想

这一章涉及分类、化归、从特殊到一般、多元联系表示等众多思想方法. 运用分类加法计数原理将一个复杂问题分解为若干"类别"，然后分类解决，各个击破；运用分步乘法计数原理将一个复杂问题的解决过程分解为若干"步骤"，先对每一个步骤进行细致分析，再整合成一个完整的过程，达到化繁为简、以简驭繁的效果，这是一种重要且基本的思想方法.

另一方面，如果从集合的角度考虑，分类加法计数原理表明了这样一个事实：

将集合 U 分成一些两两不交的子集 S_1，S_2，$\cdots$，S_n，而且 S_i（$i=1$，2，$\cdots$，k）的元素个数分别为 n_i，那么，集合 U 的元素个数为

$$n = n_1 + n_2 + \cdots + n_k$$

类比加法和乘法的关系思考两个计数原理的联系，运用从特殊到一般的方法，先对一些典型的计数问题进行详细分析，再从中概括出一般性的猜想及其证明方法.

（二）返璞归真地看两个计数原理，展示基本概念的形成过程，强调对本质的理解

计数是人类最基本、最原始的数学实践活动，两个计数原理是人们在大量实践经验的基础上归纳出来的基本规律."一个一个地数"的过程烦琐且容易出错，促使人们寻找方便、快捷的方法，这是寻找两个计数原理的基本出发点.

数的加法和乘法是我们最熟悉的两种运算，实际上它们也是人类活动中发展起来的技巧，其中乘法是加法的简便运算，这两种技巧通过推广，就发展为本章所学习的分类加法计数原理和分步乘法计数原理.

排列和排列数、组合和组合数以及二项式定理相关概念都具有一定的抽象性，教材采用"归纳式"来建构概念的理解过程，如"问题情景—引导探究—归纳概括——定量的应用题"，本章的编写特别突出了"过程性".例如，在讲排列和排列数的概念时，教材给出了两个具体例子，并从多个角度对实例进行详细分析，通过"思考"提出概括两个实例共同点的任务，再给出概念.在叙述过程中，多次引导学生思考一个排列的特点：元素的个数、元素的互异性、元素的顺序，还强调得到一个排列的"操作步骤"：先取元素、再排成一列，这样的过程强调了排列的本质，同时加深学生对排列定义的理解.

推导二项式定理的基本思路是"先猜后证".与以往的教材相比较，本章的猜想不是通过对 $(a+b)^n$ 中 n 取 1，2，3，4 的展开式的形式特征的分析而归纳得出的，而是直接应用两个计数原理对 $(a+b)^2$ 展开式的项的特征进行分析.这个分析过程不仅使学生对二项式的展开式与两个计数原理之间的内在联系获得基础的认识，而且为证明猜想提供了基本思路.

（三）突出两个基本原理的地位、控制难度，突出学生的应用意识

两个计数原理是解决计数的"根本方法"，排列组合的基本思想和工具就是两个计数原理，二项式定理的推导过程是两个计数原理的经典应用."追本溯源"，把排列、组合和二项式定理的研究引导到如何运用计数原理的思考上来.在具体问题的处理上，根据计数原理分析和解决问题，避免机械地套用公式.

计数问题非常多，可以人为地大量编制，实际上这也是造成学生学习困难的原因之一，课标明确提出"了解计数与现实生活的联系，会解决简单的计数问题"，对此高考也体现得非常明显，在学习中，一定要把握好教学的定位，避免在技巧和难度上花功夫.

"学以致用"的思想贯穿本章内容.两个计数原理在解决实际问题时，具有很大的灵活性，也是训练学生推理能力很好的素材，教材通过实例概括出两个计数原理后，选择了典型的、富有时代气息的 9 个应用问题，引导学生用两个计数原理进行分析、推理和论证，使学生有较多的机会熟悉原理及基本应用，在应用的过程中加深对原理的理解，提高学生分析问题和解决问题的能力.

（四）排列、组合是两类特殊而重要的计数方法

教材从简化运算的角度提出了排列与组合的学习任务，通过具体的实例概括出排列组合的概念，应用分步乘法计数原理得出排列数公式，应用分步计数原理和排列数公式推出组合数公式.

对于排列组合，有两个基本思想始终贯穿其中：一是根据一类问题的特点和规律寻找简便的计数方法，就像乘法是加法的简便运算一样；二是注意应用两个计数原理思考和解决问题.

排列的特殊性在于排列中元素的"互异性"和"有序性"，例如，"从全班 50 名同学中选出 4 名同学，分别担任班长、学习委员、文艺委员、体育委员"，就是一个排列问题. 你能说明为什么这个问题有元素的"互异性"与"有序性"的特点吗？

与排列比较，组合的特殊性在于它只有元素的"互异性"而不需要考虑顺序. 例如，上述问题如果改成"从全班 50 名同学中选出 4 名代表参加一项活动"，那么它就变成了一个组合问题. 本质上，"从 n 个不同元素中取出 k 个元素的组合"就是这 n 个不同元素组成的集合的一个 k 元子集.

（五）从不同角度思考和解决计数问题

计数问题一般都涉及实际背景，有一定数学化的过程，这是造成本章学习困难的原因之一. 另外，分类或分步的过程都容易产生重复和遗漏的情况，深刻辨析和一题多解常常是有效的方法，同时对提高学生的思维灵活性、分析和解决问题的能力十分有利.

值得提出的是，通过构造模型，从另一个角度对问题进行直观解释，以方便学生理解问题的含义，帮助他们分析推理，是解决排列组合问题的重要思想方法.

【例 1】（2016·全国Ⅲ卷第 12 题）定义"规范 01 数列"$\{a_n\}$ 如下：$\{a_n\}$ 共有 $2m$ 项，其中 m 项为 0，m 项为 1，且对任意 $k \leqslant 2m$，a_1，a_2，$\cdots$，a_k 中 0 的个数不少于 1 的个数. 若 $m = 4$，则不同的"规范 01 数列"共有

A. 18 个　　　　　B. 16 个　　　　　C. 14 个　　　　　D. 12 个

【解析】有的同学确定首尾分别是 0 或 1，利用树状图，第二个可能为 0 或 1，一边列一边分析，得到 14.

有的同学把这个数列分为两部分，前四项可能是 4 个 0，3 个 0，2 个 0.

若为 4 个 0，即 0，0，0，0，则后面只能是 4 个 1. 若为 3 个 0，有三种情况：0，0，0，1；0，0，1，0；0，1，0，0，因为末位为 1，前面已有 3 个 0，则后三位可以任意排列，即 3×3=9. 若为 2 个 0，则有 0，0，1，1；0，1，0，1，可以分析出最后两

位必须为 1，则另外两个位置可以随便排列，即各有 2 种. 共 14 种.

1.2 计数原理错因深度剖析

解决计数问题的灵活性意味着切入的角度多，也意味着错误的类型多，对错误进行剖析有助于形成正确的认识.

一、分类分步混淆

【例 2】某队有男运动员 6 名，女运动员 4 名，现要选派 5 人外出比赛，要求至少有 2 名女队员，有_____种选派方法.

【错解】为了保障有 2 名女队员，应把事情分两步做，第一步先选 2 名女队员，即 C_4^2，第二步再从剩下的 8 名队员中任选 3 名，即 C_8^3，所以有 $C_4^2 C_8^3$.

【错因的现象解释】给女队员编号：女 1、女 2、女 3、女 4，第一步可能选到女 1、女 2，第二步可能选到女 3、女 4，而相反，我们第一步可能选到女 3、女 4，第二步可能选到女 1、女 2，这本来是一种情况，而我们把它视为不同的情况，导致了重复.

【错因的根源探究】这个题目无论是出发点还是其效果，第一步是要保障"至少有 2 名女生"，而如果第二步也选到 2 名女生，其实也能保障至少有 2 名女生，那第一步与第二步有交叉，不独立.

【解析】完成这件事情既要选女队员，也要选男队员，如果把事情分为两步，第一步选女队员，第二步再选男队员，而选到女队员的多少会对"选男队员"产生影响，由此很自然地就应该分类.

分步要求"步骤完整""步与步之间要相互独立"，有的资料书把"步与步之间要相互独立"理解为"步与步之间互不干扰". 毫无疑问，完成这件事的步骤是连续的，第一步肯定会对第二步产生影响，可以把"步与步之间的独立性"更加清晰地表述为"在完成的事情上，没有交叉". 这也启发学生对分类的时机的考虑，即在分步过程中遇到了不一样的情况，会对下一个步骤产生影响的时候，就需要进行分类.

其实"至少有 2 名女生"也告诉了学生可以分为几种情况，先分类再分步，也可以从反面考虑.

二、分步的对象不清楚导致步骤不完整

在具体问题中，往往会涉及多个元素，应该把哪一个列为分步的对象，学生容易产生混淆.

【例 3】将 4 封不同的信投到 3 个信箱，有多少种投法？

【例 4】4 个人均参加 3 个项目的比赛，每项冠军只有一人，那冠军的可能情况有多少种？

【困惑】对于上述两个问题，学生很多不确定应该是 4^3 还是 3^4.

【解析】原因在于不清楚分步的对象，变式问的是冠军的情况，分步的对象自然应该是比赛的项目. 到底分步对象搞清楚没有，可以检验一下通过以上的步骤是否能够把事情做完，从而更好地理解"步骤完整"的意义. 例 3 从信箱的角度来考虑，例 4 从 4 个人的角度来考虑，其结果都不是"恰好"做完一件事情，即步骤不完整. 所以应该按信和比赛项目来分步，答案分别是 3^4 和 4^3.

三、分步与顺序关系的理解混乱

排列数公式的推导是根据分步乘法计数原理得到的，再加上习题的强化，让一些学生误以为分步就已经含有了顺序. 在例 2 中，先选女生，再选男生，虽然是分步，但与顺序无关，如果将 6 名男生平均分成 3 组，$C_6^2 C_4^2 C_2^2$ 的计算方式是重复了 A_3^3 次，可视为含有顺序；如果分为 3 组，一组 1 个，一组 2 个，一组 3 个，$C_6^1 C_5^2 C_3^3$ 却不含顺序. 如果把男生与女生视为不同的类型，则分步选取不同类型，与顺序无关，而对于同类型，不同数量分步选取，与顺序也无关. 到底分步选取与顺序是否有关，应具体问题具体分析.

四、分类的标准不清楚

在面临限制条件较多，涉及元素也较多的时候，学生往往不知道从哪个地方切入来进行分类，思维比较混乱，我们通过一个应用来说明一下.

【例 5】现安排甲、乙、丙、丁、戊 5 名同学参加上海世博会志愿者服务活动，每人从事翻译、导游、礼仪、司机四项工作之一，每项工作至少有一人参加. 甲、乙不会开车但能从事其他三项工作，丙、丁、戊都能胜任四项工作，则不同安排方案有多少种？

这里面有特殊的人——甲、乙，有特殊的工作——司机，到底以什么作为切入点，会更加简单一点呢？因为特殊的工作就一个，可以尝试从司机切入，因为将 5 个人分配到 4 个工作岗位上，一定有一个工作岗位上是两个人，那有可能司机这个工作是一个人做，也有可能是两个人做，由此进行分类.

一般来说，从特殊的元素或特殊的位置来切入，选择一个作为分类的对象，根据需要选择分类的标准，把特殊的考虑完之后，再来考虑一般情况.

五、忽略元素相同与不同

为了方便，习惯上把"从 n 个不同元素中取出 m 个元素的一个排列（组合）"简称

"排列（组合）"，而学生初学的时候，考虑排列组合，容易忽略元素的异同，从而导致计算上的失误.

【例6】异面直线 a，b 上分别有 5 个或 8 个点，可以确定平面的个数为 _____.

【错解】分类：a 上 2 个点，b 上 1 个点；或 b 上 2 个点，a 上 1 个点. 在直线 a 上，选 2 个点，有 C_5^2，在直线 b 上，选 1 个点，有 C_8^1，即 $C_5^2 C_8^1$；同理 $C_5^1 C_8^2$；相加即可.

【错因分析】对于直线 a 上，所有点都在同一直线上，就确定平面而言，任意两个点都是一样的. 可以看成由直线和一个点确定平面，直线 a 和直线 b 上任意一点，8 种；直线 b 和直线 a 上任意一点，5 种. 共 13 种.

在我们简称"排列（组合）"的时候，要注意元素是否相同，一定要引导学生注意对于问题来说，元素是否相同.

六、笼统处理顺序，不够细化

在有些问题中，我们知道自己重复了，但不同的处理方式重复的次数可能也不一样，但很多学生是笼统地处理.

【例7】现有 10 个保送大学的名额，分配给 7 所学校，每校至少有一个名额，名额的分配方案有多少种？

有的同学是先给每个班分配一个名额，然后再把三个名额依次分下去，每一个名额有 7 种分配方式，共 7^3 种，有的学生能够敏锐地感受到会重复，因为 3 个名额一样，与顺序无关，于是就除以 A_3^3. 这三个名额分配下去，分给三个班，两个班重复的情况是不一样的，分给一个班根本就不重复.

为了避免出现这样的混乱，可以先分组再分配，或者用"隔板法".

1.3 计数原理全国课标卷考查统计

年份	题号	知识点	难度系数
2010	无		
2011	4	与古典概型结合	0.866
	8	二项式定理，各项系数和 $\left(x+\dfrac{a}{x}\right)\left(2x-\dfrac{1}{x}\right)^5$	0.570
2012	2	分配问题	0.993
2013（Ⅰ）	9	二项式定理，二项式系数最大 $(x+y)^{2m}$，$(x+y)^{2m+1}$	0.700

续表

年份	题号	知识点	难度系数
2014（Ⅰ）	5	与古典概型结合	0.779
	13	二项式定理，由指定项的系数求字母的值$(x-y)(x+y)^8$	0.552
2015（Ⅰ）	10	二项式定理，求指定项的系数$(x^2+x+y)^5$	0.634
2016（Ⅰ）	14	二项式定理，求指定项的系数$(2x+\sqrt{x})^5$	0.796
2017（Ⅰ）	6	二项式定理，求指定项的系数$\left(1+\dfrac{1}{x^2}\right)(1+x)^6$	
2013（Ⅱ）	5	二项式定理，由指定项的系数求字母的值	0.736
2014（Ⅱ）	13	二项式定理，由指定项的系数求字母的值$(x+a)^{10}$	0.719
2015（Ⅱ）	15	二项式定理，求x奇数次幂系数和$(a+x)(1+x)^4$	0.436
2016（Ⅱ）	5	排列组合，最短路径条数	0.498
2017（Ⅱ）	6	分配问题	0.344
2016（Ⅲ）	12	与数列结合在一起	<0.1
2017（Ⅲ）	4	二项式定理，求指定项的系数$(x+y)(2x-y)^5$	

由上表可知：

①突出两个计数原理的理解和应用.

②注重与实际相联系，和课改理念吻合，生活中的计数考查过 3 次.

③突出工具作用，2 次作为古典概型计算的工具，1 次与数列结合.

④除了与数列结合特别难之外，其余题目都是容易题和中档题，在实际教学中应该控制难度.

⑤二项式定理考查过 10 次，考查频率非常高. 应该准确理解和区别二项式定理中各个基本概念，注重推导的过程.

由 2010 年至 2017 年 8 年课标卷与 2002 年至 2009 年 8 年高考卷的比较可知：

从分值来看，除了 2016 年Ⅲ卷和 2010 年新课标没有单独考查计数原理之外，都考 5 分，而在 2010 年之前基本都是考查 2 个小题，10 分，排列组合和二项式定理各 1 个. 近 8 年排列组合考查了 3 次，而计数原理考查过 10 次.

从难度来看，排列组合题的位置是 2、5、6 题，以简单题为主，相比以前，难度大大削弱，计数原理在 8、9、10 题的位置和 15 题的位置各一次，难度相对以前来说，略有上升.

从考查方式来说，排列组合在重点内容上保持了一贯的风格，频率最高的是分组分配问题，从以前的染色问题、立体几何中的计数和隔板法等调整为注重最基本的原理，无论从哪个角度来说，对排列组合的考查都削弱了. 注重与实际相结合，和课标的理念是吻合的，而二项式定理的考查相对以前只考查指定项的系数来说更丰富，比如系数和、奇数次幂项系数和、二项式系数最大项等，但考查的基本思想不变，都指向最基本的原理，即要理解二项式的推导过程，并灵活运用.

1.4 计数原理考纲解读和全国课标卷高考题目追溯

一、考纲解读

1. 分类加法计数原理、分步乘法计数原理

①理解分类加法计数原理和分步乘法计数原理.

②会用分类加法计数原理或分步乘法计数原理分析和解决一些简单的实际问题.

2. 排列与组合

①理解排列、组合的概念.

②能利用计数原理推导排列数公式、组合数公式.

③能解决简单的实际问题.

解读：强调解决简单实际问题，强调对两个原理的理解.

备考建议：控制难度，注重在实际问题中对两个原理的应用和转化为排列组合中一些重要模型，注意从特殊位置和特殊元素切入，分步要独立完整，分类要不重不漏.

3. 二项式定理

①能用计数原理证明二项式定理.

②会用二项式定理解决与二项展开式有关的简单问题.

解读：对二项式定理的推导过程提出了较高要求，二项式定理的应用要注意控制难度.

备考建议：高考对①考查的频率非常高，这其中也涉及一些概念，比如项的系数、二项式系数等，要准确理解.

二、高考题目赏析

1. （2017·全国Ⅱ卷第6题）安排3名志愿者完成4项工作，每人至少完成1项，每项工作由1人完成，则不同的安排方式共有(   )

A. 12 种   B. 18 种   C. 24 种   D. 36 种

【解析】把4项工作分为3组，即1，1，2，因为有2个组人数一样，所以分组的方法有 $\dfrac{C_4^1 C_3^1 C_2^2}{A_2^2}$，再分配给3个人，即 $\dfrac{C_4^1 C_3^1 C_2^2}{A_2^2} \cdot A_3^3 = 36$ 种，选 D.

追溯1：（2004·全国Ⅲ卷第12题）将4名教师分配到3所中学任教，每所中学至少1名，则不同的分配方案共有(   )

A. 12 种　　　　B. 24 种　　　　C. 36 种　　　　D. 48 种

2. (2012·新课标第 2 题)将 2 名教师，4 名学生分成 2 个小组，分别安排到甲、乙两地参加社会实践活动，每个小组由 1 名教师和 2 名学生组成，不同的安排方案共有（　　　）

A. 12 种　　　　B. 10 种　　　　C. 9 种　　　　D. 8 种

【解析】因为分配的情况都是同样的人数和同样的人员结构，所以可以直接分配，一组确定则另外一组也确定，则分配方案为 $C_2^1 C_4^2 = 12$，选 A.

追溯 1：(2006·全国 I 卷第 15 题)安排 7 位工作人员在 5 月 1 日到 5 月 7 日值班，每人值班一天，其中甲、乙二人都不能安排在 5 月 1 日和 2 日，不同的安排方法共有_____种.（用数字作答）

追溯 2：(2007·全国 I 卷第 13 题)从班委会 5 名成员中选出 3 名，分别担任班级学习委员、文娱委员与体育委员，其中甲、乙二人不能担任文娱委员，则不同的选法共有_____种.（用数字作答）

追溯 3：(2004·全国 IV 卷第 9 题)从 5 位男教师和 4 位女教师中选出 3 位教师，派到 3 个班担任班主任（每班 1 位班主任），要求这 3 位班主任中男、女教师都要有，则不同的选派方案共有（　　　）

A. 210 种　　　　B. 420 种　　　　C. 630 种　　　　D. 840 种

【点评】1 题因为分配的人数不一样，且涉及三组，所以先分组再分配，避免计数混淆；2 题因为分配的情况都是同样的人数和同样的人员结构，直接分配更为简单.

3. (2016·全国 II 卷第 5 题)如图，小明从街道的 E 处出发，先到 F 处与小红会合，再一起到位于 G 处的老年公寓参加志愿者活动，则小明到老年公寓可以选择的最短路径条数为（　　　）

A. 24　　　　B. 18　　　　C. 12　　　　D. 9

【解析】E→F 有 6 种走法，F→G 有 3 种走法，由乘法原理知，共 6×3=18 种走法，选 B.

【点评】考查最基本的原理——分步计数原理，学生要善于把问题情景转化为分步计数原理模型.

4. (2017·全国 I 卷第 6 题)$\left(1 + \dfrac{1}{x^2}\right)(1+x)^6$ 展开式中 x^2 的系数为（　　　）

A. 15　　　　　B. 20　　　　　C. 30　　　　　D. 35

【解析】x^2 是由第1个括号的1乘以后面括号的 x^2 和由第1个括号的 $\frac{1}{x^2}$ 乘以后面括号的 x^4，由 $1 \cdot C_6^2 x^2 + \frac{1}{x^2} \cdot C_6^4 x^4 = 30x^2$ 知选 C.

5. (2017・全国Ⅲ卷第4题) $(x+y)(2x-y)^5$ 的展开式中 x^3y^3 的系数为（　　）

A. -80　　　　B. -40　　　　C. 40　　　　D. 80

【解析】由二项式定理可得，原式展开中含 x^3y^3 的项为 $x \cdot C_5^2 (2x)^2 (-y)^3 + y \cdot C_5^3 (2x)^3 (-y)^2 = 40x^3y^3$，则 x^3y^3 的系数为 40，故选 C.

6. (2015・全国Ⅰ卷第10题) $(x^2+x+y)^5$ 的展开式中 x^5y^2 的系数为 （　　）

A. 10　　　　　B. 20　　　　　C. 30　　　　　D. 60

【解析】要产生 x^5y^2，需要在5个括号中2个选 x^2，1个选 x，2个选 y，所以 x^5y^2 的系数为 $C_5^2 C_3^1 C_2^2 = 30$，选 C.

【点评】考查最基本的原理，对二项式定理推导过程的理解和应用. 类似的题目很多.

追溯1：(2015・全国Ⅱ卷第15题) $(a+x)(1+x)^4$ 的展开式中 x 的奇数次幂项的系数之和为 32，则 $a=$ _____.

追溯2：(2014・全国Ⅰ卷第13题) $(x-y)(x+y)^8$ 的展开式中 x^2y^2 的系数为 _____.（用数字作答）

追溯3：(2013・全国Ⅱ卷第5题) 已知 $(1+ax)(1+x)^5$ 的展开式中 x^2 的系数为 5，则 a 为 （　　）

A. -4　　　　B. -3　　　　C. -2　　　　D. -1

追溯4：(2011・新课标第8题) $\left(x+\frac{a}{x}\right)\left(2x-\frac{1}{x}\right)^5$ 的展开式中各项系数的和为 2，则该展开式中常数项为（　　）

A. -40　　　　B. -20　　　　C. 20　　　　D. 40

追溯5：(2008・全国Ⅱ卷第7题) $(1-\sqrt{x})^6(1+\sqrt{x})^4$ 的展开式中 x 的系数是（　　）

A. -4　　　　B. -3　　　　C. 3　　　　D. 4

追溯6：(2007・全国Ⅱ卷第13题) $(1+2x^2)\left(x-\frac{1}{x}\right)^8$ 的展开式中常数项为 _____.（用数字作答）

追溯7：(2005・全国Ⅲ卷第3题) 在 $(x-1)(x+1)^8$ 的展开式中 x^5 的系数是（　　）

A. -14　　　　B. 14　　　　C. -28　　　　D. 28

追溯8：(2002・全国卷第15题) $(x^2+1)(x-2)^7$ 展开式中 x^3 的系数是 _____.

7. (2016・全国Ⅰ卷第14题) $(2x+\sqrt{x})^5$ 的展开式中，x^3 的系数是 _____.

（用数字填写答案）

8. （2014·全国Ⅱ卷第 13 题）$(x+a)^{10}$ 的展开式中，x^7 的系数为 15，则 $a=$ _____.
（用数字填写答案）

【点评】考查指定项的系数. 直接利用公式，或者用最基本的原理.

9. （2013·全国Ⅰ卷第 9 题）设 m 为正整数，$(x+y)^{2m}$ 展开式的二项式系数的最大值为 a，$(x+y)^{2m+1}$ 展开式的二项式系数的最大值为 b，若 $13a=7b$，则 m 为（　　）

A. 5　　　　　　B. 6　　　　　　C. 7　　　　　　D. 8

【解析】由题知 $a=C_{2m}^{m}$，$b=C_{2m+1}^{m+1}$，可得 $13C_{2m}^{m}=7C_{2m+1}^{m+1}$，即 $\dfrac{13\times(2m)!}{m!\ m!}=\dfrac{7\times(2m+1)!}{(m+1)!\ m!}$，解得 $m=6$，故选 B.

【点评】注意二项式系数与系数的区别，以及二项式最大值和系数最大值不同的求法.

1.5　两个计数原理

一、两个基本原理

1. 分类加法计数原理

完成一件事有 n 类不同的方案，在第一类方案中有 m_1 种不同的方法，在第二类方案中有 m_2 种不同的方法，…，在第 n 类方案中有 m_n 种不同的方法，则完成这件事情共有 $N=m_1+m_2+\cdots+m_n$ 种不同的方法.

2. 分步乘法计数原理

完成一件事情需要分成 n 个不同的步骤，完成第一步有 m_1 种不同的方法，完成第二步有 m_2 种不同的方法，…，完成第 n 步有 m_n 种不同的方法，那么完成这件事情共有 $N=m_1\times m_2\times\cdots\times m_n$ 种不同的方法.

二、两个基本原理的考查方式

1. 某人从甲地到乙地，可以乘火车，也可以坐轮船，在这一天的不同时间里，火车有 4 趟，轮船有 3 次，问此人的走法可有 _____ 种.

变式 1：已知集合 $M=\{1,\ -2,\ 3\}$，$N=\{-4,\ 5,\ 6,\ -7\}$，从 M，N 这两个集合中各选一个元素分别作为点的横坐标、纵坐标，则这样的坐标在直角坐标系中可表示第一、第二象限内不同的点的个数是 _____.

变式 2：一个乒乓球队里有男队员 5 名，女队员 4 名，从中选出男、女队员各一名组成混合双打，共有_____种不同的选法.

2. 把 3 封信投到 4 个信箱，所有可能的投法共有（　　）

A. 24 种   B. 4 种   C. 4^3 种   D. 3^4 种

变式 1：4 个人均参加 3 个项目的比赛，每个项目冠军只有一人，那冠军的可能情况有（　　）

A. 24 种   B. 4 种   C. 4^3 种   D. 3^4 种

变式 2：异面直线 a，b 上分别有 5 个或 8 个点，可以确定平面的个数为_____.

变式 3：把红、蓝、黑三颗棋子放到 4×4 的方阵中，三颗棋子既不同行也不同列的放法有_____种.

三、复杂问题一般先分类再分步

3. 由 0，1，2，3 这四个数字组成的四位数中，有重复数字的四位数共有（　　）

A. 238 个   B. 232 个   C. 174 个   D. 168 个

变式 1：（北京卷文 5）用数字 1，2，3，4，5 组成的无重复数字的四位偶数的个数为（　　）

A. 8   B. 24   C. 48   D. 120

变式 2：由 0，1，2，3 这四个数字组成的四位数中，有重复数字的四位偶数共有（　　）

A. 238 个   B. 232 个   C. 174 个   D. 168 个

变式 3：（2007·四川卷文）用数字 1，2，3，4，5 可以组成没有重复数字，并且比 20000 大的五位偶数共有（　　）

A. 48 个   B. 36 个   C. 24 个   D. 18 个

变式 4：（2005·全国Ⅱ卷第 15 题）在由数字 0，1，2，3，4，5 所组成的没有重复数字的四位数中，不能被 5 整除的数共有_____个.

拓展：（2004·全国Ⅱ卷第 12 题）在由数字 1，2，3，4，5 组成的所有没有重复数字的五位数中，大于 23145 且小于 43521 的数共有（　　）

A. 56 个   B. 57 个   C. 58 个   D. 60 个

4.（上海卷）电视台连续播放 6 个广告，其中含 4 个不同的商业广告和 2 个不同的公益广告，要求首尾必须播放公益广告，则共有_____种不同的播放方式（结果用数值表示）.

变式：从集合 $\{1，2，3，\cdots，10\}$ 中任意选出三个不同的数，使这三个数成等比数列，这样的等比数列的个数为（　　）

A. 3   B. 4   C. 6   D. 8

四、简单染色问题先分步再分类

5. （2008·全国 I 卷第 12 题）如图，一环形花坛分成 A，B，C，D 四块，现有 4 种不同的花供选种，要求在每块里种 1 种花，且相邻的 2 块种不同的花，则不同的种法总数为（　　）

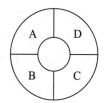

A. 96
B. 84
C. 60
D. 48

变式：（2003·全国 I 卷第 15 题）如图，一个地区分为 5 个行政区域，现给地图着色，要求相邻地区不得使用同一颜色，现有 4 种颜色可供选择，则不同的着色方法共有_____种.（以数字作答）

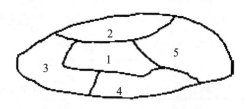

拓展：（2006·全国 I 卷第 12 题）设集合 $I = \{1, 2, 3, 4, 5\}$. 选择 I 的两个非空子集 A 和 B，要使 B 中最小的数大于 A 中最大的数，则不同的选择方法共有（　　）种.

A. 50
B. 49
C. 48
D. 47

1.6　排列组合

1. 排列

（1）排列的概念：从 n 个不同元素中，任取 m（$m \leqslant n$）个元素（这里的被取元素各不相同）按照一定的顺序排成一列，叫作从 n 个不同元素中取出 m 个元素的一个排列.

（2）排列数的定义：从 n 个不同元素中，任取 m（$m \leqslant n$）个元素的所有排列的个数叫作从 n 个不同元素中取出 m 个元素的排列数，用符号 A_n^m 表示.

（3）排列数公式：$A_n^m = n(n-1)(n-2) \cdots (n-m+1)$.

（4）全排列数公式：$A_n^n = n(n-1)(n-2) \cdots 2 \cdot 1 = n!$.

2. 组合

（1）组合的定义：一般地，从 n 个不同元素中取出 m（$m \leqslant n$）个元素并成一组，叫作从 n 个不同元素中取出 m 个元素的一个组合.

（2）组合数的定义：从 n 个不同元素中取出 m（$m \leqslant n$）个元素的所有组合的个数，叫作从 n 个不同元素中取出 m 个元素的组合数. 用符号 C_n^m 表示.

（3）组合数公式：$C_n^m = \dfrac{A_n^m}{A_m^m} = \dfrac{n(n-1)(n-2) \cdots (n-m+1)}{m!} = \dfrac{n!}{m!(n-m)!}$

$(n$，$m \in \mathbf{N}^*$，且 $m \leqslant n)$. 特别地 $C_n^0 = 1$.

（4）组合数的性质：①$C_n^m = C_n^{n-m}$；②$C_{n+1}^m = C_n^m + C_n^{m-1}$.

一、排列组合的理解：注意是否与顺序有关，注意元素是否相同

1. 有 14 个队，每个队都会在主客场进行比赛，总共有_____场比赛.

变式 1：有 5 本不同的书，选 3 本，送给 3 个学生，有_____种不同的方法.

变式 2：有 5 种不同的书，买 3 本，送给 3 个学生，有_____种不同的方法.

2. 已知集合 $A = \{5\}$，$B = \{1, 2\}$，$C = \{1, 3, 4\}$，从这三个集合中各取一个元素构成空间直角坐标系中点的坐标，则确定的不同点的个数为（　　）

  A. 33   B. 34   C. 35   D. 36

变式 1：（江苏卷）今有 2 个红球、3 个黄球、4 个白球，同色球不加以区分，将这 9 个球排成一列，有_____种不同的方法（用数字作答）.

变式 2：（2012·全国卷第 11 题）将字母 a，a，b，b，c，c 排成三行两列，要求每行的字母互不相同，每列的字母也互不相同，则不同的排列方法共有（　　）

  A. 12 种   B. 18 种   C. 24 种   D. 36 种

二、相邻问题——捆绑法

3. （2012·辽宁卷第 5 题）一排 9 个座位坐了 3 个三口之家，若每家人坐在一起，则不同的坐法种数为（　　）

  A. $3 \times 3!$ B. $3 \times (3!)^3$ C. $(3!)^4$ D. $9!$

变式：记者要为 5 名志愿者和他们帮助的 2 位老人拍照，要求排成一排，2 位老人相邻但不排在两端，不同的排法共有（　　）

  A. 1440 种   B. 960 种   C. 720 种   D. 480 种

三、不相邻问题——插空法

4. （2013·大纲第 14 题）6 个人排成一行，其中甲、乙两人不相邻的不同排法共有_____种.（用数字作答）

变式 1：8 名学生和 2 位老师站成一排合影，2 位老师不相邻的排法种数为（　　）

  A. $A_8^8 A_9^2$ B. $A_8^8 C_9^2$ C. $A_8^8 A_7^2$ D. $A_8^8 C_7^2$

变式 2：（2014·辽宁卷第 6 题）6 把椅子摆成一排，3 人随机就座，任何两人不相邻的做法种数为（　　）

  A. 144   B. 120   C. 72   D. 24

拓展 1：（2014·重庆卷）某次联欢会要安排 3 个歌舞类节目、2 个小品类节目和 1

个相声类节目的演出顺序，则同类节目不相邻的排法种数是（　　）

  A. 72   B. 120   C. 144   D. 3

  拓展 2：某市新修建的一条道路上有 12 盏路灯，为了节约电而又不影响正常照明，可以熄灭其中 3 盏灯，但两端的灯不能熄灭，也不能熄灭相邻的两盏灯，则熄灭灯有_____种不同的方法．

四、复杂排列组合的分类处理

（一）多个元素，个数不确定：从个数少的切入

  5.（2007·浙江卷）某书店有 11 种杂志，2 元 1 本的 8 种，1 元 1 本的 3 种．小张用 10 元钱买杂志（每种至多买一本，10 元钱刚好用完），则不同买法的种数是_____（用数字作答）．

（二）特殊元素、特殊位置的存在：从影响大的切入

  6.（2006·全国Ⅰ卷第 15 题）安排 7 位工作人员在 5 月 1 日到 5 月 7 日值班，每人值班一天，其中甲、乙二人都不能安排在 5 月 1 日和 2 日，不同的安排方法共有_____种．（用数字作答）

  变式 1：（辽宁卷 9）一生产过程有 4 道工序，每道工序需要安排一人照看．现从甲、乙、丙等 6 名工人中安排 4 人分别照看一道工序，第一道工序只能从甲、乙两名工人中安排 1 人，第四道工序只能从甲、丙两名工人中安排 1 人，则不同的安排方案共有（　　）

  A. 24 种   B. 36 种   C. 48 种   D. 72 种

  变式 2：某台小型晚会由 6 个节目组成，对演出顺序有如下要求：节目甲必须排在前两位，节目乙不能排在第一位，节目丙必须排在最后一位，该台晚会节目演出顺序的编排方案共有（　　）

  A. 36 种   B. 42 种   C. 48 种   D. 54 种

  拓展：（2004·全国Ⅱ卷第 12 题）在由数字 1，2，3，4，5 组成的所有没有重复数字的 5 位数中，大于 23145 且小于 43521 的数共有（　　）

  A. 56 个   B. 57 个   C. 58 个   D. 60 个

（三）一一列出来

  7.（2007·辽宁卷理）将数字 1，2，3，4，5，6 拼成一列，记第 i 个数为 a_i（$i=$1，2，…，6），若 $a_1 \neq 1$，$a_3 \neq 3$，$a_5 \neq 5$，$a_1 < a_3 < a_5$，则不同的排列方法有_____种（用数字作答）．

  变式：由 1，2，3，4，5 组成没有重复数字且 1，2 都不与 5 相邻的五位数的个数

是（　　）

  A. 36   B. 32   C. 28   D. 24

五、至多至少问题——正难则反

  8. 某班级要从 4 名男生、2 名女生中选派 4 人参加某次社区服务，如果要求至少有 1 名女生，那么不同的选派方案种数为（　　）

  A. 14   B. 24   C. 28   D. 48

  变式 1：（2007·重庆卷理）某校要求每位学生从 7 门课程中选修 4 门，其中甲乙两门课程不能都选，则不同的选课方案有 _____ 种.（以数字作答）

  变式 2：（2009·全国 I 卷第 10 题）甲、乙两人从 4 门课程中各选修 2 门，则甲、乙所选的课程中至少有 1 门不相同的选法共有（　　）

  A. 6 种   B. 12 种   C. 30 种   D. 36 种

  变式 3：（2010·全国 I 卷第 6 题）某校开设 A 类选修课 3 门，B 类选择课 4 门，一位同学从中共选 3 门，若要求两类课程中各至少选一门，则不同的选法共有（　　）

  A. 30 种   B. 35 种   C. 42 种   D. 48 种

  变式 4：政府召集 5 家企业的负责人开会，其中甲企业有 2 人到会，其余 4 家企业各有 1 人到会，会上有 3 人发言，则这 3 人来自 3 家不同企业的可能情况的种数为（　　）

  A. 14   B. 16   C. 20   D. 48

  变式 5：（2002·全国卷第 11 题）从正方体的 6 个面中选取 3 个面，其中有 2 个面不相邻的选法共有（　　）

  A. 8 种   B. 12 种   C. 16 种   D. 20 种

六、分组分配问题

（一）分组问题

  9.（2014 大纲第 5 题）有 6 名男医生、5 名女医生，从中选出 2 名男医生、1 名女医生组成一个医疗小组，则不同的选法共有（　　）

  A. 60 种   B. 70 种   C. 75 种   D. 150 种

  变式 1：（2009·辽宁卷第 5 题）从 5 名男医生、4 名女医生中选 3 名医生组成一个医疗小分队，要求其中男、女医生都有，则不同的组队方案共有（　　）

  A. 70 种   B. 80 种   C. 100 种   D. 140 种

  变式 2：（2009·全国 I 卷第 5 题）甲组有 5 名男同学、3 名女同学，乙组有 6 名男同学、2 名女同学. 若从甲、乙两组中各选出 2 名同学，则选出的 4 人中恰有 1 名女同

学的不同选法共有( )

    A. 150 种   B. 180 种   C. 300 种   D. 345 种

（二）人数明确的分配问题

10. （2009·海南、宁夏卷15题）7名志愿者中安排6人在周六、周日两天参加社区公益活动. 若每天安排3人，则不同的安排方案共有_____种.（用数字作答）

    变式1：从5名志愿者中选派4人在星期五、星期六、星期日参加公益活动，每人一天，要求星期五有一人参加，星期六有两人参加，星期日有一人参加，则不同的选派方法共有（ ）

    A. 120 种   B. 96 种   C. 60 种   D. 48 种

    变式2：（2008·海南、宁夏卷9题）甲、乙、丙3位志愿者安排在周一至周五的5天中参加某项志愿者活动，要求每人参加一天且每天至多安排一人，并要求甲安排在另外两位前面. 不同的安排方法共有（ ）

    A. 20 种   B. 30 种   C. 40 种   D. 60 种

    变式3：（2012·新课标第2题）将2名教师，4名学生分成2个小组，分别安排到甲、乙两地参加社会实践活动，每个小组由1名教师和2名学生组成，不同的安排方案共有（ ）

    A. 12 种   B. 10 种   C. 9 种   D. 8 种

    变式4：（2010·全国II卷理6文9）将标号为1，2，3，4，5，6的6张卡片放入3个不同的信封中. 若每个信封放2张，其中标号为1，2的卡片放入同一信封，则不同的方法共有（ ）

    A. 12 种   B. 18 种   C. 36 种   D. 54 种

（三）人数不明确的分配问题

11. 将5名志愿者分配到3个不同的奥运场馆负责接待工作，每个场馆至少分配一名志愿者的方案种数为（ ）

    A. 540   B. 300   C. 180   D. 150

    变式1：某外商计划在四个候选城市投资3个不同的项目，且在同一个城市投资的项目不超过2个，则该外商不同的投资方案有（ ）

    A. 16 种   B. 36 种   C. 42 种   D. 60 种

    变式2：将6位志愿者分成4组，其中两个组各2人，另两个组各1人，分赴世博会的四个不同场馆服务，不同的分配方案有_____种.（用数字作答）

    变式3：（全国II卷）5名志愿者分到3所学校支教，每个学校至少去一名志愿者，则不同的分派方法共有（ ）

    A. 150 种   B. 180 种   C. 200 种   D. 280 种

    变式4：（2007·海南、宁夏卷16题）某校安排5个班到4个工厂进行社会实践，

每个班去一个工厂，每个工厂至少安排一个班，不同的安排方法共有_____种．（用数字作答）

（四）含有相同元素的分配问题

12. （2011·全国卷第7题）某同学有同样的画册2本，同样的集邮册3本，从中取出4本赠送给4位朋友，每位朋友1本，则不同的赠送方法共有（   ）

A. 4种　　　　　B. 10种　　　　　C. 18种　　　　　D. 20种

七、定序问题

13. 某工程队有6项工程需要单独完成，其中工程乙必须在工程甲完成后才能进行，工程丙必须在工程乙完成后才能进行，工程丁必须在工程丙完成后立即进行．那么安排这6项工程的不同排法种数是_____．（用数字作答）

八、特殊问题的处理

14. 两人进行乒乓球比赛，先赢三局者获胜，至决出胜负为止，则所有可能出现的情形（各人输赢局次的不同视为不同情形）共有（   ）

A. 10种　　　　　B. 15种　　　　　C. 20种　　　　　D. 30种

拓展：（2006·全国Ⅰ卷第12题）设集合 $I = \{1, 2, 3, 4, 5\}$．选择 I 的两个非空子集 A 和 B，要使 B 中最小的数大于 A 中最大的数，则不同的选择方法共有（   ）种

A. 50　　　　　B. 49　　　　　C. 48　　　　　D. 47

1.7　二项式定理

本节主要讲 $(a+b)^n$ 的展开式以及通项公式 T_{r+1} 的应用，对于公式的复习，既可以从题型的结构入手，也可以从公式的结构入手．鉴于这一节公式很少，我们从题型来解读公式的运用．

用式子 $(1+2\sqrt{x})^n$ 来尽可能多地展现出题的类型．

一、求指定项及系数

1. $(1+2\sqrt{x})^8$ 展开式中 x^2 项的系数是_____．

变式 1：$(1-2\sqrt{x})^8$ 展开式中 x^2 项的系数是＿＿＿＿．

变式 2：$(1-2\sqrt{x})^8+(1+x)^2$ 展开式中 x^2 项的系数是＿＿＿＿．

变式 3：$(1+x)^2(1-2\sqrt{x})^8$ 展开式中 x^2 项的系数是＿＿＿＿．

变式 4：$(1+2\sqrt{x})^8(1-2\sqrt{x})^8$ 展开式中 x^2 项的系数是＿＿＿＿．

变式 5：$(1+2\sqrt{x})^8$ 展开式中的有理项有＿＿＿＿项．

变式 6：（2012·四川初赛）$\left(x^2+x-\dfrac{1}{x}\right)^6$ 的展开式中的常数项是＿＿＿＿．（用具体数字作答）

二、涉及系数最大项、二项式系数最大项的问题

2. $(1+2\sqrt{x})^8$ 展开式中二项式系数最大的项是＿＿＿＿．

变式 1：$(1+2\sqrt{x})^9$ 展开式中二项式系数最大的项是＿＿＿＿．

变式 2：若 $(1+2\sqrt{x})^n$ 展开式中第 5 项二项式系数最大，则 $n=$＿＿＿＿．

变式 3：若 $(1+2\sqrt{x})^n$ 展开式中只有第 5 项二项式系数最大，则 $n=$＿＿＿＿．

变式 4：$(1+2\sqrt{x})^8$ 展开式中系数最大的项是＿＿＿＿．

三、有关系数和的问题（二项式系数和、各项系数和）

3. $(1+2\sqrt{x})^8$ 展开式中二项式系数和是＿＿＿＿．

变式 1：$(1-2\sqrt{x})^8$ 展开式中二项式系数和是＿＿＿＿．

变式 2：$(1+2\sqrt{x})^8$ 展开式中各项系数和是＿＿＿＿．

变式 3：$(1-2\sqrt{x})^8$ 展开式中各项系数和是＿＿＿＿．

变式 4：已知 $(1-x)^5=a_0+a_1x+a_2x^2+a_3x^3+a_4x^4+a_5x^5$，则 $\dfrac{a_1}{2}+\dfrac{a_2}{2^2}+\dfrac{a_3}{2^3}+\dfrac{a_4}{2^4}+\dfrac{a_5}{2^5}=-\dfrac{a_1}{2}+\dfrac{a_2}{2^2}-\dfrac{a_3}{2^3}+\dfrac{a_4}{2^4}-\dfrac{a_5}{2^5}=$＿＿＿＿；$(a_0+a_2+a_4)(a_1+a_3+a_5)=$＿＿＿＿．

变式 5：$x^2+x^{10}=a_0+a_1(x+1)+\cdots+a_9(x+1)^9+a_{10}(x+1)^{10}$，则 $a_9=$＿＿＿＿，$a_2=$＿＿＿＿．

四、整除

4. 设 $a\in\mathbf{Z}$，且 $0\leqslant a\leqslant13$，若 $51^{2012}+a$ 能被 13 整除，则 $a=$＿＿＿＿．

5. 若 $C_n^1x+C_n^2x^2+\cdots+C_n^nx^n$ 能被 7 整除，则 x，n 的值可能为（　　　）

A. $x=4$，$n=3$　　B. $x=4$，$n=4$　　C. $x=5$，$n=4$　　D. $x=6$，$n=5$

五、排列组合数的性质

6. 组合数 C_n^r（$n>r\geqslant1$，n，$r\in\mathbf{Z}$）恒等于（　　）

A. $\dfrac{r+1}{n+1}\mathrm{C}_{n-1}^{r-1}$　　　　　　　　B. $(n+1)(r+1)\mathrm{C}_{n-1}^{r-1}$

C. $nr\mathrm{C}_{n-1}^{r-1}$　　　　　　　　　　D. $\dfrac{n}{r}\mathrm{C}_{n-1}^{r-1}$

变式 1：观察下列等式：

$\mathrm{C}_5^1+\mathrm{C}_5^5=2^3-2$，

$\mathrm{C}_9^1+\mathrm{C}_9^5+\mathrm{C}_9^9=2^7+2^3$，

$\mathrm{C}_{13}^1+\mathrm{C}_{13}^5+\mathrm{C}_{13}^9+\mathrm{C}_{13}^{13}=2^{11}-2^5$，

$\mathrm{C}_{17}^1+\mathrm{C}_{17}^5+\mathrm{C}_{17}^9+\mathrm{C}_{17}^{13}+\mathrm{C}_{17}^{17}=2^{15}+2^7$，

……

由以上等式推测到一个一般的结论：

对于 $n\in\mathbf{N}^*$，$\mathrm{C}_{4n+1}^1+\mathrm{C}_{4n+1}^5+\mathrm{C}_{4n+1}^9+\cdots+\mathrm{C}_{4n+1}^{4n+1}=$＿＿＿＿＿＿＿＿.

变式 2：（2003·全国卷第 11 题改编）$\dfrac{\mathrm{C}_2^2+\mathrm{C}_3^2+\mathrm{C}_4^2+\cdots+\mathrm{C}_n^2}{n(\mathrm{C}_2^1+\mathrm{C}_3^1+\mathrm{C}_4^1+\cdots+\mathrm{C}_n^1)}=$＿＿＿＿＿＿＿＿.

1.8　全国卷中二项式定理高考题

1.（2014·大纲第 13 题）$\left(\dfrac{x}{\sqrt{y}}-\dfrac{y}{\sqrt{x}}\right)^8$ 的展开式中 x^2y^2 的系数为＿＿＿＿＿＿.

变式 1：（2011·全国卷第 13 题）$(1-\sqrt{x})^{20}$ 的二项展开式中，x 的系数与 x^9 的系数之差为＿＿＿＿＿＿.

变式 2：（2010·全国 II 卷第 14 题）若 $\left(x-\dfrac{a}{x}\right)^9$ 的展开式中 x^3 的系数是 -84，则 $a=$＿＿＿＿＿＿.

变式 3：（2009·全国卷第 13 题）$(x\sqrt{y}-y\sqrt{x})^4$ 的展开式中 x^3y^3 的系数为＿＿＿＿＿＿.

变式 4：（2009·全国 I 卷第 13 题）$(x-y)^{10}$ 的展开式中，x^7y^3 的系数与 x^3y^7 的系数之和等于＿＿＿＿＿＿.

变式 5：（2007·全国 I 卷第 10 题）$\left(x^2-\dfrac{1}{x}\right)^n$ 的展开式中，常数项为 15，则 n 为（　　）

A. 3　　　　　　B. 4　　　　　　C. 5　　　　　　D. 6

变式 6：（2012·全国卷第 15 题）若 $\left(x+\dfrac{1}{x}\right)^{n}$ 的展开式中第 3 项与第 7 项的二项式系数相等，则该展开式中 $\dfrac{1}{x^{2}}$ 的系数为_____.

2.（2013·辽宁卷第 7 题）使得 $\left(3x+\dfrac{1}{x\sqrt{x}}\right)^{n}$ $(n\in\mathbf{N}_{+})$ 的展开式中含有常数项的最小 n 为（　　）

A. 4　　　　　　B. 5　　　　　　C. 6　　　　　　D. 7

3.（2013·大纲第 7 题）$(1+x)^{3}(1+y)^{4}$ 的展开式中 $x^{2}y^{2}$ 的系数是（　　）

A. 56　　　　　B. 84　　　　　C. 112　　　　　D. 168

变式 1：（2015·全国 Ⅱ 卷第 15 题）$(a+x)(1+x)^{4}$ 的展开式中 x 的奇数次幂项的系数之和为 32，则 $a=$_____.

变式 2：（2010·全国卷第 5 题）$(1+2\sqrt{x})^{3}(1-\sqrt[3]{x})^{5}$ 的展开式中 x 的系数是（　　）

A. -4　　　　　B. -2　　　　　C. 2　　　　　D. 4

变式 3：（2014·全国 Ⅰ 卷第 13 题）$(x-y)(x+y)^{8}$ 的展开式中 $x^{2}y^{2}$ 的系数为_____.（用数字填写答案）

变式 4：（2017·全国 Ⅲ 卷）$(x+y)(2x-y)^{5}$ 的展开式中 $x^{3}y^{3}$ 的系数为（　　）

A. -80　　　　　B. -40　　　　　C. 40　　　　　D. 80

变式 5：（2010·辽宁卷第 13 题）$(1+x+x^{2})\left(x-\dfrac{1}{x}\right)^{6}$ 的展开式中的常数项为_____.

第2章 统 计

2.1 统计概率选填题考查统计

年份	题号	知识点	难度系数
2010	6	二项分布的期望	0.757
	13	随机数模拟法和定积分	0.133
2011	4	古典概型	0.866
2012	15	正态分布与概率计算	0.830
2013（Ⅰ）	3	抽样方法的选择	0.928
2013（Ⅱ）	14	古典概型	0.532
2014（Ⅰ）	5	古典概型	0.799
2014（Ⅱ）	5	条件概率	0.382
2015（Ⅰ）	4	独立重复事件的概率	0.679
2015（Ⅱ）	3	频率直方图的认知	0.786
2016（Ⅰ）	4	几何概型	
2016（Ⅱ）	10	随机数模拟法求概率	0.252
2016（Ⅲ）	4	气温雷达图的认知	
2017（Ⅰ）	2	几何概型和数学文化结合	
2017（Ⅱ）	13	二项分布求期望	
2017（Ⅲ）	3	折线统计图的认知	

由上表可知：

①二项分布和独立重复试验在选填题考查 3 次，大题只有 1 次.

②随机数模拟法考查过 2 次，2007 年海南卷（第一份课标卷）在 20 题考查了随机数模拟法. 考查频率很高，但得分率都极其低，2010 年第 13 题题目新颖，和定积分结合在一起.

③古典概型在选填题考查过 3 次，都与计数有关．在大题都是从统计的观点计算概率，由此看到全国卷既注重统计思想（课标理念），也注重计算概率的基本工具——计数原理，分布的考查在 2015 年以前．

④近两年，几何概型考查过 2 次，重在辨析．

⑤条件概率在选择题和大题都考查过 1 次，得分率不高，因为学生认知不够准确．

⑥读图识图是统计的基本要求．除了大题需要学生认识统计图之外，近 3 年都考查对不同的统计图的认知．

2.2　统计概率解答题考查统计

年份	涉及知识点	涉及的统计图或表	字符	难度系数
2010	分层抽样、独立性检验、调整抽样方法	二联表	175	0.391
2011	从统计的角度计算概率、分段函数、分布列	频率分布表	390	0.805
2012	分段函数、分布列、期望方差、做决策	统计表	252	0.316
2013（Ⅰ）	概率计算、分布列、期望	文字语言	276	0.405
2013（Ⅱ）	分段函数、由频率分布直方图估计概率、期望	频率分布直方图	287	0.297
2014（Ⅰ）	由频率分布直方图估计均值和方差、由正态分布计算概率和期望	频率分布直方图	260	0.432
2014（Ⅱ）	线性回归方程	表格	221	0.311
2015（Ⅰ）	非线性回归方程、二次型函数的最值	散点图	439	0.349
2015（Ⅱ）	茎叶图、统计角度计算概率	数据	359	0.583
2016（Ⅰ）	分布列、做决策	频率分布直方图	296	0.257
2016（Ⅱ）	统计角度计算概率、条件概率、期望	表格	239	0.383
2016（Ⅲ）	相关系数、回归直线方程	折线图	121	<0.2
2017（Ⅰ）	正态分布 3σ 原则的理解、均值和方差	表格	440	0.125
2017（Ⅱ）	统计角度计算概率、独立性检验、由频率分布直方图估计中位数	频率分布直方图	215	0.375
2017（Ⅲ）	分布列、决策	频率分布表	331	<0.5

由上表可知：

①从分值来看，除了 2010 年新课标涉及 22 分之外，每年都是一个小题、一个大

题，共 17 分，分值非常稳定.

②从难度来看，只有 2011 年难度系数大于 0.7，为容易题；难度系数在 0.5 以上的估计不超过 3 年；难度系数在 0.4～0.5 之间估计有 3 年，为中档偏难的题目；难度系数在 0.4 以下的有 8 年，为难题，甚至难度系数低于 0.2 的还有 2 年，由此看出全国卷概率统计题以难题为主，几乎全是中档和中档偏上的题目. 难点往往在于"新". 选择题以简单题为主，除了 2012 年第 15 题和 2016 年 Ⅱ 卷第 10 题两个中档题之外，都是选择题前 6 个或填空题前 2 个，但如果对题意理解不准确，对概率模型辨认不清楚，则极有可能失分. 概率统计虽然题不难，但却对数学阅读能力、数据处理能力、识图能力、分类讨论等有较高要求，得分率比想象的低很多.

③从考查内容和形式来说，涉及非常广泛，对整个概率统计知识进行了较为完善的考查，其中正态分布考查过 3 次，2014 年新课标 Ⅰ 卷和 2017 年全国 Ⅰ 卷以大题的形式进行考查；随机数模拟法计算概率分别在 2010 年新课标和 2016 年全国 Ⅱ 卷考查过；独立性检验分别在 2010 年新课标和 2017 年全国 Ⅱ 卷作为大题考查过；条件概率在 2014 年新课标 Ⅱ 卷作为小题考查，在 2016 年全国 Ⅱ 卷却以大题的形式来考查；在 2014 年新课标 Ⅱ 卷以大题的形式考查过求解线性回归直线方程，在 2015 年新课标 Ⅰ 卷以大题的形式考查非线性回归直线方程的求解；线性相关系数在 2016 年全国 Ⅲ 卷作为大题来考查；6 次与函数结合在一起，求解析式或最值.

④不含空格，从统计的字符来看，信息量很大，其中一个原因是要把问题表述清楚，所以要抓关键信息，同时也需要很好的数学阅读能力.

⑤与统计图表紧密相连，涉及折线统计图、茎叶图、散点图和频率分布直方图，读图识表是基本要求.

⑥概率的考查，大题全是从统计的观点来计算概率，以前是概率统计，现在是统计概率，凸显统计的重要性，这是新课标思想最极致的体现.

⑦从 2010 年到 2017 年，只有 2017 年全国 Ⅰ 卷结合正态分布考查二项分布，其他分布都不是超几何分布和二项分布.

⑧多次与函数结合在一起来考查.

⑨对概率统计知识、思想、能力都进行了非常全面的考查.

总结：突出对整个概率统计知识结构的准确认知的考查，突出对数学阅读能力、读图识图能力的考查，要求在具体问题情景中能够清楚界定概率的各种模型.

2.3　统计综述

一、知识结构

现代社会是信息化社会，数字信息随处可见，因此统计学备受关注，在义务教育阶段，统计知识分为三个阶段学习其基本方法，并逐渐提高．在高中分为两个必修和选修来学习．

统计学是研究搜集、整理、分析数据的科学，人们利用样本估计总体情况，并做出决策．

搜集数据就是抽样，根据目的和对象不同，选择不同的抽样方式；为了更好地分析数据，需要数据以表格、图形的方式出现，整理数据得到统计图和统计表；平均数、众数、中位数、方差和标准差能反映数据的特征，从数据、图、表直观感知、估计和计算这些特征数是这一章的基本要求．

其知识框架如下：

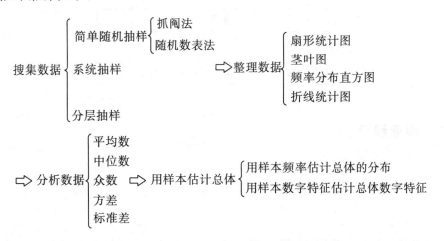

变量间的关系是人们感兴趣的问题，在现实世界中存在大量不能用函数模型描述的变量关系，研究其关系就显得非常重要，回归分析和独立性检验都是常用的统计方法，在统计学中占有很重要的地位．

回归分析知识框图如下：

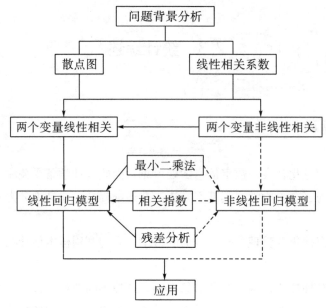

独立性检验知识框图如下:

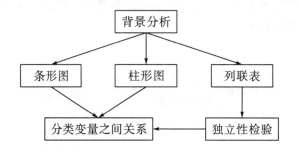

二、课标解读

(一) 统计学的重要性

1. 广泛的应用背景

统计学是在统计实践的基础上,自 17 世纪中叶产生并逐步发展起来的一门社会学科. 它是研究如何测定、搜集、整理、归纳和分析反映客观现象总体数量的数据,以便给出正确认识的方法论科学,被广泛地应用于各门学科,从自然科学和社会科学到人文科学,大量地被应用于工商业及政府的情报决策.

2. 大数据的时代背景

最早提出"大数据"时代到来的是全球知名咨询公司麦肯锡,麦肯锡称:"数据,已经渗透到当今每一个行业和业务职能领域,成为重要的生产因素. 人们对于海量数据的挖掘和运用,预示着新一波生产率增长和消费者盈余浪潮的到来.""大数据"在物理学、生物学、环境生态学等领域以及军事、金融、通信等行业的应用已有时日,随着云时代的来临，大数据也吸引了越来越多的关注．

3. 新课程改革的背景

新课程改革充分意识到统计概率的重要性，就理科而言，分为必修和选修，大量的增加统计和概率的课时，除去与之有关的计数原理课时，共 38 课时，占了整个中学总课时数的 $\frac{1}{10}$，其教学地位的重要性不言而喻．

统计概率难度不大，38 个课时意味着学生可以接触更多、更细的统计概率方面的知识．

（二）教与学方式——案例教学为主导

按照新课标所说，典型案例编写统计内容的方法，可以使学生经历数据处理的全过程，并在这个数据处理的过程中学习有关的统计知识和方法，体会统计思想，同时也使学生感受统计与实际生活的联系以及在解决现实问题中的作用，激发学生学习的兴趣．

（三）挖掘学生重要的能力

1. 数学阅读能力

一方面，统计的广泛应用为教学提供了丰富的阅读材料；另一方面，要在中学更大范围内培养和发展学生的数学阅读，控制部分阅读材料的难度是前提．因此，可以将统计视为承载培养更多学生数学阅读能力的良好材料．在具体的教学中，既要注重不同的文字理解方式，形成正确的理解，还要注重不同的计算方式，选择合理的方式．

2. 近似处理数据和估算的能力

生活中的数据很多都是近似数据，我们得出来的一些数据也是经过近似处理的，统计的基本思想是研究如何从样本的统计性质去推测总体的统计性质，即如何根据样本去探求有关总体的规律性，这也是对整体的近似．

要求学生会利用具体的数据、图、表计算均值、方差、中位数、平均数、纵数，其中有些本身就有近似处理，但同时也要让学生在数据、图、表中估计．

3. 对数据的直观感受能力

数据的近似处理有时候会带来迥然不同的结果，而在另外一些情况下却对结果影响不大．这就意味着处理数据有很大的艺术性，经验、感觉有时起非常重要的作用．培养学生对数据的直观感受能力，既可以让学生从整体感知数据，又可以让学生感受一些量的本质，培养学生对数据良好的感受能力．

4. 注重多元、多角度分析数据

人教 A 版新教材必修三这样叙述：分析数据的一种基本方式是用图将它们画出来，或者用紧凑的表格改变数据的排列方式，作图可以达到两个目的，一是从数据中提取信息，二是利用图形传递信息，表格则是通过改变数据的构成形式，为我们提供解释数据的新方式．

在具体的教学中，鼓励学生用不同的图、表方式来分析数据，并且在不同的分析中感受不同的图、表的好处，启发学生尝试利用计算机或者相关的软件进行数据的处理和分析.

对于同一个图，不同的学生有不同的解读，注重引导学生以均值、方差等统计学的知识为基础，站在辩证法、特殊与一般的哲学高度来分析，借助数学的理性思维分析数据背后的原因，注重培养学生在分析数据时的发散性思维.

三、易错点

(1) 基本概念理解不准确. 策略：全面理解各个概念的含义，并在问题情景中去感悟.

(2) 运算易错. 策略：克服畏难情绪，反复强化.

四、难点

(1) 题意理解不准确，不能灵活运用统计知识解释相关问题. 策略：找出关键信息，借助图、表来呈现，通过相关统计知识来解释，并通过大量的阅读进行强化.

(2) 公式推导的理解不准确. 策略：体会推导过程中所蕴含的技巧和方法，克服畏难情绪，掌握一些基本的运算变形.

五、考纲解读

1. 统计

(1) 随机抽样.

①理解随机抽样的必要性和重要性.

②会用简单随机抽样方法从总体中抽取样本，了解分层抽样和系统抽样方法.

解读：样本要能反映总体，根据总体的不同特征，选择不同的抽样方式.

备考建议：根据问题情景，灵活选择抽样的方法.

(2) 用样本估计总体.

①了解分布的意义和作用，会列频率分布表，会画频率分布直方图、频率折线图、茎叶图，理解它们各自的特点.

②理解样本数据标准差的意义和作用，会计算数据标准差.

③能从样本数据中提取基本的数字特征（如平均数、标准差），并给出合理的解释.

④会用样本的频率分布估计总体分布，会用样本的基本数字特征估计总体的基本数字特征，理解用样本估计总体的思想.

⑤会用随机抽样的基本方法和样本估计总体的思想解决一些简单的实际问题.

解读：提出了较高要求，根据数据和图形计算标准差、方差、平均数、中位数和众数，理解特征数的几何意义，结合实际问题，利用统计知识解释和决策.

备考建议：全国卷作为大题考查过，以大题和小题的各种形式强化.

（3）变量的相关性.

①会作两个有关联变量的数据的散点图，会利用散点图认识变量间的相关关系.

②了解最小二乘法的思想，能根据给出的线性回归方程系数公式建立线性回归方程.

解读：提出了较高要求，既能通过散点图直观判断，又要会利用公式计算.

备考建议：考过大题，强化理解和计算.

（4）统计案例.

了解一些常见的统计方法，并能应用这些方法解决一些实际问题.

①独立性检验.

了解独立性检验（只要求 2×2 列联表）的基本思想、方法及其简单应用.

②回归分析.

了解回归分析的基本思想、方法及其简单应用.

解读：统计的方法是可能出错的，这是统计思维和确定性思维的差异，分析残差和相关指数，确定模型的好坏. 回归分析和独立性检验是非常重要的方法.

备考建议：虽然只要求了解，但非常重要，在全国卷中也常常作为大题来考查，强化理解和计算.

2. 概率

（1）事件与概率.

①了解随机事件发生的不确定性和频率的稳定性，了解概率的意义，了解频率与概率的区别.

②了解两个互斥事件的概率加法公式.

（2）古典概型.

①理解古典概型及其概率计算公式.

②会计算一些随机事件所含的基本事件数及事件发生的概率.

（3）随机数与几何概型.

①了解随机数的意义，能运用模拟方法估计概率.

②了解几何概型的意义.

解读：古典概型和几何概型是概率中的两种重要模型，同时对模拟方法估计概率提出了较高要求，这和高考是吻合的.

备考建议：注意从统计的角度去理解和计算概率，统计图、统计表和计数原理都是基本工具. 在具体问题情景中辨别概率模型. 几何概型是了解层次，注重理解和多练一些常见的基本题型.

（4）随机变量及其分布.

①理解取有限个值的离散型随机变量及其分布列的概念，了解分布列对于刻画随机现象的重要性.

②理解超几何分布及其导出过程，并能进行简单的应用.

③了解条件概率和两个事件相互独立的概念，理解 n 次独立重复试验的模型及二项分布，并能解决一些简单的实际问题.

④理解取有限个值的离散型随机变量均值、方差的概念，能计算简单离散型随机变量的均值、方差，并能解决一些实际问题.

⑤利用实际问题的直方图，了解正态分布曲线的特点及曲线所表示的意义.

解读：离散性的超几何分布、二项分布、两点分布和连续性正态分布在生活中大量存在，应用非常广泛，理解并能应用它们解决一些实际问题. 在具体的问题情景中识别条件概率和两个事件相互独立，并能用于计算.

备考建议：理解各个分布的特点，准确理解其中的一些概念和计算方法，注意二次项分布和超几何分布的联系和区别，并能在具体问题中通过关键词和关键信息进行判断，利用概率统计知识决策和计算，注重对数学阅读能力的培养. 这部分得分率常常较低，应该引起高度重视并反复强化.

2.4 全国卷中统计高考题目赏析

1.（2019·全国Ⅱ卷理5）演讲比赛共有9位评委分别给出某选手的原始评分，评定该选手的成绩时，从9个原始评分中去掉1个最高分、1个最低分，得到7个有效评分. 7个有效评分与9个原始评分相比，不变的数字特征是（ ）

A. 中位数　　　　B. 平均数　　　　C. 方差　　　　D. 极差

【解析】根据题意，从9个原始评分中去掉1个最高分、1个最低分，得到7个有效评分，7个有效评分与9个原始评分相比，最中间的一个数不变，即中位数不变. 故选 A.

【点评】紧密联系实际，从中位数的定义就可以直接得到结论.

2.（2019·全国Ⅱ卷理13）我国高铁发展迅速，技术先进. 经统计，在经停某站的高铁列车中，有10个车次的正点率为0.97，有20个车次的正点率为0.98，有10个车次的正点率为0.99，则经停该站高铁列车所有车次的平均正点率的估计值为_____.

【解析】经停该站高铁列车所有车次的平均正点率的估计值为

$$\bar{x}=\frac{10\times0.97+20\times0.98+10\times0.99}{10+20+10}=0.98$$

【点评】以我国高铁的发展成果为背景，数据分布具有对称性，可以跳过计算，直观感知结果.

3. (2019•全国Ⅲ卷理17) 为了解甲、乙两种离子在小鼠体内的残留程度,进行如下试验:将200只小鼠随机分成A、B两组,每组100只,其中A组小鼠给服甲离子溶液,B组小鼠给服乙离子溶液,每组小鼠给服的溶液体积相同、摩尔浓度相同. 经过一段时间后,用某种科学方法测算出残留在小鼠体内离子的百分比. 根据试验数据,得到如下直方图:

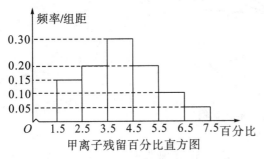
甲离子残留百分比直方图

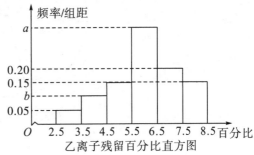
乙离子残留百分比直方图

记C为事件:"乙离子残留在体内的百分比不低于5.5",根据直方图得到$P(C)$的估计值为0.70.

(1) 求乙离子残留百分比直方图中a,b的值;

(2) 分别估计甲、乙离子残留百分比的平均值(同一组中的数据用该组区间的中点值为代表).

【解析】(1) 由已知得 $0.70 = a + 0.20 + 0.15$,故 $a = 0.35$,$b = 1 - 0.05 - 0.15 - 0.70 = 0.10$.

(2) 甲离子残留百分比的平均值的估计值为

$$2 \times 0.15 + 3 \times 0.20 + 4 \times 0.30 + 5 \times 0.20 + 6 \times 0.10 + 7 \times 0.05 = 4.05$$

乙离子残留百分比的平均值的估计值为

$$3 \times 0.05 + 4 \times 0.10 + 5 \times 0.15 + 6 \times 0.35 + 7 \times 0.20 + 8 \times 0.15 = 6.00$$

【点评】以离子在生物体内残留情况为背景设计,反映了数学知识和方法在其他学科的应用,体现了数学的应用价值,有利于在中学数学教育中激发学生学习数学的热情,提高学生对数学价值的认识,提升学生的数学素养,对中学的素质教育有很好的导向和促进作用.

4. (2019•江苏卷5) 已知一组数据6,7,8,8,9,10,则该组数据的方差是_____.

【解析】一组数据6,7,8,8,9,10的平均数为 $\bar{x} = \dfrac{1}{6}(6+7+8+9+10) = 8$,所以该组数据的方差为

$$s^2 = \frac{1}{6}\left[(6-8)^2 + (7-8)^2 + (8-8)^2 + (8-8)^2 + (9-8)^2 + (10-8)^2\right] = \frac{5}{3}$$

【点评】考查方差最基本的计算.

5. （2018·全国Ⅰ卷）某地区经过一年的新农村建设，农村的经济收入增加了一倍，实现翻番，为更好地了解该地区农村的经济收入变化情况，统计了该地区新农村建设前后农村的经济收入构成比例，得到如下饼图：

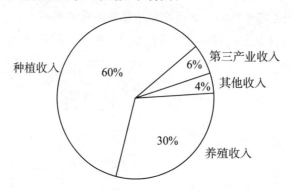

建设前经济收入构成比例

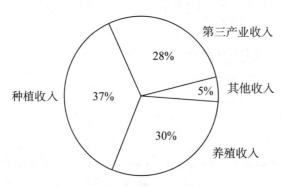

建设后经济收入构成比例

则下面结论中不正确的是（   ）

A. 新农村建设后，种植收入减少

B. 新农村建设后，其他收入增加了一倍以上

C. 新农村建设后，养殖收入增加了一倍

D. 新农村建设后，养殖收入与第三产业收入的总和超过了经济收入的一半

【解析】法一：设建设前经济收入为 a，则建设后经济收入为 $2a$，由饼图可得建设前种植收入为 $0.6a$，其他收入为 $0.04a$，养殖收入为 $0.3a$．建设后种植收入为 $0.74a$，其他收入为 $0.1a$，养殖收入为 $0.6a$，养殖收入与第三产业收入的总和为 $1.16a$，所以新农村建设后，种植收入减少是错误的．故选 A.

法二：因为 $0.6<0.37\times2$，所以新农村建设后，种植收入增加，而不是减少，所以 A 是错误的．故选 A.

【点评】统计图年年考，各种统计图表均得到非常完善的考查，体现了读图识图能力的重要性．

6. （2019·浙江卷7）设 $0<a<1$，随机变量 X 的分布列如下：

X	0	a	1
P	$\dfrac{1}{3}$	$\dfrac{1}{3}$	$\dfrac{1}{3}$

则当 a 在（0，1）内增大时（　　）

A. $D(X)$ 增大　　　　　　　　　　B. $D(X)$ 减小

C. $D(X)$ 先增大后减小　　　　　　D. $D(X)$ 先减小后增大

【解析】当 $X=0$，1 时，均值为定值 $\dfrac{1}{2}$，直观感知，当 a 越靠近 $\dfrac{1}{2}$ 时，方差越小，故可以直接得到答案．再进行推理论证：$E(X)=0\times\dfrac{1}{3}+a\times\dfrac{1}{3}+1\times\dfrac{1}{3}=\dfrac{a+1}{3}$，

$D(X)=\left(\dfrac{a+1}{3}\right)^2\times\dfrac{1}{3}+\left(a-\dfrac{a+1}{3}\right)^2\times\dfrac{1}{3}+\left(1-\dfrac{a+1}{3}\right)^2\times\dfrac{1}{3}=\dfrac{1}{27}\left[(a+1)^2+(2a-1)^2+(a-2)^2\right]=\dfrac{2}{9}(a^2-a+1)=\dfrac{2}{9}\left(a-\dfrac{1}{2}\right)^2+\dfrac{1}{6}$．因为 $0<a<1$，所以 $D(X)$ 先减小后增大，故选 D.

【点评】考查方差的计算、函数的观点、直观想象.

7.（2018·浙江卷）设 $0<p<1$，随机变量 ξ 的分布列如下：

ξ	0	1	2
P	$\dfrac{1-p}{2}$	$\dfrac{1}{2}$	$\dfrac{p}{2}$

则当 p 在（0，1）内增大时，有（　　）

A. $D(\xi)$ 减小　　　　　　　　　　B. $D(\xi)$ 增大

C. $D(\xi)$ 先减小后增大　　　　　　D. $D(\xi)$ 先增大后减小

【解析】当 $p=0$，1 时，容易得到方差为相等，且大于当 $p=\dfrac{1}{2}$ 时的方差，直接得到答案 D. 再进行推理论证，容易求得 $E(X)=p+\dfrac{1}{2}$，$D(X)=-\left(p-\dfrac{1}{2}\right)^2+\dfrac{1}{2}$．

8.（2018·全国Ⅲ卷）某群体中的每位成员使用移动支付的概率都为 p，各成员的支付方式相互独立，设 X 为该群体的 10 位成员中使用移动支付的人数，$D(X)=2.4$，$P(X=4)<P(X=6)$，则 p 为（　　）

A. 0.7　　　　　B. 0.6　　　　　C. 0.4　　　　　D. 0.3

【解析】由题知 $X\sim B(10,p)$，由 $D(X)=2.4=10p(1-p)$，得 $p=0.6$ 或 $p=0.4$，由 $P(X=4)<P(X=6)$，得 $C_{10}^4 p^4(1-p)^6<C_{10}^6 p^6(1-p)^4$，直观感知 $p>0.5$，即 $p=0.6$．故选 B.

【点评】考查对二项分布的认知，直接利用相应公式求解.

9.（2018·全国Ⅱ卷）下图是某地区 2000 年至 2016 年环境基础设施投资额 y（单位：亿元）的折线图.

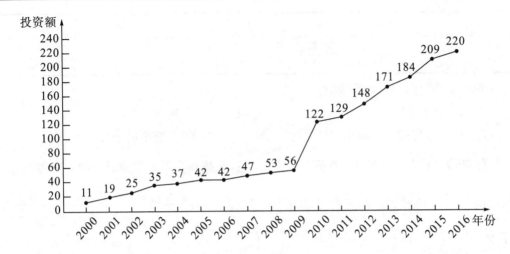

为了预测该地区 2018 年的环境基础设施投资额，建立了 y 与时间变量 t 的两个线性回归模型．根据 2000 年至 2016 年的数据（时间变量 t 的值依次为 1，2，…，17）建立模型①：$\hat{y} = -30.4 + 13.5t$；根据 2010 年至 2016 年的数据（时间变量 t 的值依次为 1，2，…，7）建立模型②：$\hat{y} = 99 + 17.5t$．

（1）分别利用这两个模型，求该地区 2018 年的环境基础设施投资额的预测值；

（2）你认为用哪个模型得到的预测值更可靠？并说明理由．

【解析】（1）利用模型①，该地区 2018 年的环境基础设施投资额的预测值为

$$\hat{y} = -30.4 + 13.5 \times 19 = 226.1 \text{（亿元）}$$

利用模型②，该地区 2018 年的环境基础设施投资额的预测值为

$$\hat{y} = 99 + 17.5 \times 9 = 256.5 \text{（亿元）}$$

（2）利用模型②得到的预测值更可靠．理由如下：

（ⅰ）从折线图可以看出，2000 年至 2016 年的数据对应的点没有随机散布在直线 $\hat{y} = -30.4 + 13.5t$ 上下．这说明利用 2000 年至 2016 年的数据建立的线性模型①不能很好地描述环境基础设施投资额的变化趋势．2010 年相对 2009 年的环境基础设施投资额有明显增加，2010 年至 2016 年的数据对应的点位于一条直线的附近，这说明从 2010 年开始环境基础设施投资额的变化规律呈线性增长趋势，利用 2010 年至 2016 年的数据建立的线性模型 $\hat{y} = 99 + 17.5t$ 可以较好地描述 2010 年以后的环境基础设施投资额的变化趋势，因此利用模型②得到的预测值更可靠．

（ⅱ）从计算结果看，相对于 2016 年的环境基础设施投资额 220 亿元，由模型①得到的预测值 226.1 亿元的增幅明显偏低，而利用模型②得到的预测值的增幅比较合理，说明利用模型②得到的预测值更可靠．

以上给出了两种理由，考生答出其中任意一种或其他合理理由均可得分．

【点评 1】采取"重心后移"策略，在题目中根据数据特点用合适的统计图表将数据呈现给考生，把考查的重点后移到对数据的分析和理解上，减少考生分析整理数据的步骤，突出考查对数学思想的理解和运用能力．

【点评 2】 本题以环境基础设施投资为背景,采用真实数据,在考查概率统计知识的同时,重点考查概率统计思想方法. 试题的特点:①来源于真实情景,体现数学与社会生活的密切联系;②采用真实数据,增强试题情景的真实性和可靠性;③试题没有要求考生求解回归直线方程,而是直接给出了回归方程,减轻了数值计算的工作量;④试题给出两个模型,要求考生分析比较得出结论、阐明理由,体现了开放性.

10.(2017·全国 I 卷文)为了监控某种零件的一条生产线的生产过程,检验员每隔 30 min 从该生产线上随机抽取一个零件,并测量其尺寸(单位:cm). 下面是检验员在一天内依次抽取的 16 个零件的尺寸:

抽取次序	1	2	3	4	5	6	7	8
零件尺寸	9.95	10.12	9.96	9.96	10.01	9.92	9.98	10.04
抽取次序	9	10	11	12	13	14	15	16
零件尺寸	10.26	9.91	10.13	10.02	9.22	10.04	10.05	9.95

经计算,得 $\bar{x} = \dfrac{1}{16}\sum\limits_{i=1}^{16} x_i = 9.97$, $s = \sqrt{\dfrac{1}{16}\sum\limits_{i=1}^{16}(x_i - \bar{x})^2} = \sqrt{\dfrac{1}{16}\left(\sum\limits_{i=1}^{16} x_i^2 - 16\bar{x}^2\right)} \approx$

0.212, $\sqrt{\sum\limits_{i=1}^{16}(i - 8.5)^2} \approx 18.439$, $\sum\limits_{i=1}^{16}(x_i - \bar{x})(i - 8.5) = -2.78$,其中 x_i 为抽取的第 i 个零件的尺寸, $i = 1, 2, \cdots, 16$.

(1)求 (x_i, i) $(i = 1, 2, \cdots, 16)$ 的相关系数 r,并回答是否可以认为这一天生产的零件尺寸不随生产过程的进行而系统地变大或变小(若 $|r| < 0.25$,则可以认为零件的尺寸不随生产过程的进行而系统地变大或变小).

(2)一天内抽检的零件中,如果出现了尺寸在 $(\bar{x} - 3s, \bar{x} + 3s)$ 之外的零件,就认为这条生产线在这一天的生产过程可能出现了异常情况,需对当天的生产过程进行检查.

(ⅰ)从这一天抽检的结果看,是否需对当天的生产过程进行检查?

(ⅱ)在 $(\bar{x} - 3s, \bar{x} + 3s)$ 之外的数据称为离群值,试剔除离群值,估计这条生产线当天生产的零件尺寸的均值与标准差.(精确到 0.01)

附:样本 (x_i, y_i) $(i = 1, 2, \cdots, n)$ 的相关系数 $r = \dfrac{\sum\limits_{i=1}^{n}(x_i - \bar{x})(y_i - \bar{y})}{\sqrt{\sum\limits_{i=1}^{n}(x_i - \bar{x})^2}\sqrt{\sum\limits_{i=1}^{n}(y_i - \bar{y})^2}}$,

$\sqrt{0.008} \approx 0.09$.

【解析】(1)由样本数据得 (x_i, i) $(i = 1, 2, \cdots, 16)$ 的相关系数为

$$r = \dfrac{\sum\limits_{i=1}^{16}(x_i - \bar{x})(i - 8.5)}{\sqrt{\sum\limits_{i=1}^{16}(x_i - \bar{x})^2}\sqrt{\sum\limits_{i=1}^{16}(i - 8.5)^2}} = \dfrac{-2.78}{0.212 \times \sqrt{16} \times 18.439} \approx -0.18$$

由于 $|r|<0.25$，因此可以认为这一天生产的零件尺寸不随生产过程的进行而系统地变大或变小.

（2）（ⅰ）由于 $\bar{x}=9.97$，$s\approx0.212$，由样本数据可以看出抽取的第 13 个零件的尺寸在 $(\bar{x}-3s，\bar{x}+3s)$ 以外，因此需对当天的生产过程进行检查.

（ⅱ）剔除离群值，即第 13 个数据，剩下数据的平均数为 $\dfrac{1}{15}$（16×9.97−9.22）=10.02，这条生产线当天生产的零件尺寸的均值的估计值为 10.02.

$$\sum_{i=1}^{16}x_i^2=16\times0.212^2+16\times9.97^2\approx1591.134$$（在计算的过程中，保留 3 位小数，最后算出所有数据，再按照要求保留两位小数，这样才能达到题目所要求的精确程度）.

剔除第 13 个数据，剩下数据的样本方差为 $\dfrac{1}{15}$（1591.134 − 9.22² − 15×10.02²）$\approx$ 0.008，这条生产线当天生产的零件尺寸的标准差的估计值为 $\sqrt{0.008}\approx0.09$.

【点评 1】整个题占了很多篇幅，需要相应的阅读能力，第（2）问（ⅰ）考查的是对题意的理解. 相关系数作为回归分析的一个重要概念，在全国卷是第三次被考查，（ⅱ）考查的是对数据的处理能力，剔除掉一个数之后，如何利用原有数据计算均值.

【点评 2】题目给出了方差计算的两个公式，希望学生根据给出的数据灵活选择公式进行计算.

【点评 3】一些学生并没有按照考试中心的解法（如上）来计算方差，而是直接利用 $s=\sqrt{\dfrac{1}{15}\sum_{i=1}^{15}(x_i-\bar{x})^2}$ 来计算，虽然小数点后面有两位，但计算并不困难.

11.（2016·全国Ⅲ卷文理）下图是我国 2008 年至 2014 年生活垃圾无害化处理量（单位：亿吨)的折线图.

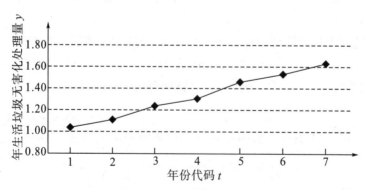

注：年份代码 1~7 分别对应 2008—2014 年.

（Ⅰ）由折线图看出，可用线性回归模型拟合 y 与 t 的关系，请用相关系数加以说明；

（Ⅱ）建立 y 关于 t 的回归方程（系数精确到 0.01），预测 2016 年我国生活垃圾无害化处理量.

附注：参考数据：$\sum\limits_{i=1}^{7} y_i = 9.32$，$\sum\limits_{i=1}^{7} t_i y_i = 40.17$，$\sqrt{\sum\limits_{i=1}^{7} (y_i - \bar{y})^2} = 0.55$，$\sqrt{7} \approx 2.64$.

参考公式：$r = \dfrac{\sum\limits_{i=1}^{n} (t_i - \bar{t})(y_i - \bar{y})}{\sqrt{\sum\limits_{i=1}^{n} (t_i - \bar{t})^2 \sum\limits_{i=1}^{n} (y_i - \bar{y})^2}}$，回归方程 $\hat{y} = \hat{a} + \hat{b}t$ 中斜率和截距的

最小二乘法估计公式分别为：$\hat{b} = \dfrac{\sum\limits_{i=1}^{n} (t_i - \bar{t})(y_i - \bar{y})}{\sum\limits_{i=1}^{n} (t_i - \bar{t})^2}$，$\hat{a} = \bar{y} - \hat{b}\bar{t}$.

【解析】（1）变量 y 与 t 的相关系数为

$$r = \dfrac{\sum\limits_{i=1}^{7} (t_i - \bar{t})(y_i - \bar{y})}{\sqrt{\sum\limits_{i=1}^{7} (t_i - \bar{t})^2 \cdot \sum\limits_{i=1}^{7} (y_i - \bar{y})^2}} = \dfrac{\sum\limits_{i=1}^{7} t_i y_i - 7\bar{t}\,\bar{y}}{\sqrt{\sum\limits_{i=1}^{7} (t_i - \bar{t})^2} \cdot \sqrt{\sum\limits_{i=1}^{7} (y_i - \bar{y})^2}}$$

又 $\sum\limits_{i=1}^{7} t_i = 28$，$\sum\limits_{i=1}^{7} y_i = 9.32$，$\sum\limits_{i=1}^{7} t_i y_i = 40.17$，$\sqrt{\sum\limits_{i=1}^{7} (t_i - \bar{t})^2} = 2\sqrt{7} = 5.292$，

$\sqrt{\sum\limits_{i=1}^{7} (y_i - \bar{y})^2} = 0.55$，所以 $r = \dfrac{40.17 - 4 \times 9.32}{5.292 \times 0.55} \approx 0.99$，故可用线性回归模型拟合变量 y 与 t 的关系.

（2）$\bar{t} = 4$，$\bar{y} = \dfrac{1}{7} \sum\limits_{i=1}^{7} y_i$，则有 $\hat{b} = \dfrac{\sum\limits_{i=1}^{7} t_i y_i - 7\bar{t} \cdot \bar{y}}{\sum\limits_{i=1}^{7} t_i^2 - 7\bar{t}^2} = \dfrac{40.17 - 7 \times 4 \times \frac{1}{7} \times 9.32}{28} \approx$

0.103，$\hat{a} = \bar{y} - \hat{b}\bar{t} = \dfrac{1}{7} \times 9.32 - 0.103 \times 4 \approx 0.92$，所以回归直线方程为 $\hat{y} = 0.10t + 0.92$，当 $t = 9$ 时，$\hat{y} = 1.82$，则 2016 年我国生活垃圾无害化处理量的预报值为 1.82 亿吨.

【点评 1】求 r 和 $\hat{b}$ 不能直接利用题目给出的公式，需要对公式变形，教材给出了两个公式，考试说明不要求记忆，但对两个公式的互化应该掌握，学习时要注重公式定理的推导过程，基础好的可以直接记忆. 求 $\hat{b}$，如果保留两位小数，$\hat{b} \approx 0.10$，则 $\hat{a} \approx 0.93$；如果保留三位小数，$\hat{b} \approx 0.103$，则 $\hat{a} \approx 0.92$. 最为准确的算法是先对 $\hat{b}$ 保留三位小数，算出 $\hat{a}$，然后再按照要求保留两位小数.

【点评 2】先以 $\hat{b}$ 的分数形式计算 $\hat{a}$，然后再近似处理，这是最精确的方式，计算也很方便.

12. （2014·全国Ⅰ卷文）从某企业生产的某种产品中抽取 100 件，测量这些产品

的一项质量指标值，由测量表得如下频数分布表：

质量指标值分组	[75，85)	[85，95)	[95，105)	[105，115)	[115，125)
频数	6	26	38	22	8

（Ⅰ）在答题卡上作出这些数据的频率分布直方图：

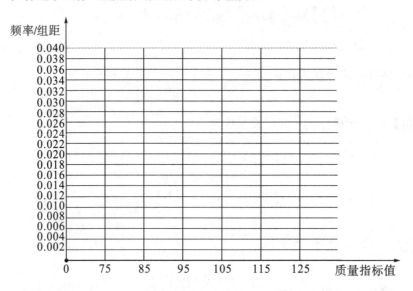

（Ⅱ）估计这种产品质量指标值的平均数及方差（同一组中的数据用该组区间的中点值作代表）；

（Ⅲ）根据以上抽样调查数据，能否认为该企业生产的这种产品符合"质量指标值不低于 95 的产品至少要占全部产品的 80％"的规定？

【解析】：（Ⅰ）

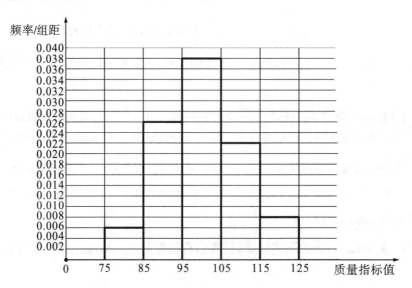

（Ⅱ）质量指标值的样本平均数为

$$\bar{x}=80\times0.06+90\times0.26+100\times0.38+110\times0.22+120\times0.08=100$$

质量指标值的样本方差为

$$s^2=(-20)^2\times0.06+(-10)^2\times0.26+0\times0.38+(10)^2\times0.22+(20)^2\times0.08=104$$

（Ⅲ）质量指标值不低于 95 的产品所占比例的估计值为 $0.38+0.22+0.08=0.68$. 由于该估计值小于 0.8，故不能认为该企业生产的这种产品"质量指标值不低于 95 的产品至少要占全部产品 80％"的规定.

【点评 1】作图、读图和利用数据做判断和决策是统计的基本要求，全国卷多次考查过，频率分布直方图、茎叶图的做图法都以大题的形式考查过；均值也可以借助频率分布直方图直接观察出来，90 所在的矩形比 110 所在的矩形高了两个格子，它们距离 100 为 10；而 120 所在的矩形比 80 所在的矩形高一个格子，它们距离 100 为 20，最后刚好全部抵消，得平均数 100，学生从频率分布直方图计算均值的方式多种多样；教材给出的方差公式 $s^2=\dfrac{1}{n}\sum\limits_{i=1}^{n}(x_i-\bar{x})^2$ 可以变形为 $s^2=\sum\limits_{i=1}^{n}(x_i-\bar{x})^2p_i$（$p_i$ 表示 x_i 出现的频率或概率），而后者恰好是在统计图中近似估算方差常常用到的.

【点评 2】为什么会想到从对称来直接得答案？由于正态分布在产品质量控制中应用非常广泛，从正态分布来看问题，自然而然就想到对称性.

13. （2015·全国Ⅰ卷）某公司为确定下一年度投入某种产品的宣传费，需了解年宣传费 x（单位：千元）对年销售量 y（单位：t）和年利润 z（单位：千元）的影响，对近 8 年的年宣传费 x_i 和年销售量 y_i（$i=1$，2，…，8）的数据作了初步处理，得到下面的散点图及一些统计量的值.

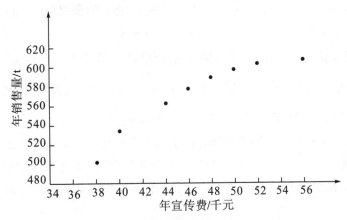

$\bar{x}$	$\bar{y}$	$\bar{w}$	$\sum\limits_{i=1}^{8}(x_i-\bar{x})^2$	$\sum\limits_{i=1}^{8}(w_i-\bar{w})^2$	$\sum\limits_{i=1}^{8}(x_i-\bar{x})(y_i-\bar{y})$	$\sum\limits_{i=1}^{8}(w_i-\bar{w})(y_i-\bar{y})$
46.6	563	6.8	289.8	1.6	1469	108.8

表中，$w_i=\sqrt{x_i}$，$\bar{w}=\dfrac{1}{8}\sum\limits_{i=1}^{8}w_i$.

（Ⅰ）根据散点图判断，$y = a + bx$ 与 $y = c + d\sqrt{x}$ 哪一个适宜作为年销售量 y 关于年宣传费 x 的回归方程类型？（给出判断即可，不必说明理由）

（Ⅱ）根据（Ⅰ）的判断结果及表中数据，建立 y 关于 x 的回归方程；

（Ⅲ）已知这种产品的年利率 z 与 x，y 的关系为 $z = 0.2y - x$．根据（Ⅱ）的结果回答下列问题：

（ⅰ）年宣传费 $x = 49$ 时，年销售量及年利润的预报值是多少？

（ⅱ）年宣传费 x 为何值时，年利率的预报值最大？

附：对于一组数据 (u_1, v_1)，(u_2, v_2)，$\cdots$，(u_n, v_n)，其回归线 $v = \alpha + \beta u$ 的斜率和截距的最小二乘估计分别为

$$\hat{\beta} = \frac{\sum_{i=1}^{n}(u_i - \bar{u})(v_i - \bar{v})}{\sum_{i=1}^{n}(u_i - \bar{u})^2}, \quad \hat{\alpha} = \bar{v} - \hat{\beta}\bar{u}$$

【解析】（Ⅰ）由散点图可以判断，$y = c + d\sqrt{x}$ 适宜作为年销售量 y 关于年宣传费 x 的回归方程类型．

（Ⅱ）令 $w = \sqrt{x}$，先建立 y 关于 w 的线性回归方程．由于 $\hat{d} = \dfrac{\sum_{i=1}^{n}(w_i - \bar{w})(y_i - \bar{y})}{\sum_{i=1}^{n}(w_i - \bar{w})^2} = \dfrac{108.8}{1.6} = 68$，$\hat{c} = \bar{y} - \hat{d}\bar{w} = 563 - 68 \times 6.8 = 100.6$．所以 y 关于 w 的线性回归方程为 $\hat{y} = 100.6 + 68w$，因此 y 关于 x 的回归方程为 $\hat{y} = 100.6 + 68\sqrt{x}$．

（Ⅲ）（ⅰ）由（Ⅱ）知，当 $x = 49$ 时，年销售量 y 的预报值 $\hat{y} = 100.6 + 68\sqrt{49} = 576.6$，年利润 z 的预报值 $\hat{z} = 576.6 \times 0.2 - 49 = 66.32$．

（ⅱ）根据（Ⅱ）的结果知，年利润 z 的预报值 $\hat{z} = 0.2(100.6 + 68\sqrt{x}) - x = -x + 13.6\sqrt{x} + 20.12$，所以当 $\sqrt{x} = \dfrac{13.6}{2} = 6.8$，即 $x = 46.24$ 时，$\hat{z}$ 取得最大值．

故年宣传费为 46.24 千元时，年利润的预报值最大．

【点评】第（Ⅰ）问根据散点图所呈现出的变化趋势——增长越来越慢选择根式函数模型，第（Ⅱ）问把非线性回归方程模型化为回归直线方程模型来处理，第（Ⅲ）问根据回归方程来预测以及利用二次型函数求年利润预报的最大值，体现了回归方程的价值．

14.（2012·全国卷）某花店每天以每枝 5 元的价格从农场购进若干枝玫瑰花，然后以每枝 10 元的价格出售，如果当天卖不完，剩下的玫瑰花作垃圾处理．

（1）若花店一天购进 16 枝玫瑰花，求当天的利润 y（单位：元）关于当天需求量 n（单位：枝，$n \in \mathbf{N}$）的函数解析式．

（2）花店记录了 100 天玫瑰花的日需求量（单位：枝），整理得下表：

日需求量 n	14	15	16	17	18	19	20
频数	10	20	16	16	15	13	10

以 100 天记录的各需求量的频率作为各需求量发生的概率.

（ⅰ）若花店一天购进 16 枝玫瑰花，X 表示当天的利润（单位：元），求 X 的分布列、数学期望及方差；

（ⅱ）若花店计划一天购进 16 枝或 17 枝玫瑰花，你认为应购进 16 枝还是 17 枝？请说明理由.

【解析】（1）当 $n \geqslant 16$ 时，$y = 16 \times (10-5) = 80$；当 $n \leqslant 15$ 时，$y = 5n - 5(16-n) = 10n - 80$.

得：$y = \begin{cases} 10n - 80, & n \leqslant 15 \\ 80, & n \geqslant 16 \end{cases}$，$n \in \mathbf{N}$.

（2）（ⅰ）X 可取 60，70，80.

$P(X=60)=0.1$，$P(X=70)=0.2$，$P(X=80)=0.7$，X 的分布列如下：

X	60	70	80
P	0.1	0.2	0.7

$EX = 60 \times 0.1 + 70 \times 0.2 + 80 \times 0.7 = 76$，$DX = 16^2 \times 0.1 + 6^2 \times 0.2 + 4^2 \times 0.7 = 44$.

（ⅱ）答案一：购进 17 枝时，当天的利润为：$y = (14 \times 5 - 3 \times 5) \times 0.1 + (15 \times 5 - 2 \times 5) \times 0.2 + (16 \times 5 - 1 \times 5) \times 0.16 + 17 \times 5 \times 0.54 = 76.4$，$76.4 > 76$，所以应购进 17 枝.

答案二：购进 17 枝时，方差 $DY = 112.04$，与购进 16 枝玫瑰花的利润差距不大，但波动性较大，所以选择 16 枝.

【点评】求定义域不在于做怪题，而在于有求定义域的意识，第（1）问学生容易忽略需求量会超过实际进货量，命题者在第（2）问又以表格的形式给了明确的提示，这种考查方式在 2013 年和 2016 年全国卷重复出现；第（2）问是考查用统计来计算概率，新课改的理念不断被强调，最后一问是利用统计的知识做决策，这是统计的应用，在高考中反复考查，常常从收入的均值和稳定性两个角度来思考，此题既可以从利润最大化来思考，选择 17 枝，在收入差距不大的情况下，也可以从收入稳定性的角度来思考，选择 16 枝，这既与现实生活吻合，又言之成理，是非常经典的题目. 这就像决定派两个运动员中的哪个出去比赛一样，如果对手较弱，可以选择发挥稳定的运动员以稳超胜券；如果对手水平很强，我们的目的是冠军，此时可以选稳定性不好，但可能超常发挥的运动员去搏一搏.

15.（2017·全国Ⅱ卷文 19）海水养殖场进行某水产品的新、旧网箱养殖方法的产量对比，收获时各随机抽取了 100 个网箱，测量各箱水产品的产量（单位：kg），其频率分布直方图如下：

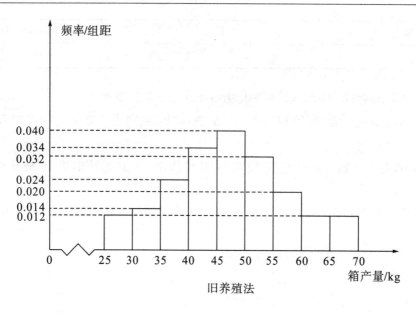

旧养殖法

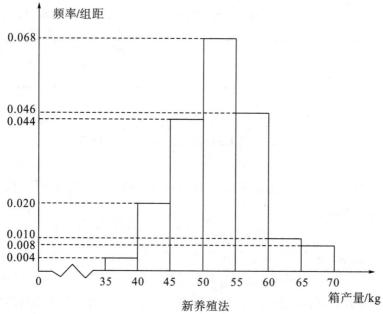

新养殖法

（1）记 A 表示事件"旧养殖法的箱产量低于 50 kg"，估计 A 的概率；

（2）填写下面列联表，并根据列联表判断是否有 99% 的把握认为箱产量与养殖方法有关；

	箱产量<50 kg	箱产量≥50 kg
旧养殖法		
新养殖法		

（3）根据箱产量的频率分布直方图，对两种养殖方法的优劣进行比较.

附：

P（$K^2 > k$）	0.050	0.010	0.001
k	3.841	6.635	10.828

$$K^2 = \frac{n\,(ad - bc)^2}{(a+b)\,(c+d)\,(a+c)\,(b+d)}$$

【解析】（1）0.62（略）.

（2）根据箱产量的频率分布直方图得列联表：

	箱产量<50 kg	箱产量≥50 kg
旧养殖法	62	38
新养殖法	34	66

$$K^2 = \frac{200 \times (62 \times 66 - 34 \times 38)^2}{100 \times 100 \times 96 \times 104} \approx 15.705$$

由于 15.705＞6.635，故有 99％ 的把握认为箱产量与养殖方法有关.

（3）新、旧箱产量的频率分布直方图平均值在 45 kg～55 kg 之间，且新养殖法的箱产量分布集中程度较旧养殖法的箱产量分布集中程度高，因此，可以认为新养殖法的箱产量较高且稳定，从而新养殖法优于旧养殖法.

【点评】第（1）问考查的是通过统计观点计算概率，这是新课标特别强调的理念，在实际问题中也是这样来计算概率；第（2）问考查的是独立性检验；第（3）问是考查利用统计和概率知识做决策，从统计图中去近似计算、估计均值和方差.

2.5　搜集数据——抽样

随机抽样：随机——机会均等；抽样——代表总体.

针对不同的总体，我们分为不同的抽样方式：

$$\left\{ \begin{array}{l} \text{简单随机抽样} \left\{ \begin{array}{l} \text{抓阄法（数据少）} \\ \text{随机数表法（数据不太多）} \end{array} \right. \\ \text{系统抽样：适用于对象较多} \\ \text{分层抽样：总体由差异明显的几部分构成} \end{array} \right.$$

一、抽样的基本概念、原则和目的

样本容量、总体等基本概念；原则：随机——个体机会均等，抽样——样本代表总体；目的：样本估计总体.

1.（2014·四川卷文）在"世界读书日"前夕，为了了解某地 5000 名居民某天的阅读时间，从中抽取了 200 名居民的阅读时间进行统计分析．在这个问题中，5000 名居民的阅读时间的全体是（　　）

A．总体　　　　　　　　　　　　B．个体

C．样本的容量　　　　　　　　　D．从总体中抽取的一个样本

2.（2014·湖南卷）对一个容量为 N 的总体抽取容量为 n 的样本，当选取简单随机抽样、系统抽样和分层抽样三种不同方法抽取样本时，总体中每个个体被抽中的概率分别是 p_1，p_2，p_3，则（　　）

A．$p_1 = p_2 < p_3$　　　　　　　B．$p_2 = p_3 < p_1$

C．$p_1 = p_3 < p_2$　　　　　　　D．$p_1 = p_2 = p_3$

变式：一个总体分为 A，B 两层，用分层抽样方法从总体中抽取一个容量为 10 的样本．已知 B 层中每个个体被抽到的概率都为 $\dfrac{1}{12}$，则总体中的个体数为 _____．

3.（2015·湖北卷）我国古代数学名著《九章算术》有"米谷粒分"题：粮仓开仓收粮，有人送来米 1534 石，验得米内夹谷，抽样取米一把，数得 254 粒内夹谷 28 粒，则这批米内夹谷约为（　　）

A．134 石　　　B．169 石　　　C．338 石　　　D．1365 石

变式：（2013·安徽卷）某班级有 50 名学生，其中有 30 名男生和 20 名女生．随机询问了该班五名男生和五名女生在某次数学测验中的成绩，五名男生的成绩分别为 86，94，88，92，90，五名女生的成绩分别为 88，93，93，88，93．下列说法中一定正确的是（　　）

A．这种抽样方法是一种分层抽样

B．这种抽样方法是一种系统抽样

C．这五名男生成绩的方差大于这五名女生成绩的方差

D．该班男生成绩的平均数小于该班女生成绩的平均数

二、抽样的方法

根据总体的情况和需要调查的情况灵活选择不同的抽样方法.

4.（2013·全国 I 卷）为了解某地区的中小学生的视力情况，拟从该地区的中小学生中抽取部分学生进行调查，事先已了解到该地区小学、初中、高中三个学段学生的视力情况有较大差异，而男、女生视力情况差异不大，在下面的抽样方法中，最合理的抽样方法是（　　）

A．简单随机抽样　　　　　　　　B．按性别分层抽样

C．按学段分层抽样　　　　　　　D．系统抽样

变式 1：（2015·北京卷文）某校老年、中年和青年教师的人数见下表，采用分层抽样的方法调查教师的身体状况，在抽取的样本中，青年教师有 320 人，则该样本的老年教师人数为（　　）

A. 90　　　　　　B. 100　　　　　　C. 180　　　　　　D. 300

类别	人数
老年教师	900
中年教师	1800
青年教师	1600
合计	4300

变式 2：（2017·江苏卷）某工厂生产甲、乙、丙、丁四种不同型号的产品，产量分别为 200，400，300，100 件. 为检验产品的质量，现用分层抽样的方法从以上所有的产品中抽取 60 件进行检验，则应从丙种型号的产品中抽取_____件.

变式 3：（2012·四川卷文）交通管理部门为了解机动车驾驶员（简称驾驶员）对某新法规的知晓情况，对甲、乙、丙、丁四个社区做分层抽样调查. 假设四个社区驾驶员的总人数为 N，其中甲社区有驾驶员 96 人. 若在甲、乙、丙、丁四个社区抽取驾驶员的人数分别为 12，21，25，43，则这四个社区驾驶员的总人数 N 为（　　）

A. 101　　　　　　B. 808　　　　　　C. 1212　　　　　　D. 2012

5. （2013·江西卷）总体由编号为 01，02，…，19，20 的 20 个个体组成. 利用下面的随机数表选取 5 个个体，选取方法是从随机数表第 1 行的第 5 列和第 6 列数字开始由左到右依次选取两个数字，则选出来的第 5 个个体的编号为（　　）

7816	6572	0802	6314	0702	4369	9728	0198
3204	9234	4935	8200	3623	4869	6938	7481

A. 08　　　　　　B. 07　　　　　　C. 02　　　　　　D. 01

6. （2015·湖南卷）在一次马拉松比赛中，35 名运动员的成绩（单位：分钟）如下图所示：

```
13 | 0 0 3 4 5 6 6 8 8 8 9
14 | 1 1 1 2 2 2 3 3 4 4 5 5 5 6 6 7 8
15 | 0 1 2 2 3 3 3
```

若将运动员按成绩由好到差编为 1~35 号，再用系统抽样方法从中抽取 7 人，则其中成绩在区间 [139，151] 上的运动员人数为（　　）

A. 3　　　　　　B. 4　　　　　　C. 5　　　　　　D. 6

变式1：（2015·广东卷理17）某工厂36名工人的年龄数据如下表：

工人编号	年龄	工人编号	年龄	工人编号	年龄	工人编号	年龄
1	40	10	36	19	27	28	34
2	44	11	31	20	43	29	39
3	40	12	38	21	41	30	43
4	41	13	39	22	37	31	38
5	33	14	43	23	34	32	42
6	40	15	45	24	42	33	53
7	45	16	39	25	37	34	37
8	42	17	38	26	44	35	49
9	43	18	36	27	42	36	39

用系统抽样法从36名工人中抽取容量为9的样本，且在第一分段里用随机抽样法抽到的年龄数据为44，列出样本的年龄数据_____．

变式2：（2013·陕西卷）某单位有840名职工，现采用系统抽样方法抽取42人做问卷调查，将840人按1，2，…，840随机编号，则抽取的42人中，编号落入区间[481，720]的人数为（　　）

　　A. 11　　　　　　B. 12　　　　　　C. 13　　　　　　D. 14

变式3：（2012·山东卷改编）采用系统抽样方法从960人中抽取32人做问卷调查，为此将他们随机编号为1，2，…，960，分组后在第一组采用简单随机抽样的方法抽到的号码为9．抽到的32人中，编号落入区间[1，450]的人做问卷A，编号落入区间[451，756]的人做问卷B，其余的人做问卷C．则抽到的人中，做问卷B的人数为_____．

2.6　整理数据——图表

将数据转化成图表，即频率分布表、统计图 $\begin{cases} 扇形统计图 \\ 茎叶图 \\ 频率分布直方图 \\ 折线统计图 \end{cases}$．

1.（2014·广东卷）已知某地区中小学生人数和近视情况分别如图1和图2所示，为了解该地区中小学生的近视形成原因，用分层抽样的方法抽取2%的学生进行调查，则样本容量和抽取的高中生近视人数分别为（　　）

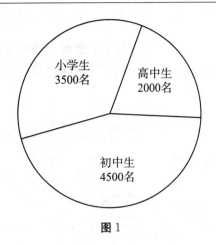

图 1

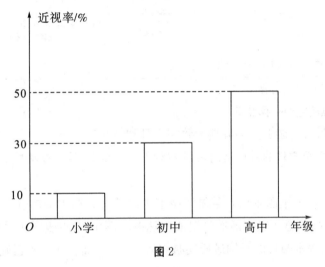

图 2

A. 200，20   B. 100，20   C. 200，10   D. 100，10

2.（2013·辽宁卷）某班的全体学生，成绩的频率分布直方图如图所示，数据的分组依次为 [20，40)，[40，60)，[60，80)，[80，100]. 若低于 60 分的人数是 15 人，则该班的学生人数是（   ）

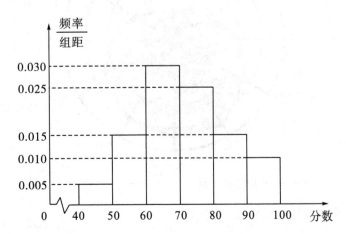

A. 45   B. 50   C. 55   D. 60

变式1：（2017·全国Ⅲ卷）某城市为了解游客人数的变化规律，提高旅游服务质量，搜集并整理了2014年1月至2016年12月期间月接待游客量（单位：万人）的数据，绘制了下面的折线图.

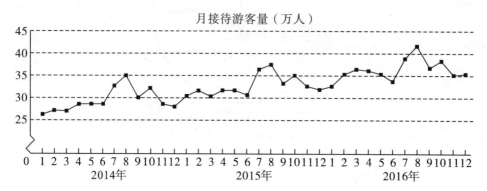

根据该折线图，下列结论中错误的是（　　）

A. 月接待游客逐月增加

B. 年接待游客量逐年增加

C. 各年的月接待游客量高峰期大致在7月和8月

D. 各年1月至6月的月接待游客量相对于7月至12月，波动性更小，变化比较平稳

变式2：（2016·全国Ⅲ卷）某旅游城市为向游客介绍本地的气温情况，绘制了一年中各月平均最高气温和平均最低气温的雷达图. 图中A点表示十月的平均最高气温约为15℃，B点表示四月的平均最低气温约为5℃. 下面叙述中不正确的是 （　　）

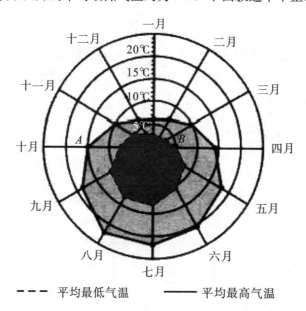

A. 各月的平均最低气温都在0℃以上

B. 七月的平均温差比一月的平均温差大

C. 三月和十一月的平均最高气温基本相同

D. 平均最高气温高于 20℃的月份有 5 个

3. 从甲、乙两品种的棉花中各抽测了 25 根棉花的纤维长度（单位：mm），根据数据设计了如下茎叶图：

甲					乙
		3 1	27		
	7 5 5 0		28	4	
	5 4 2		29	2 5	
8 7 3 3 1			30	4 6 7	
	9 4 0		31	2 3 5 5 6 8 8	
	8 5 5 3		32	0 2 2 4 7 9	
	7 4 1		33	1 3 6 7	
			34	3	
		2	35	6	

根据以上茎叶图，对甲、乙两品种棉花的纤维长度进行比较，写出两个统计结论：

①_____；

②_____.

变式 1：（2012·安徽卷文）若某产品的直径长与标准值的差的绝对值不超过 1 mm，则视为合格品，否则视为不合格品. 在近期一次产品抽样检查中，从某厂生产的此种产品中，随机抽取 5000 件进行检测，结果发现有 50 件不合格品. 计算这 50 件不合格品的直径长与标准值的差（单位：mm），将所得数据分组，得到如下频率分布表：

分组	频数	频率
[−3，−2)		0.10
[−2，−1)	8	
(1，2]		0.50
(2，3]	10	
(3，4]		
合计	50	1.00

（1）将上面表格中缺少的数据填在相应位置；

（2）估计该厂生产的此种产品中，不合格品的直径长与标准值的差落在区间（1，3］内的概率；

（3）现对该厂这种产品的某个批次进行检查，结果发现有 20 件不合格品．据此估算这批产品中的合格品的件数．

变式 2：（2013·全国Ⅰ卷文）为了比较两种治疗失眠症的药（分别称为 A 药、B 药）的疗效，随机地选取 20 位患者服用 A 药，20 位患者服用 B 药，这 40 位患者在服用一段时间后，记录他们日平均增加的睡眠时间（单位：h）．试验的观测结果如下：

服用 A 药的 20 位患者日平均增加的睡眠时间：

0.6　1.2　2.7　1.5　2.8　1.8　2.2　2.3　3.2　3.5

2.5　2.6　1.2　2.7　1.5　2.9　3.0　3.1　2.3　2.4

服用 B 药的 20 位患者日平均增加的睡眠时间：

3.2　1.7　1.9　0.8　0.9　2.4　1.2　2.6　1.3　1.4

1.6　0.5　1.8　0.6　2.1　1.1　2.5　1.2　2.7　0.5

（1）分别计算两组数据的平均数，从计算结果看，哪种药的疗效更好？

（2）根据两组数据完成下面的茎叶图，从茎叶图看，哪种药的疗效更好？

A 药		B 药
	0	
	1	
	2	
	3	

变式 3：（2015·全国Ⅱ卷理）某公司为了了解用户对其产品的满意度，从 A，B 两地区分别随机调查了 20 个用户，得到用户对产品的满意度评分如下：

A 地区：62　73　81　92　95　85　74　64　53　76

　　　　78　86　95　66　97　78　88　82　76　89

B 地区：73　83　62　51　91　46　53　73　64　82

　　　　93　48　65　81　74　56　54　76　65　79

（1）根据两组数据完成两地区用户满意度评分的茎叶图，并通过茎叶图比较两地区满意度评分的平均值及分散程度（不要求计算出具体值，得出结论即可）；

A 地区		B 地区
	4	
	5	
	6	
	7	
	8	
	9	

（2）根据用户满意度评分，将用户的满意度从低到高分为三个等级：

满意度评分	低于 70 分	70 分到 89 分	不低于 90 分
满意度等级	不满意	满意	非常满意

记事件 C："A 地区用户的满意度等级高于 B 地区用户的满意度等级"．假设两地区用户的评价结果相互独立．根据所给数据，以事件发生的频率作为相应事件发生的概率，求 C 的概率．

变式 4：（2015·全国Ⅱ卷文）某公司为了解用户对其产品的满意度，从 A，B 两地区分别随机调查了 40 个用户，根据用户对产品的满意度评分，得到 A 地区用户满意度评分的频率分布直方图和 B 地区用户满意度评分的频数分布表：

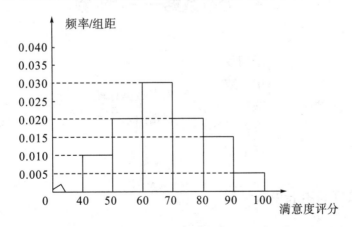

A 地区用户满意度评分的频率分布直方图

B 地区用户满意度评分的频数分布表

满意度评分分组	[50, 60)	[60, 70)	[70, 80)	[80, 90)	[90, 100)
频数	2	8	14	10	6

（Ⅰ）做出 B 地区用户满意度评分的频率分布直方图，并通过直方图比较两地区满

意度评分的平均值及分散程度（不要求计算出具体值，给出结论即可）；

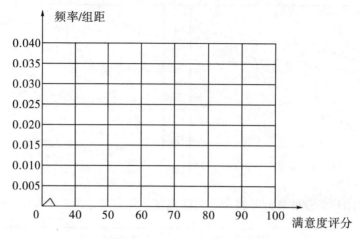

B地区用户满意度评分的频率分布直方图

（Ⅱ）根据用户满意度评分，将用户的满意度从低到高分为三个不等级：

满意度评分	低于70分	70分到89分	不低于90分
满意度等级	不满意	满意	非常满意

估计哪个地区用户的满意度等级为不满意的概率大？说明理由.

2.7 分析数据——特征数

分析数据（三数两差）$\begin{cases}\text{平均数}\\\text{中位数}\\\text{众数}\\\text{方差}\\\text{标准差}\end{cases}$，求法$\begin{cases}\text{根据数据计算}\\\text{根据图来估算}\end{cases}$

一、从数据和图表中去计算

1. （2013·湖北卷文）某学员在一次射击测试中射靶10次，命中环数如下：

7，8，7，9，5，4，9，10，7，4.

则（1）平均命中环数为_____；（2）命中环数的标准差为_____.

变式1：（2013·江苏卷文）抽样统计甲、乙两位射击运动员的5次训练成绩（单位：环），结果如下：

运动员	第一次	第二次	第三次	第四次	第五次
甲	87	91	90	89	93
乙	89	90	91	88	92

则成绩较为稳定（方差较小）的那位运动员成绩的方差为_____.

变式 2：（2013·山东卷文）将某选手的 9 个得分去掉 1 个最高分，去掉 1 个最低分，7 个剩余分数的平均分为 91，现场做的 9 个分数的茎叶图后来有一个数据模糊，无法辨认，在图中以 x 表示：

$$
\begin{array}{c|ccccccc}
8 & 7 & 7 \\
9 & 4 & 0 & 1 & 0 & x & 9 & 1
\end{array}
$$

则 7 个剩余分数的方差为（   ）

A. $\dfrac{116}{9}$ B. $\dfrac{36}{7}$ C. 36   D. $\dfrac{6\sqrt{7}}{7}$

变式 3：（2013·重庆卷）以下茎叶图记录了甲、乙两组各五名学生在一次英语听力测试中的成绩（单位：分）. 已知甲组数据的中位数为 15，乙组数据的平均数为 16.8，则 x，y 的值分别为（   ）

$$
\begin{array}{ccc|c|ccc}
 & & 甲组 & & 乙组 & & \\
 & & 9 & 0 & 9 & & \\
 x & & 2 & 1 & 5 & y & 8 \\
 7 & & 4 & 2 & 4 & &
\end{array}
$$

A. 2，5   B. 5，5   C. 5，8   D. 8，8

变式 4：（2017·山东卷文）如图所示的茎叶图记录了甲、乙两组各 5 名工人某日的产量数据（单位：件）. 若这两组数据的中位数相等，平均值也相等，则 x 和 y 的值分别为（   ）

A. 3，5   B. 5，5   C. 3，7   D. 5，7

	甲组		乙组		
	6	5	9		
2	5	6	1	7	y
x	4	7	8		

2．（2017·全国Ⅰ卷）为评估一种农作物的种植效果，选了 n 块地作试验田．这 n 块地的亩产量（单位：kg）分别为 x_1，x_2，$\cdots$，x_n，下面给出的指标中可以用来评估这种农作物亩产量稳定程度的是（　　）

A．x_1，x_2，$\cdots$，x_n 的平均数 　　　B．x_1，x_2，$\cdots$，x_n 的标准差

C．x_1，x_2，$\cdots$，x_n 的最大值 　　　D．x_1，x_2，$\cdots$，x_n 的中位数

变式1：（2012·山东卷文）在某次测量中得到的 A 样本数据如下：82，84，84，86，86，86，88，88，88，88．若 B 样本数据恰好是 A 样本数据每个都加 2 后所得数据，则 A，B 两样本的下列数字特征对应相同的是（　　）

A．众数 　　　B．平均数 　　　C．中位数 　　　D．标准差

变式2：（2014·陕西卷）设样本数据 x_1，x_2，$\cdots$，x_{10} 的均值和方差分别为 1 和 4，若 $y_i = x_i + a$（a 为非零常数，$i = 1$，2，$\cdots$，10），则 y_1，y_2，$\cdots$，y_{10} 的均值和方差分别为（　　）

A．$1+a$，4 　　　B．$1+a$，$4+a$ 　　　C．1，4 　　　D．1，$4+a$

变式3：（2015·安徽卷）若样本数据 x_1，x_2，$\cdots$，x_{10} 的标准差为 8，则数据 $2x_1 - 1$，$2x_2 - 1$，$\cdots$，$2x_{10} - 1$ 的标准差为（　　）

A．8 　　　B．15 　　　C．16 　　　D．32

变式4：（2013·辽宁卷文）为了考察某校各班参加课外书法小组的人数，从全校随机抽取 5 个班级，把每个班级参加该小组的人数作为样本数据．已知样本平均数为 7，样本方差为 4，且样本数据互不相同，则样本数据中的最大值为_____．

变式5：样本（x_1，x_2，$\cdots$，x_n）的平均数为 $\bar{x}$，样本（y_1，y_2，$\cdots$，y_m）的平均数为 $\bar{y}$，$\bar{x} \neq \bar{y}$，若样本（x_1，x_2，$\cdots$，x_n，y_1，y_2，$\cdots$，y_m）的平均数 $\bar{z} = \alpha \bar{x} + (1-\alpha)\bar{y}$，其中 $0 < \alpha < \dfrac{1}{2}$，则 n，m 的大小关系为（　　）

A．$n < m$ 　　　B．$n > m$ 　　　C．$n = m$ 　　　D．不能确定

二、从图表中估计

从统计图、统计表去大致估算方差（折线统计图看波动程度，茎叶图和频率分布直

方图看数据集中的程度,从表格中巧妙估计方差的大小,目的是培养数感).

3. 甲、乙、丙三名射箭运动员在某次测试中各射箭 20 次,三人的测试成绩如下表:

甲的成绩				
环数	7	8	9	10
频数	5	5	5	5

乙的成绩				
环数	7	8	9	10
频数	6	4	4	6

丙的成绩				
环数	7	8	9	10
频数	4	6	6	4

s_1,s_2,s_3 分别表示甲、乙、丙三名运动员这次测试成绩的标准差,则大小关系为_____.

变式 1:(2015·山东卷文)为了比较甲、乙两地某月 14 时的气温状况,随机选取该月中的 5 天,将这 5 天中 14 时的气温数据(单位:℃)制成如图所示的茎叶图. 考虑以下结论:

```
       甲              乙
  ┌───────────┬───────────┐
  9   8   6  │ 2 │ 8   9
             │   │
      1   1  │ 3 │ 0   1   2
```

①甲地该月 14 时的平均气温低于乙地该月 14 时的平均气温;
②甲地该月 14 时的平均气温高于乙地该月 14 时的平均气温;
③甲地该月 14 时的平均气温的标准差小于乙地该月 14 时的气温的标准差;
④甲地该月 14 时的平均气温的标准差大于乙地该月 14 时的气温的标准差.
其中根据茎叶图能得到的统计结论的标号为(   )
A. ①③   B. ①④   C. ②③   D. ②④

变式 2:如图,样本 A 和 B 分别取自两个不同的总体,它们的样本平均数分别为 $\bar{x}_A$ 和 $\bar{x}_B$,样本标准差分别为 S_A 和 S_B,则(   )

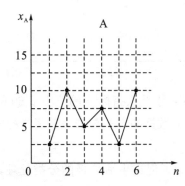
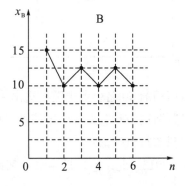

A. $\bar{x}_A > \bar{x}_B$，$S_A > S_B$　　　　　B. $\bar{x}_A < \bar{x}_B$，$S_A > S_B$

C. $\bar{x}_A > \bar{x}_B$，$S_A < S_B$　　　　　D. $\bar{x}_A < \bar{x}_B$，$S_A < S_B$

变式 3：（必修 3：教材 76 页例 1）甲、乙两人在一次射击比赛中各射靶 5 次，两人成绩的条形统计图如图所示，则下列说法中正确的是（　　）

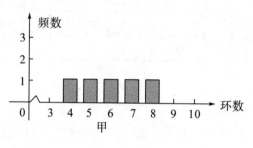

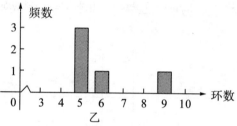

A. 甲的成绩的平均数小于乙的成绩的平均数

B. 甲的成绩的中位数等于乙的成绩的中位数

C. 甲的成绩的方差小于乙的成绩的方差

D. 甲的成绩的极差小于乙的成绩的极差

4.（2017·北京卷）为了研究一种新药的疗效，选 100 名患者随机分成两组，每组各 50 名，一组服药，另一组不服药．一段时间后，记录了两组患者的生理指标 x 和 y 的数据，并制成下图，其中"＊"表示服药者，"＋"表示未服药者．

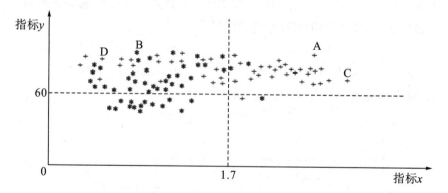

（Ⅰ）从服药的 50 名患者中随机选出一人，求此人指标 y 的值小于 60 的概率；

（Ⅱ）试判断这 100 名患者中服药者指标 y 数据的方差与未服药者指标 y 数据的方差的大小．（只需写出结论）

变式 1：（2012·北京卷）近年来，某市为了促进生活垃圾的分类处理，将生活垃圾分为厨余垃圾、可回收物和其他垃圾三类，并分别设置了相应的垃圾箱. 为调查居民生活垃圾分类投放情况，现随机抽取了该市三类垃圾箱中总计 1000 吨生活垃圾，数据统计如下（单位：吨）：

	"厨余垃圾"箱	"可回收物"箱	"其他垃圾"箱
厨余垃圾	400	100	100
可回收物	30	240	30
其他垃圾	20	20	60

（Ⅰ）试估计厨余垃圾投放正确的概率；

（Ⅱ）试估计生活垃圾投放错误的概率；

（Ⅲ）假设厨余垃圾在"厨余垃圾"箱、"可回收物"箱、"其他垃圾"箱的投放量分别为 a，b，c，其中 $a>0$，$a+b+c=600$. 当数据 a，b，c 的方差 s^2 最大时，写出 a，b，c 的值（结论不要求证明），并求此时 s^2 的值.

（注：$s^2=\dfrac{1}{n}\left[(x_1-\bar{x})^2+(x_2-\bar{x})^2+\cdots+(x_n-\bar{x})^2\right]$，其中 $\bar{x}$ 为数据 x_1，x_2，$\cdots$，x_n 的平均数）

变式 2：（2015·北京卷）A，B 两组各有 7 位病人，他们服用某种药物后的康复时间（单位：天）记录如下：

A 组：10，11，12，13，14，15，16

B 组：12，13，15，16，17，14，a

假设所有病人的康复时间互相独立，从 A，B 两组随机各选 1 人，A 组选出的人记为甲，B 组选出的人记为乙.

（Ⅰ）求甲的康复时间不少于 14 天的概率；

（Ⅱ）如果 $a=25$，求甲的康复时间比乙的康复时间长的概率；

（Ⅲ）当 a 为何值时，A，B 两组病人康复时间的方差相等？（结论不要求证明）

变式 3：（2013·北京卷）下图是某市 3 月 1 日至 14 日的空气质量指数趋势图，空气质量指数小于 100 表示空气质量优良，空气质量指数大于 200 表示空气重度污染，某人随机选择 3 月 1 日至 3 月 13 日中的某一天到达该市，并停留 2 天.

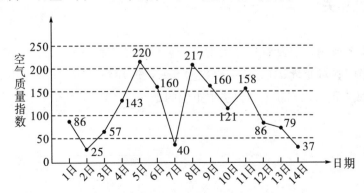

（Ⅰ）求此人到达当日空气重度污染的概率；

（Ⅱ）设 X 是此人停留期间空气质量优良的天数，求 X 的分布列与数学期望；

（Ⅲ）由图判断从哪天开始连续三天的空气质量指数方差最大？（结论不要求证明）

5.（2015·广东卷文 17）某城市 100 户居民的月平均用电量（单位：度），以 $[160,180)$，$[180,200)$，$[200,220)$，$[220,240)$，$[240,260)$，$[260,280)$，$[280,300]$ 分组的频率分布直方图如图所示．

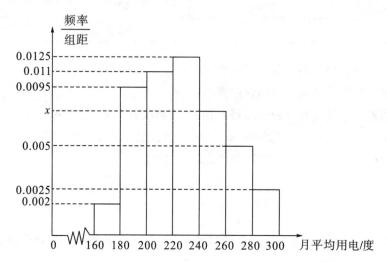

（1）求直方图中 x 的值；

（2）求月平均用电量的众数和中位数；

（3）在月平均用电量为 $[220,240)$，$[240,260)$，$[260,280)$，$[280,300]$ 的四组用户中，用分层抽样的方法抽取 11 户居民，则月平均用电量在 $[220,240)$ 的用户中应抽取多少户？

2.8 回归分析

一、线性相关

1.（2009·海南、宁夏卷）对变量 x，y 有观测数据 (x_i, y_i) $(i=1, 2, \cdots, 10)$，得散点图 1；对变量 u，v 有观测数据 (u_i, v_i) $(i=1, 2, \cdots, 10)$，得散点图 2．由这两个散点图可以判断下列说法中正确的是（　　）

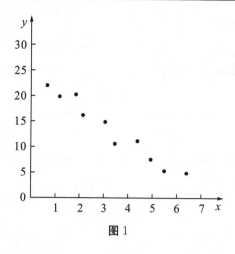

图1

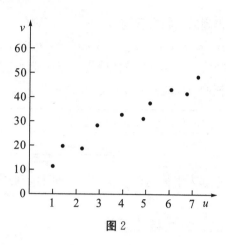

图2

A. 变量 x 与 y 正相关，u 与 v 正相关

B. 变量 x 与 y 正相关，u 与 v 负相关

C. 变量 x 与 y 负相关，u 与 v 正相关

D. 变量 x 与 y 负相关，u 与 v 负相关

变式1：（2015·湖北卷）已知变量 x 和 y 满足关系 $y = -0.1x + 1$，变量 y 与 z 正相关．下列结论中正确的是（　　）

A. x 与 y 负相关，x 与 z 负相关　　　B. x 与 y 正相关，x 与 z 正相关

C. x 与 y 正相关，x 与 z 负相关　　　D. x 与 y 负相关，x 与 z 正相关

变式2：（2015·全国Ⅱ卷）根据下面给出的 2004 年至 2013 年我国二氧化硫排放量（单位：万吨）柱形图，下列结论中不正确的是（　　）

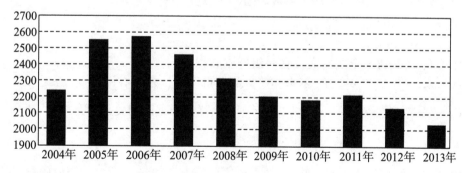

A. 逐年比较，2008 年减少二氧化硫排放量的效果最显著

B. 2007 年我国治理二氧化硫排放量效果显现

C. 2006 年以来我国二氧化硫年排放量呈减少趋势

D. 2006 年以来我国二氧化硫年排放量与年份正相关

变式3：（2014·湖北卷）根据如下样本数据：

x	3	4	5	6	7	8
y	4.0	2.5	−0.5	0.5	−2.0	−3.0

得到的回归方程为 $y = \hat{b}x + \hat{a}$，则（　　）

　　A．$a > 0$，$b > 0$　　　　B．$a > 0$，$b < 0$　　　　C．$a < 0$，$b > 0$　　　　D．$a < 0$，$b < 0$

变式 4：某企业节能降耗技术改造后，在生产过程中记录的产量 x（吨）与相应的生产耗能 y（吨）的几组数据如下表所示：

x（吨）	3	4	5	6
y（吨）	2.5	3	4	a

根据表中数据得 y 关于 x 的线性回归方程为 $y = 0.7x + 0.35$，则 $a = $ _____．

二、线性相关系数

　　1885 年高尔顿第一次提出了"回归"的概念，10 年后皮尔逊提出了著名的皮尔逊相关系数 r．直到今天，这一相关系数也在被广泛应用，100 多年来，r 发展成更宽泛、更多样化、更概念化的统计量．

　　如果线性正相关，则 $y = \hat{b}x + \hat{a}$ 的 $\hat{b} > 0$，此时 $r \in (0, 1]$，样本点越靠近回归直线，相关性越强，r 越接近 1．当 $r = 1$ 时，所有的样本点都在回归直线上；当 $r \geqslant 0.75$ 时，线性正相关较强；当 $r \leqslant 0.25$ 时，线性正相关较弱．线性负相关同理．

　　2．（2011·江西卷）变量 X 与 Y 相对应的一组数据为（10，1），（11.3，2），（11.8，3），（12.5，4），（13，5）；变量 U 与 V 相对应的一组数据为（10，5），（11.3，4），（11.8，3），（12.5，2），（13，1）．r_1 表示变量 Y 与 X 之间的线性相关系数，r_2 表示变量 V 与 U 之间的线性相关系数，则（　　）

　　A．$r_2 < r_1 < 0$　　　　　　　　　　B．$0 < r_2 < r_1$

　　C．$r_2 < 0 < r_1$　　　　　　　　　　D．$r_2 = r_1$

变式 1：（2012·全国卷文）在一组样本数据（x_1，y_1），（x_2，y_2），…，（x_n，y_n）（$n \geqslant 2$，x_1，x_2，…，x_n 不全相等）的散点图中，若所有样本点（x_i，y_i）（$i = 1$，2，…，n）都在直线 $y = \dfrac{1}{2}x + 1$ 上，则这组样本数据的相关系数为（　　）

　　A．-1　　　　　　B．0　　　　　　C．$\dfrac{1}{2}$　　　　　　D．1

变式 2：（2011·陕西卷）设（x_1，y_1），（x_2，y_2），…，（x_n，y_n）是变量 x 和 y 的 n 个样本点，直线 l 是由这些样本点通过最小二乘法得到的线性回归直线（如图），下列结论中正确的是（　　）

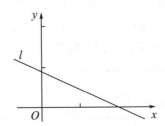

A. x 和 y 的相关系数为直线 l 的斜率

B. x 和 y 的相关系数在 0 到 1 之间

C. 当 n 为偶数时，分布在 l 两侧的样本点的个数一定相同

D. 直线 l 过点 $(\bar{x}，\bar{y})$

变式 3：(2016·全国Ⅲ卷) 下图是我国 2008 年至 2014 年生活垃圾无害化处理量 (单位：亿吨) 的折线图.

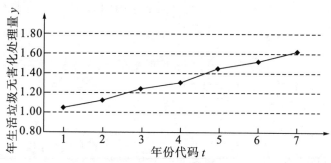

注：年份代码1~7分别对应2008—2014年.

（Ⅰ）由折线图看出，可用线性回归模型拟合 y 与 t 的关系，请用相关系数加以说明；

（Ⅱ）建立 y 关于 t 的回归方程（系数精确到 0.01），预测 2016 年我国生活垃圾无害化处理量.

附注：参考数据：$\displaystyle\sum_{i=1}^{7} y_i = 9.32$，$\displaystyle\sum_{i=1}^{7} t_i y_i = 40.17$，$\sqrt{\displaystyle\sum_{i=1}^{7}(y_i - \bar{y})^2} = 0.55$，$\sqrt{7} \approx 2.646$.

参考公式：$r = \dfrac{\displaystyle\sum_{i=1}^{n}(t_i - \bar{t})(y_i - \bar{y})}{\sqrt{\displaystyle\sum_{i=1}^{n}(t_i - \bar{t})^2 \sum_{i=1}^{n}(y_i - \bar{y})^2}}$.

回归方程 $\hat{y} = \hat{a} + \hat{b}t$ 中斜率和截距的最小二乘法估计公式分别为

$$\hat{b} = \dfrac{\displaystyle\sum_{i=1}^{n}(t_i - \bar{t})(y_i - \bar{y})}{\displaystyle\sum_{i=1}^{n}(t_i - \bar{t})^2}，\quad \hat{a} = \bar{y} - \hat{b}\bar{t}$$

变式 4：为了对 2016 年某校中考成绩进行分析，从分数在 60 分以上的全体同学中随机抽出 8 位，他们的数学分数（已折算为百分制）从小到大排列是 60，65，70，75，80，85，90，95，物理分数从小到大排列是 72，77，80，84，88，90，93，95.

（1）若规定 85 分（包括 85 分）以上为优秀，求这 8 位同学中恰有 3 位同学的数学和物理分数均为优秀的概率；

（2）若这 8 位同学的数学、物理、化学分数事实上如下表：

学生编号	1	2	3	4	5	6	7	8
数学分数 x	60	65	70	75	80	85	90	95
物理分数 y	72	77	80	84	88	90	93	95
化学分数 z	67	72	76	80	84	87	90	92

①用变量 y 与 x，z 与 x 的相关系数说明物理与数学、化学与数学的相关程度；

②求 y 与 x、z 与 x 的线性回归方程（系数精确到 0.01），当某同学的数学成绩为 50 分时，估计其物理、化学两科的得分.

参考公式：相关系数 $r = \dfrac{\sum\limits_{i=1}^{n}(x_i - \bar{x})(y_i - \bar{y})}{\sqrt{\sum\limits_{i=1}^{n}(x_i - \bar{x})^2 \sum\limits_{i=1}^{n}(y_i - \bar{y})^2}}$.

回归直线方程是：$\hat{y} = \hat{b}x + \hat{a}$，其中 $\hat{b} = \dfrac{\sum\limits_{i=1}^{n}(x_i - \bar{x})(y_i - \bar{y})}{\sum\limits_{i=1}^{n}(x_i - \bar{x})^2}$，$\hat{a} = \bar{y} - \hat{b}\bar{x}$.

参考数据：$\bar{x} = 77.5$，$\bar{y} = 85$，$\bar{z} = 81$，$\sum\limits_{i=1}^{8}(x_i - \bar{x})^2 \approx 1050$，$\sum\limits_{i=1}^{8}(y_i - \bar{y})^2 \approx 456$，$\sum\limits_{i=1}^{8}(z_i - \bar{z})^2 \approx 550$，$\sum\limits_{i=1}^{8}(x_i - \bar{x})(y_i - \bar{y}) \approx 688$，$\sum\limits_{i=1}^{8}(x_i - \bar{x})(z_i - \bar{z}) \approx 755$，$\sqrt{1050} \approx 32.4$，$\sqrt{456} \approx 21.4$，$\sqrt{550} \approx 23.5$.

变式 5：（清华大学 2018 届高三 12 月中学生标准学术能力诊断性测试题）为分析肥胖程度对总胆固醇与空腹血糖的影响，在肥胖人群中随机抽出 8 人，他们的肥胖指数 BMI 值、总胆固醇 TC 指标值（单位：mmol/L）、空腹血糖 GLU 指标值（单位：mmol/L）如下表：

人员编号	1	2	3	4	5	6	7	8
BMI 值 x	25	27	30	32	33	35	40	42
TC 指标值 y	5.3	5.4	5.5	5.6	5.7	6.5	6.9	7.1
GLU 指标值 z	6.7	7.2	7.3	8.0	8.1	8.6	9.0	9.1

（1）用变量 y 与 x，z 与 x 的相关系数，分别说明 TC 指标值与 BMI 值、GLU 指标值与 BMI 值的相关程度；

（2）求 y 与 x 的线性回归方程，已知 TC 指标值超过 5.2 为总胆固醇偏高，据此模型分析当 BMI 值达到多大时，需要注意监控总胆固醇偏高情况的出现（上述数据均要求精确到 0.01）.

参考公式：相关系数 $r = \dfrac{\sum\limits_{i=1}^{n}(x_i - \bar{x})(y_i - \bar{y})}{\sqrt{\sum\limits_{i=1}^{n}(x_i - \bar{x})^2 \sum\limits_{i=1}^{n}(y_i - \bar{y})^2}}$.

回归直线方程是：$\hat{y} = \hat{b}x + \hat{a}$，其中 $\hat{b} = \dfrac{\sum\limits_{i=1}^{n}(x_i - \bar{x})(y_i - \bar{y})}{\sum\limits_{i=1}^{n}(x_i - \bar{x})^2}$，$\hat{a} = \bar{y} - \hat{b}\bar{x}$.

参考数据：$\bar{x} = 33$，$\bar{y} = 6$，$\bar{z} = 8$，$\sum\limits_{i=1}^{8}(x_i - \bar{x})^2 \approx 244$，$\sum\limits_{i=1}^{8}(y_i - \bar{y})^2 \approx 3.6$，

$\sum\limits_{i=1}^{8}(z_i - \bar{z})^2 \approx 5.4$，$\sum\limits_{i=1}^{8}(x_i - \bar{x})(y_i - \bar{y}) \approx 28.3$，$\sum\limits_{i=1}^{8}(x_i - \bar{x})(z_i - \bar{z}) \approx 35.4$，$\sqrt{244} \approx$

15.6，$\sqrt{3.6} \approx 1.9$，$\sqrt{5.4} \approx 2.3$.

三、求回归直线方程

3. 设某大学的女生体重 y（单位：kg）与身高 x（单位：cm）具有线性相关关系，根据一组样本数据 (x_i, y_i)（$i = 1, 2, \cdots, n$），用最小二乘法建立的回归方程为 $\hat{y} = 0.85x - 85.71$，则下列结论中不正确的是（　　）

A. y 与 x 具有正的线性相关关系

B. 回归直线过样本点的中心 $(\bar{x}, \bar{y})$

C. 若该大学某女生身高增加 1 cm，则其体重约增加 0.85 kg

D. 若该大学某女生身高为 170 cm，则可断定其体重必为 58.79 kg

变式 1：为了研究某班学生的脚长 x（单位：厘米）和身高 y（单位：厘米）的关系，从该班随机抽取 10 名学生，根据测量数据的散点图，可以看出 y 与 x 之间有线性相关关系. 设其回归直线方程为 $\hat{y} = \hat{b}x + \hat{a}$. 已知 $\sum\limits_{i=1}^{10} x_i = 225$，$\sum\limits_{i=1}^{10} y_i = 1600$，$\hat{b} = 4$. 该班某学生的脚长为 24，据此估计其身高为（　　）

A. 160　　　　　B. 163　　　　　C. 166　　　　　D. 170

变式 2：（2014 · 全国 Ⅱ 卷）某地区 2007 年至 2013 年农村居民家庭人均纯收入 y（单位：千元）的数据如下表：

年份	2007	2008	2009	2010	2011	2012	2013
年份代号 t	1	2	3	4	5	6	7
家庭人均纯收入 y	2.9	3.3	3.6	4.4	4.8	5.2	5.9

（Ⅰ）求 y 关于 t 的线性回归方程；

（Ⅱ）利用（Ⅰ）中的回归方程，分析 2007 年至 2013 年该地区农村居民家庭人均

纯收入的变化情况,并预测该地区 2015 年农村居民家庭人均纯收入.

附:回归直线的斜率和截距的最小二乘法估计公式分别为

$$\hat{b} = \frac{\sum_{i=1}^{n}(t_i - \bar{t})(y_i - \bar{y})}{\sum_{i=1}^{n}(t_i - \bar{t})^2}, \quad \hat{a} = \bar{y} - \hat{b}\bar{t}$$

变式 3:(2015・重庆卷文 17)随着我国经济的发展,居民的储蓄存款逐年增长. 设某地区城乡居民人民币储蓄存款(年底余额)如下表:

年份	2010	2011	2012	2013	2014
时间代号 t	1	2	3	4	5
储蓄存款 y(千亿元)	5	6	7	8	10

(Ⅰ)求 y 关于 t 的回归方程 $\hat{y} = \hat{b}t + \hat{a}$;

(Ⅱ)用所求回归方程预测该地区 2015 年($t=6$)的人民币储蓄存款.

附:回归方程中,$\hat{y} = \hat{b}t + \hat{a}$,$\hat{b} = \dfrac{\sum_{i=1}^{n}(x_i - \bar{x})(y_i - \bar{y})}{\sum_{i=1}^{n}(x_i - \bar{x})^2}$,$\hat{a} = \bar{y} - \hat{b}\bar{x}$.

变式 4:在研究 $PM_{2.5}$(霾的主要成分)形成原因时,某研究人员研究了 $PM_{2.5}$ 与燃烧排放的 CO_2,NO_2,CO,O_3 等物质的相关关系,如图是 $PM_{2.5}$ 与 CO,O_3 相关性的散点图.

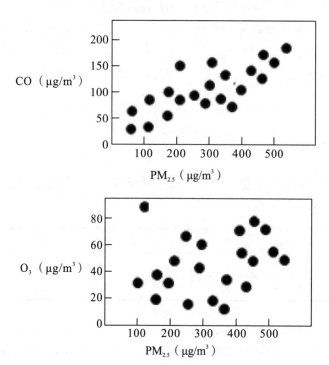

（Ⅰ）根据散点图，请你就 CO，O_3 对 $PM_{2.5}$ 的影响关系做出初步评价；

（Ⅱ）以 100 $\mu g/m^3$ 为单位，在上述左图中取三个点，如下表所示：

$PM_{2.5}$（x）	1	2	4
CO（y）	0.5	1	1.5

求 $\hat{y}$ 关于 $\hat{x}$ 的回归方程，并估计当 CO 的排放量为 200 $\mu g/m^3$ 时，$PM_{2.5}$ 的值（用最小二乘法求回归方程的系数是 $b = \dfrac{\sum\limits_{i=1}^{n} x_i y_i - n\bar{x} \cdot \bar{y}}{\sum\limits_{i=1}^{n} x_i^2 - n\bar{x}^2}$，$a = \bar{y} - b\bar{x}$）.

（Ⅲ）雾霾对交通影响较大，某市交通部门发现，在一个月内，当 CO 排放量（单位：$\mu g/m^3$）分别是 60，120，180 时，某路口的交通流量（单位：万辆）依次是 800，600，200. 设 CO 排放量是 60，120，180 的概率依次是 p，q，r，且 $p \leqslant \dfrac{1}{3}$，$3p \leqslant 4r$，求该路口一个月的交通流量期望值的最大值.

变式 5：（2011·广东卷）某数学老师身高 176 cm，他爷爷、父亲和儿子的身高分别是 173 cm、170 cm 和 182 cm. 因儿子的身高与父亲的身高有关，该老师用线性回归分析的方法预测他孙子的身高为_____ cm.

四、非线性回归分析

4. 某公司对新研发的一种产品进行试销，得到如下表所示的数据及散点图：

利润 x（元/kg）	10	20	30	40	50	60
年销量 y（kg）	1150	643	424	262	165	86
$z = 2\ln y$	14.1	12.9	12.1	11.1	10.2	8.9

其中，$z = 2\ln y$，$\bar{x} = 35$，$\bar{y} = 455$，$\bar{z} = 11.55$，$\sum\limits_{i=1}^{6} (x_i - \bar{x})^2 = 1750$，$\sum\limits_{i=1}^{n} (x_i - \bar{x})(y_i - \bar{y}) = -34580$，$\sum\limits_{i=1}^{6} (x_i - \bar{x})(z_i - \bar{z}) = -175.5$，$\sum\limits_{i=1}^{6} (y_i - \bar{y})^2 = 776840$，$\sum\limits_{i=1}^{6} (y_i - \bar{y})(z_i - \bar{z}) = 3465.2$.

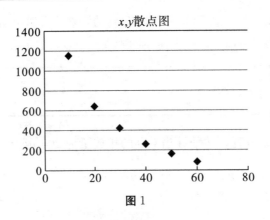

图 1

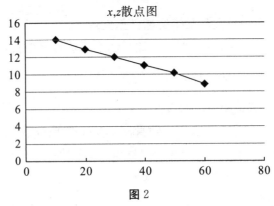

图 2

（Ⅰ）根据散点图判断，y 与 x、z 与 x 哪一对具有较强线性相关性？（给出判断即可，不必说明理由）

（Ⅱ）根据（Ⅰ）的判断结果及数据，建立 y 关于 x 的回归方程；（方程中的系数均保留两位有效数字）

（Ⅲ）利润为多少时，年利润的预报值最大？

附：对于一组数据 (x_1, y_1)，(x_2, y_2)，$\cdots$，(x_n, y_n)，其线性回归方程中 $\hat{b}$，

$\hat{a}$ 的最小二乘法估计公式分别为：$\hat{b} = \dfrac{\sum\limits_{i=1}^{n} x_i y_i - n\bar{x}\bar{y}}{\sum\limits_{i=1}^{n} x_i^2 - n\bar{x}^2}$，$\hat{a} = \bar{y} - \hat{b}\bar{x}$.

五、回归方程模型的选择和检验

5.（2017·湖南长郡中学）某农科所对冬季昼夜温差大小与某反季节大豆新品种发芽多少之间的关系进行分析研究，他们分别记录了 12 月 1 日至 12 月 5 日的每天昼夜温差与实验室每天每 100 颗种子中的发芽数，得到如下资料：

日期	12月1日	12月2日	12月3日	12月4日	12月5日
温差 x（℃）	10	11	13	12	8
发芽数 y（颗）	23	25	30	26	16

该农科所确定的研究方案是：先从这 5 组数据中选取 2 组，用剩下的 3 组数据求线性回归方程，再用被选取的 2 组数据进行检验.

（Ⅰ）求选取的 2 组数据恰好是不相邻 2 天的数据的概率；

（Ⅱ）若选取的是 12 月 1 日与 12 月 5 日的 2 组数据，请根据 12 月 2 日至 4 日的数据，求出 y 关于 x 的线性回归方程 $\hat{y} = \hat{b}x + \hat{a}$，并判断该线性回归方程是否可靠（若由线性回归方程得到的估计数据与所选取的检验数据的误差均不超过 2 颗，则认为得到的线性回归方程是可靠的）.

附：回归方程 $\hat{y} = \hat{b}x + \hat{a}$ 中斜率和截距的最小二乘法估计公式分别为：

$$\hat{b} = \frac{\sum\limits_{i=1}^{n}(x_i - \bar{x})(y_i - \bar{y})}{\sum\limits_{i=1}^{n}(x_i - \bar{x})^2} = \frac{\sum\limits_{i=1}^{n} x_i y_i - n\bar{x} \cdot \bar{y}}{\sum\limits_{i=1}^{n} x_i^2 - n\bar{x}^2}, \quad \hat{a} = \bar{y} - \hat{b}\bar{x}.$$

变式：（2018 届乌鲁木齐高三三模）对某地区儿童的身高与体重的一组数据，我们用两种模型 ① $y = bx + a$，② $y = ce^{dx}$ 拟合，得到回归方程分别为 $\hat{y}^{(1)} = 0.24x - 8.81$，$\hat{y}^{(2)} = 1.70e^{0.022x}$，进行残差分析，如下表：

身高 x（cm）	60	70	80	90	100	110
体重 y（kg）	6	8	10	14	15	18
$e^{(1)}$	0.41	0.01		1.21	−0.19	0.41
$e^{(2)}$	−0.36	0.07	0.12	1.69	−0.34	−1.12

（Ⅰ）求表中空格内的值；

（Ⅱ）残差大于 1 kg 的样本点被认为是异常数据，应剔除，剔除后对（Ⅱ）所选择的模型重新建立回归方程.（结果保留到两位小数点）

附：回归方程 $\hat{y} = \hat{b}x + \hat{a}$ 中斜率和截距的最小二乘法估计公式分别为：$\hat{b} = \dfrac{\sum\limits_{i=1}^{n}(x_i - \bar{x})(y_i - \bar{y})}{\sum\limits_{i=1}^{n}(x_i - \bar{x})^2}$，$\hat{a} = \bar{y} - \hat{b}\bar{x}$.

2.9 独立性检验

1. （2011·湖南卷）通过随机询问 110 名性别不同的大学生是否爱好某项运动，得到如下的列联表：

	男	女	总计
爱好	40	20	60
不爱好	20	30	50
总计	60	50	110

$$K^2 = \frac{n(ad-bc)^2}{(a+b)(c+d)(a+c)(b+d)} = \frac{110 \times (40 \times 30 - 20 \times 20)^2}{60 \times 50 \times 60 \times 50} \approx 7.8.$$

附表：

$P(K^2 \geqslant k)$	0.050	0.010	0.001
k	3.841	6.635	10.828

参照附表，得到的正确结论是（　　）

A. 在犯错误的概率不超过 0.1% 的前提下，认为"爱好该项运动与性别有关"

B. 在犯错误的概率不超过 0.1% 的前提下，认为"爱好该项运动与性别无关"

C. 有 99% 以上的把握认为"爱好该项运动与性别有关"

D. 有 99% 以上的把握认为"爱好该项运动与性别无关"

2. （2014·辽宁卷文）某大学餐饮中心为了解新生的饮食习惯，在全校一年级学生中进行了抽样调查，调查结果如下表所示：

	喜欢甜品	不喜欢甜品	合计
南方学生	60	20	80
北方学生	10	10	20
合计	70	30	100

（Ⅰ）根据表中数据，问是否有 95% 的把握认为"南方学生和北方学生在选用甜品的饮食习惯方面有差异"；

（Ⅱ）已知在被调查的北方学生中有 5 名数学系的学生，其中 2 名喜欢甜品，现在从这 5 名学生中随机抽取 3 人，求至多有 1 人喜欢甜品的概率.

附表：

$P\ (K^2 \geqslant k)$	0.100	0.050	0.010
k	2.706	3.841	6.635

$$K^2 = \frac{n(n_{11}n_{22} - n_{12}n_{21})}{n_{11}n_{22}n_{21}n_{12}}, \quad n = n_{11} + n_{12} + n_{21} + n_{22}.$$

3.（2017·全国Ⅱ卷）海水养殖场进行某水产品的新、旧网箱养殖方法的产量对比，收获时各随机抽取了 100 个网箱，测量各箱水产品的产量（单位：kg），其频率直方图如下：

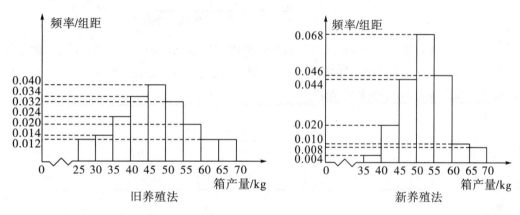

（1）设两种养殖方法的箱产量相互独立，记 A 表示事件"旧养殖法的箱产量低于 50 kg，新养殖法的箱产量不低于 50 kg"，估计 A 的概率；

（2）填写下面列联表，并根据列联表判断是否有 99% 的把握认为箱产量与养殖方法有关；

	箱产量 <50 kg	箱产量 ≥50 kg
旧养殖法		
新养殖法		

（3）根据箱产量的频率分布直方图，求新养殖法箱产量的中位数的估计值.（精确到 0.01）

$P\ (K^2 \geqslant k)$	0.050	0.010	0.001
k	3.841	6.635	10.828

4.（2014·安徽卷文）某高校共有 15000 人，其中男生 10500 人，女生 4500 人，为调查该校学生每周平均体育运动时间的情况，采用分层抽样的方法，收集 300 位学生每周平均体育运动时间的样本数据（单位：小时）.

（1）应收集多少位女生样本数据？

（2）根据这 300 个样本数据，得到学生每周平均体育运动时间的频率分布直方图（如图所示），其中样本数据分组区间为：$[0，2]$，$(2，4]$，$(4，6]$，$(6，8]$，$(8，10]$，$(10，12]$. 估计该校学生每周平均体育运动时间超过 4 个小时的概率.

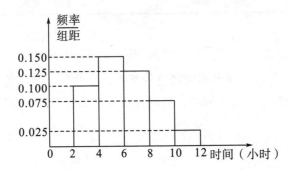

（3）在样本数据中，有 60 位女生的每周平均体育运动时间超过 4 个小时. 请完成每周平均体育运动时间与性别的列联表，并判断是否有 95% 的把握认为"该校学生的每周平均体育运动时间与性别有关".

附表：

$P（K^2 \geqslant k_0）$	0.10	0.05	0.010	0.005
k_0	2.706	3.841	6.635	7.879

第3章 概 率

3.1 概率综述

一、知识结构

随机现象在日常生活中随处可见，概率是研究随机现象的学科，它为人们认识客观世界提供了重要的思维模式和解决问题的方法.

本章的内容包括：①概率的统计定义、概率的意义和基本性质；②古典概型的特征和概率计算公式；③几何概型的特征和概率计算公式；④利用随机模拟的方法估计随机事件的概率. 其知识框图如下：

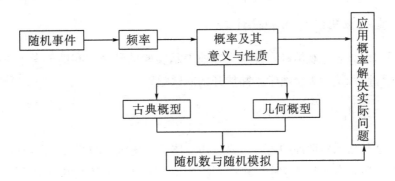

二、课标解读

（一）注重应用意识

概率统计的应用性强，在数学课程中，增加概率统计的分量已成为必然，这有利于培养学生的数学应用意识，使学生体会数学在实际中的应用价值.

（二）概率的意义

（1）概率大小可以用来检验游戏是否公平.

（2）澄清日常生活中的错误认识. 比如，掷一枚硬币，出现正面向上的概率为0.5，但连续掷两次，不一定出现一正一反；中奖概率为千分之一的彩票，买1000张不一定中奖；某市的离婚率为三分之一，任意调查三户，不一定有一户离婚.

（3）决策中的概率思想.

（4）利用概率解释了统计中似然法的思想，解释了遗传机理中的统计规律.

（5）频率是随机的，每次实验得到的频率可能是不同的，而随机事件的概率是一个常数，是随机事件发生可能性大小的度量，它不随每次试验的结果改变.

（三）注重统计思想

某种具体的统计方法只能解决部分实际问题，在面临新的问题时，需要的是新思想，教学的目的不仅是让学生掌握现有的知识，而且要培养学生分析问题和解决问题的能力，培养学生的创新精神，所以统计思想的解释就显得尤为重要.

在用频率近似概率时利用的是样本的数字特征估计总体的数字特征的统计思想，同样地，随机模拟的理论依据仍然是用样本估计总体的思想.

教材没有在概率之前安排计数原理的内容，主要是为了避免因复杂的计数而忽略对统计思想的理解. 很多一线老师都会补讲计数原理，因为这是计算概率的一种基本工具，即使这样，也要反复在概率的计算中渗透统计的思想.

（四）重视应用统计图和统计表

统计图和统计表直观清晰，能够很好地展示实验的结果，有助于学生正确地计算，有些时候统计图和统计表会给学生豁然开朗的感觉.

（五）新增内容

几何概型是新课标增加的内容，要求初步体会几何概型的意义，所以教材的选用的例题都比较简单，在实际教学中，难度不应该超过教材的题目太多.

随机数的产生与随机数模拟法也是新课标增加的内容，随机数模拟法可以用在简单随机抽样中，利用随机模拟的方法估计随机事件的概率、估计圆周率的值、近似计算不规则图形的面积.

3.2 统计概率易错点辨析

我们以前的观点是把概率计算定位为计数原理难点的干扰，具体来说，很多时候是对顺序的处理，甚至有不少人认为必修三 129 页例 5 错了，究其根本原因，是没有清楚理解抽样对概率计算是否有影响.

下面我们就从抽样开始，借助一个个生动的例子，把概率统计中的易错点一一击破.

$$抽样\begin{cases}方式 1：有放回地逐个抽取\\方式 2：无放回地逐个抽取\\方式 3：无放回地一次抽取\end{cases}$$

说明 1：有两种不同的简单随机样本定义. 在一般的数理统计教科书中，把有放回抽取的样本作为简单随机样本；而在关于抽样的专著中，则把无放回抽取的样本作为简单随机样本. 在前一个定义中，样本中的所有个体之间互相独立，这使得理论研究更为方便；而后一个定义中，样本中的所有个体之间不再具有独立性，但是样本具有更好的代表性（同一个个体不会被抽取两次以上）. 当总体中的个体的数目很大时，两种方法得到的样本的统计特性相差无几，此时可以认为无放回抽取得到的所有个体之间具有独立同分布性. 为使样本有更好的代表性，教科书采用了后一种简单随机样本的定义方式.

说明 2：教材的简单随机抽样（我们平时常用的）——抓阄法是无放回地逐个抽取. 在规范的操作情况下，无论是哪一种抽样方式，每个个体被抽到的概率都是相等的，或者说抽样的有放回和无放回对分布会产生影响，但对概率的计算是没有影响的.

一、无放回地逐个抽取（方式 2）与无放回地一次抽取（方式 3）

【例 1】彩票有 10000 张，有奖的彩票 100 张.

问题 1：先买彩票容易中奖，还是后买彩票容易中奖？

记 $A = \{$第一个人中奖$\}$，$B = \{$第二个人中奖$\}$.

第一个人买彩票中奖的概率是 $P(A) = \dfrac{10^2}{10^4} = \dfrac{1}{100}$.

第一个人中不中奖对第二个人有影响没有？（肯定有）

第二个人中奖的概率是 $P(B) = P(B|A) + P(B|\bar{A}) = \dfrac{1}{100} \times \dfrac{99}{9999} + \dfrac{99}{100} \times \dfrac{100}{9999} = \dfrac{1}{100}$.

虽然第一次对第二次有影响，但先买和后买的中奖概率一样，所以买彩票不会排队.

问题 2：一次买两张容易中奖，还是分两次买容易中奖？

为了研究方便，我们把彩票的数量减少为：彩票有 10 张，有奖的彩票 3 张.

记 $A = \{$一次买两张中奖$\}$，$B = \{$分两次买两张中奖$\}$，$B_i = \{$分两次买，第 i 次中奖$\}$.

$$P(A) = \frac{C_3^2 + C_3^1 C_7^1}{C_{10}^2} = \frac{24}{45}, \quad P(B) = P(B_1 B_2) + P(B_1 \bar{B_2}) + P(\bar{B_1} B_2) = \frac{3}{10} \times \frac{2}{9} +$$

$$\frac{3}{10} \times \frac{7}{9} + \frac{7}{10} \times \frac{3}{9} = \frac{48}{90} \text{（习惯的方式）}, \quad P(B) = \frac{A_3^2 + 2C_3^1 C_7^1}{A_{10}^2} = \frac{48}{90}.$$

注：两次都中奖 $P = \dfrac{C_3^2}{C_{10}^2} = \dfrac{3}{45}$，$P = \dfrac{A_3^2}{A_{10}^2} = \dfrac{6}{90}$ 也是相等的.

只要是不放回的，无论分几次抽，中奖的概率一样大. 抽一次与顺序无关，多次抽则与顺序有关，在计算的过程中，需要学生正确理解抽样是否与顺序有关和无关即可，其实（教师用书）只要保证分子分母都与顺序有关，或者都与顺序无关即可.

问题3：抽一张，"放回去再抽一张"与"不放回去再抽一张"中奖的概率一样吗？

$$P(C) = \frac{3}{10} \times \frac{3}{10} = \frac{9}{100}, \text{显然不一样.}$$

结合问题2、问题3可知，在概率的计算上，与抽的次数无关，而与是否放回去有关. 有放回的第一次对第二次没有影响，无放回的第一次对第二次有影响.

问题4：记中奖的次数为 ξ，不放回地抽取3张，ξ 的分布列怎么算？有放回的怎么算？

不放回：$P(\xi = 1) = \dfrac{C_3^1 C_7^1}{C_{10}^2}$.

有放回：$P(\xi = 1) = \dfrac{3}{10} \times \dfrac{7}{10} \times \dfrac{7}{10} + \dfrac{7}{10} \times \dfrac{3}{10} \times \dfrac{7}{10} + \dfrac{7}{10} \times \dfrac{7}{10} \times \dfrac{3}{10} = C_3^1 \left(\dfrac{3}{10}\right)^1 \left(\dfrac{7}{10}\right)^2$.

由这两种基本的抽样方式得到了两种最重要的分布：超几何分布和二项分布.

你觉得放回去概率好计算，还是不放回去概率好计算？当彩票的张数足够多的时候，不放回去，对下一次的影响非常小，这时候，为了方便计算，我们视为有放回，即在样本中个体足够多的时候，可以把超几何分布视为二项分布.

【例2】（1）通过抽样得到了60只灯泡，一等品有10个，二等品20个，三等品30个，从样本中任取2只，记一等品的件数为 ξ，求 ξ 的分布列.（超几何分布）

（2）从大量的灯泡中，任取2只，记一等品的件数为 ξ，求 ξ 的分布列.（二项分布）

在问题（2）中，我们用样本中的一等品的概率估计总体一等品的概率也是 $\dfrac{1}{6}$.

买某种饮料，"再来一瓶"的概率是 $\dfrac{1}{15}$，那4个人都买这种饮料，ξ 表示这4个人中奖的人数，求 ξ 的分布列与期望（一个人买，就意味着做了一次实验，4个人就视为做了4次独立重复实验，即二项分布）.

二、在具体问题中，不同的理解方式有不同的处理方式

【例3】（人教A版必修三第134页B组第2题）假设有5个条件很类似的女孩，把

她们分别记为 A，C，J，K，S. 她们应聘秘书职位，但只有 3 个秘书职位，因此 5 人中仅有 3 人被录用. 如果 5 个人被录用的机会相等，分别计算下列事件的概率：

（1）女孩 K 得到一个职位；

（2）女孩 K 和 S 各自得到一个职位；

（3）女孩 K 或 S 得到一个职位.

【解析】（1）如果从统计的观点来看，5 人中仅有三人被录用，那每一个人得到职位的概率就是 $\frac{3}{5}$. 记 $A = \{$女孩 K 得到一个职位$\}$，如果把 3 个秘书工作视为不一样的职位，利用计数原理，有 $P(A) = \frac{A_3^1 A_4^2}{A_5^3} = \frac{3}{5}$，如果把 3 个秘书工作视为一样的职位，有 $P(A) = \frac{C_4^2}{C_5^3} = \frac{3}{5}$.

（2）记 $B_1 = \{$女孩 K 得到一个职位$\}$，$B_2 = \{$女孩 S 得到一个职位$\}$，$B = \{$女孩 S 和 K 各自得到一个职位$\}$，如果把 3 个秘书工作不加以区分，则女孩 K 和 S 各自得到一个职位的概率为 $P(B) = \frac{C_3^1}{C_5^3} = \frac{3}{10}$，有同学也采用分步来计算，女孩 K 得到一个职位的概率为 $\frac{3}{5}$，在这种情况下，女孩 S 得到一个职位的概率为 $\frac{2}{4}$，则 $P(B) = \frac{3}{5} \times \frac{2}{4} = \frac{3}{10}$，其理论依据为 $P(B) = P(B_1) P(B_2 \mid B_1) = \frac{3}{5} \times \frac{2}{4} = \frac{3}{10}$.

（3）女孩 K 或 S 得到一个职位的概率为 $P_2 = 1 - \frac{C_3^3}{C_5^3} = \frac{9}{10}$.

三、准确理解题意，注意关键词的解读

数学中的"或"有三层含义，"你去或我去"在数学中指的是"你去我不去""我去你不去""我们都去"结合集合的并集来理解，$A \cup B$ 中的元素由三部分构成：在 A 中不在 B 中，在 B 中不在 A 中，既在 A 中也在 B 中.

概率统计部分能够很好地考查数学阅读能力，对题意的准确理解是非常关键的.

【例 4】（2007·海南、宁夏卷）如图，面积为 S 的正方形 $ABCD$ 中有一个不规则的图形 M，可按下面方法估计 M 的面积：在正方形 $ABCD$ 中随机投掷 n 个点，若 n 个点中有 m 个点落入 M 中，则 M 的面积的估计值为 $\frac{m}{n} S$，假设正方形 $ABCD$ 的边长为 2，M 的面积为 1，并向正方形 $ABCD$ 中随机投掷 10000 个点，以 X 表示落入 M 中的点的数目.

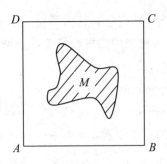

（Ⅰ）求 X 的均值 EX；

（Ⅱ）求用以上方法估计 M 的面积时，M 的面积的估计值与实际值之差在区间 $(-0.03，0.03)$ 内的概率.

附表：$P(k) = \sum\limits_{t=0}^{k} C_{10000}^{t} \times 0.25^t \times 0.75^{10000-t}$

k	2424	2425	2574	2575
$P(k)$	0.0403	0.0423	0.9570	0.9590

【解析】（Ⅰ）每一个点落入 M 中的概率一样，这是一个二项分布，要善于在实际问题中认识和转化为二项分布、超几何分布. 每个点落入 M 中的概率均为 $p = \dfrac{1}{4}$，依题意知 $X \sim B\left(10000，\dfrac{1}{4}\right)$. 所以 $EX = 10000 \times \dfrac{1}{4} = 2500$.

（Ⅱ）面积的估计值为 $\dfrac{m}{n}S = \dfrac{4m}{n}$，真实值为 1，由题知 $1 - 0.03 < \dfrac{4m}{n} < 1 + 0.03$，即 $0.97 < \dfrac{4m}{10000} < 1.03$，所以 $2425 < m < 2575$.

依题意所求概率为 $P(2425 < X < 2575) = \sum\limits_{t=2426}^{2574} C_{10000}^{t} \times 0.25^t \times 0.75^{10000-t} = \sum\limits_{t=0}^{2574} C_{10000}^{t} \times 0.25^t \times 0.75^{10000-t} - \sum\limits_{t=0}^{2425} C_{10000}^{t} \times 0.25^t \times 0.75^{10000-1} = 0.9570 - 0.0423 = 0.9147$.

四、古典概型的"等可能"的理解和"计数原理"的合理利用

问题 5：掷两颗骰子，向上的点数和为 7 的概率是多少？

法一：第一颗骰子点数有 6 种，第二个骰子也有 6 种，向上点数之和为 7 的情况可能是 $(1，6)$，$(2，5)$，$(3，4)$，共 3 种，所以 $P(A) = \dfrac{3}{6 \times 6}$.

错因剖析：分母与顺序有关，而分子与顺序无关. 要么都有关，要么都无关. 利用顺序能更好地确定等可能性，所以按照有序来计算，故分析点数之和为 7 的共 6 种

情况.

法二：向上点数的和可能为 2，3，4，…，12，共 11 种可能，7 只是其中的一种情况，所以概率为 $P(A) = \dfrac{1}{11}$.

错因剖析：对于法二，用古典概型公式 $P(A) = \dfrac{\text{事件 } A \text{ 所包含的基本事件数}}{\text{基本事件的总数}} = \dfrac{n(A)}{n(\text{总数})}$，基本事件一定是等可能的. 点数和为 12 与点数和为 7 的概率一样吗？显然不一样.

为了说明，我们把骰子标为 A，B（列一个表），清楚地看到和为 3 包含了两个基本事件，而和为 2 只有一个基本事件. 用古典概型公式，一定要通过事件的"等可能性"去思考什么是基本事件. 当感觉计算不是很清楚的时候，可以借助顺序和图表帮助分析.

五、对古典概型和几何概型的准确认知与合理转化

【例 5】（2016·全国 I 卷）某公司的班车在 7:30，8:00，8:30 发车，小明在 7:50 至 8:30 之间到达发车站乘坐班车，且到达发车站的时刻是随机的，则他等车时间不超过 10 分钟的概率是（　　）

A. $\dfrac{1}{3}$　　　　B. $\dfrac{1}{2}$　　　　C. $\dfrac{2}{3}$　　　　D. $\dfrac{3}{4}$

【解析】基本事件为小明到车站的时间，无数个，是几何概型，构成了一个区间，是长度之比. 满足条件的时间为 7:50 至 8:00 或 8:20 至 8:30，共 20 分钟，则所求概率为 $\dfrac{20}{40} = \dfrac{1}{2}$.

【点评】考查的是对几何概型的准确认知和转化为什么之比. 有学生看到有两个时间，去画区域，求面积之比.

【例 6】（2016·新课标 I 卷文）为美化环境，从红、黄、白、紫 4 种颜色的花中任选 2 种花种在一个花坛中，余下的 2 种花种在另一个花坛中，则红色和紫色的花不在同一花坛的概率是（　　）

A. $\dfrac{1}{3}$　　　　B. $\dfrac{1}{2}$　　　　C. $\dfrac{2}{3}$　　　　D. $\dfrac{5}{6}$

【解析】法一：（列出基本事件）颜色分为两组，总共有 6 种，（红、黄），（红、白），（红、紫），（黄、白），（黄、紫），（白、紫）. 种在两个花坛里面，基本事件为（红、黄）、（白、紫）；（红、白）、（黄、紫）；（红、紫）、（黄、白）；（黄、白）、（红、紫）；（黄、紫）、（红、白）；（白、紫）、（红、黄）. 总共 6 个，满足条件的共 4 个，概率为 $\dfrac{4}{6} = \dfrac{2}{3}$.

法二：（计数原理：从分组分配来考虑）$P = 1 - \dfrac{A_2^2}{\dfrac{C_4^2 C_2^2}{A_2^2}} = \dfrac{2}{3}$.

法三：（计数原理：从分步来考虑）第一步种第一个花坛 C_4^2，第二步种第二个花坛 C_2^2，满足条件的反面情况：红紫可以种第一个花坛，也可以种第二个花坛，共 2 种，$P = 1 - \dfrac{2}{C_4^2} = \dfrac{2}{3}$.

【点评】学生认为红紫只有 1 种，认为种在同一个花坛的情况也只有 1 种，这是对题意理解不准确，计数不清楚导致的.

六、几何概型转化为什么之比

【例 7】（1）在三棱锥 $P - ABC$ 棱 PA 上任取一点 Q，使得 $\dfrac{V_{Q-ABC}}{V_{P-ABC}} \geqslant \dfrac{2}{3}$ 的概率是_____.

（2）在三棱锥 $P - ABC$ 内部任取一点 Q，使得 $\dfrac{V_{Q-ABC}}{V_{P-ABC}} \geqslant \dfrac{2}{3}$ 的概率是_____.

【解析】（1）因为 Q 是在棱 PA 上取，则所有的 Q 构成了 PA，故为长度之比，因为底面积一样，所以高之比和长度之比一样，即 $\dfrac{V_{Q-ABC}}{V_{P-ABC}} \geqslant \dfrac{2}{3}$ 的概率为 $\dfrac{2}{3}$.

（2）因为 Q 是三棱锥 $P - ABC$ 内部取，则所有的 Q 构成了一个三棱锥，故为体积之比，满足 $\dfrac{V_{Q-ABC}}{V_{P-ABC}} \geqslant \dfrac{2}{3}$ 的点构成了以 P 为顶点的一个三棱锥，边长为 PA 的 $\dfrac{1}{3}$，所以体积之比为长度之比的三次方，即所求概率为 $\dfrac{1}{27}$.

3.3　古典概型

概率统计的学习，重在理解，重在辨析，规范书写. 注意理解"不都是""都不是""都是"的区别和联系，全国卷的概率统计题目常常是很长一段文字，数学阅读能力很重要，应准确理解题意，准确理解各种概率的计算、各种分布以及它们的区别和联系.

一、用频率估计概率（统计的观点）

1.（2009·福建卷文 3）一个容量 100 的样本，其数据的分组与各组的频数如下表：

组别	(0, 10]	(10, 20]	(20, 30]	(30, 40]	(40, 50]	(50, 60]	(60, 70]
频数	12	13	24	15	16	13	7

则样本数据落在（10，40]上的频率为（　　）

A. 0.13　　　　　B. 0.39　　　　　C. 0.52　　　　　D. 0.64

变式 1：有一个容量为 66 的样本，数据的分组及各组的频数如下：

[11.5，15.5)　2　　[15.5，19.5)　4　　[19.5，23.5)　9　　[23.5，27.5)　18

[27.5，31.5)　11　　[31.5，35.5)　12　　[35.5.39.5)　7　　[39.5，43.5)　3

根据样本的频率分布估计，数据落在 [31.5，43.5) 的概率约是（　　）

A. $\dfrac{1}{6}$　　　　B. $\dfrac{1}{3}$　　　　C. $\dfrac{1}{2}$　　　　D. $\dfrac{2}{3}$

变式 2：样本容量为 200 的频率分布直方图如图所示. 根据样本的频率分布直方图估计，样本数据落在 [6，10) 内的频数为_____，落在 [2，10) 内的概率约为_____.

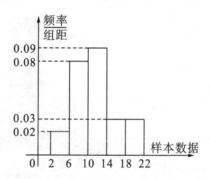

变式 3：（2013·福建卷）某校从高一年级学生中随机抽取部分学生，将他们的模块测试成绩分为 6 组：[40，50)，[50，60)，[60，70)，[70，80)，[80，90)，[90，100)，加以统计，得到如图所示的频率分布直方图，已知高一年级共有学生 600 名，据此估计，该模块测试成绩不少于 60 分的学生人数为（　　）

A. 588　　　　　B. 480　　　　　C. 450　　　　　D. 120

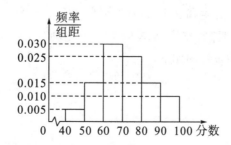

变式 4：（2013·辽宁卷）某学校组织学生参加英语测试，成绩的频率分布直方图如图所示，数据的分组为 [20，40)，[40，60)，[60，80)，[80，100). 若低于 60 分的人数是 15 人，则该班的学生人数是（　　）

A. 45 B. 50 C. 55 D. 60

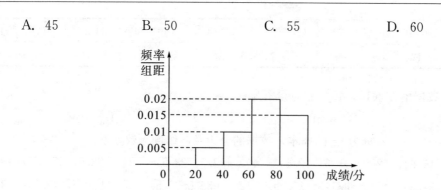

2. （2017·北京卷文）某大学艺术专业 400 名学生参加某次测评，根据男女学生人数比例，使用分层抽样的方法从中随机抽取了 100 名学生，记录他们的分数，将数据分成 7 组：[20，30），[30，40），…，[80，90]，并整理得到如下所示的频率分布直方图：

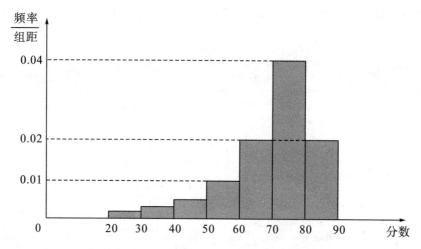

（Ⅰ）从总体的 400 名学生中随机抽取一人，估计其分数小于 70 的概率；

（Ⅱ）已知样本中分数小于 40 的学生有 5 人，试估计总体中分数在区间 [40，50) 内的人数；

（Ⅲ）已知样本中有一半男生的分数不小于 70，且样本中分数不小于 70 的男女生人数相等. 试估计总体中男生和女生人数的比例.

变式 1：为了解学生身高情况，某校以 10％的比例对全校 700 名学生按性别进行出样检查，测得身高情况的统计图如下：

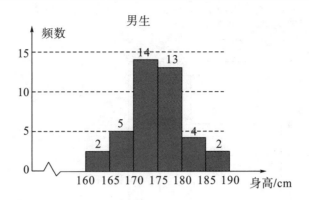

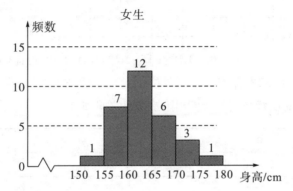

（Ⅰ）估计该校男生的人数；

（Ⅱ）估计该校学生身高在 170~185 cm 之间的概率；

（Ⅲ）从样本中身高在 180~190 cm 之间的男生中任选 2 人，求至少有 1 人身高在 185~190 cm 之间的概率.

变式 2：为了了解一个小水库中养殖的鱼的有关情况，从这个水库的多个不同位置捕捞出 100 条鱼，称得每条鱼的质量（单位：千克），并将所得数据分组，画出频率分布直方图（如图所示）.

（Ⅰ）在表格中填写相应的频率；

分组	频率
[1.00，1.05)	
[1.05，1.10)	
[1.10，1.15)	
[1.15，1.20)	
[1.20，1.25)	
[1.25，1.30]	

（Ⅱ）估计数据落在（1.15，1.30）中的概率为多少；

（Ⅲ）将上面捕捞的 100 条鱼分别作一记号后再放回水库，几天后再从水库的多处不同位置捕捞出 120 条鱼，其中带有记号的鱼有 6 条，请根据这一情况来估计该水库中鱼的总条数.

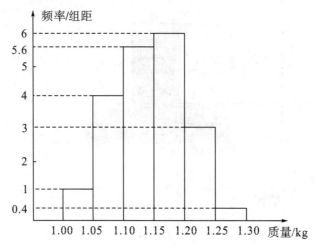

变式3：某险种的基本保费为 a（单位：元），继续购买该险种的投保人称为续保人，续保人本年度的保费与其上年度出险次数的关联如下：

上年度出险次数	0	1	2	3	4	≥5
保费	$0.85a$	a	$1.25a$	$1.5a$	$1.75a$	$2a$

随机调查了该险种的 200 名续保人在一年内的出险情况，得到如下统计表：

出险次数	0	1	2	3	4	≥5
频数	60	50	30	30	20	10

（Ⅰ）记 A 为事件"续保人本年度的保费不高于基本保费"，求 $P(A)$ 的估计值；

（Ⅱ）记 B 为事件"续保人本年度的保费高于基本保费但不高于基本保费的 160％"，求 $P(B)$ 的估计值；

（Ⅲ）求续保人本年度的平均保费估计值.

变式4：随机抽取某中学甲、乙两班各 10 名同学，测量他们的身高（单位：cm），获得身高数据的茎叶图.

（Ⅰ）根据茎叶图判断哪个班的平均身高较高；

（Ⅱ）计算甲班的样本方差；

（Ⅲ）现从乙班这 10 名同学中随机抽取两名身高不低于 173 cm 的同学，求身高为 176 cm 的同学被抽中的概率.

```
        甲班          乙班
            2 │ 18 │ 1
    9  9  1  0 │ 17 │ 0  3  6  8  9
       8  8  3  2 │ 16 │ 2  5  8
             8 │ 15 │ 9
```

变式 5：汽车厂生产 A，B，C 三类轿车，每类轿车均有舒适型和标准型两种型号，某月的产量如下表：

	轿车 A	轿车 B	轿车 C
舒适型	100	150	z
标准型	300	450	600

按类型分层抽样的方法在这个月生产的轿车中抽取 50 辆，其中有 A 类轿车 10 辆.

（Ⅰ）求 z 的值；

（Ⅱ）用分层抽样的方法在 C 类轿车中抽取一个容量为 5 的样本. 将该样本看成一个总体，从中任取 2 辆，求至少有 1 辆舒适型轿车的概率；

（Ⅲ）用随机抽样的方法从 B 类舒适型轿车中抽取 8 辆，经检测它们的得分如下：9.4，8.6，9.2，9.6，8.7，9.3，9.0，8.2. 把这 8 辆轿车的得分看作一个总体，从中任取一个数，求该数与样本平均数之差的绝对值不超过 0.5 的概率.

变式 6：（2017·全国Ⅲ卷文）某超市计划按月订购一种酸奶，每天进货量相同，进货成本每瓶 4 元，售价每瓶 6 元，未售出的酸奶降价处理，以每瓶 2 元的价格当天全部处理完. 根据往年销售经验，每天需求量与当天最高气温（单位:℃）有关. 如果最高气温不低于 25，需求量为 500 瓶；如果最高气温位于区间（20，25），需求量为 300 瓶；如果最高气温低于 20，需求量为 200 瓶. 为了确定六月份的订购计划，统计了前三年六月份各天的最高气温数据，得到下面的频数分布表：

最高气温	(10，15)	(15，20)	(20，25)	(25，30)	(30，35)	(35，40)
天数	2	16	36	25	7	4

以最高气温位于各区间的频率代替最高气温位于该区间的概率.

（1）求六月份这种酸奶一天的需求量不超过 300 瓶的概率；

（2）设六月份一天销售这种酸奶的利润为 Y（单位：元），当六月份这种酸奶一天的进货量为 450 瓶时，写出 Y 的所有可能值，并估计 Y 大于零的概率.

二、列出基本事件或借助计数原理

3.（2013·全国Ⅰ卷文）从 1，2，3，4 中任取 2 个不同的数，则取出的 2 个数之差的绝对值为 2 的概率是（　　）

A. $\dfrac{1}{2}$　　　　B. $\dfrac{1}{3}$　　　　C. $\dfrac{1}{4}$　　　　D. $\dfrac{1}{6}$

变式 1：（2014·全国Ⅱ卷文）甲、乙两名运动员各自等可能地从红、白、蓝 3 种颜色的运动服中选择 1 种，则他们选择相同颜色运动服的概率为　　　　．

变式 2：（2015·全国Ⅰ卷文 4）如果 3 个正整数可作为一个直角三角形三条边的边长，则称这 3 个数为一组勾股数，从 1，2，3，4，5 中任取 3 个不同的数，则这 3 个数构成一组勾股数的概率为（　　）

A. $\dfrac{3}{10}$　　　　B. $\dfrac{1}{5}$　　　　C. $\dfrac{1}{10}$　　　　D. $\dfrac{1}{20}$

变式 3：（2016·全国Ⅲ卷）小敏打开计算机时，忘记了开机密码的前两位，只记得第一位是 M，I，N 中的一个字母，第二位是 1，2，3，4，5 中的一个数字，则小敏输入一次密码能够成功开机的概率是（　　）

A. $\dfrac{8}{15}$　　　　B. $\dfrac{1}{8}$　　　　C. $\dfrac{1}{15}$　　　　D. $\dfrac{1}{30}$

变式 4：（2017·天津卷文 3）有 5 支彩笔（除颜色外无差别），颜色分别为红、黄、蓝、绿、紫．从这 5 支彩笔中任取 2 支不同颜色的彩笔，则取出的 2 支彩笔中含有红色彩笔的概率为（　　）

A. $\dfrac{4}{5}$　　　　B. $\dfrac{3}{5}$　　　　C. $\dfrac{2}{5}$　　　　D. $\dfrac{1}{5}$

变式 5：（2017·全国Ⅱ卷文 11）从分别写有 1，2，3，4，5 的 5 张卡片中随机抽取 1 张，放回后再随机抽取 1 张，则抽得的第一张卡片上的数大于第二张卡片上的数的概率为（　　）

A. $\dfrac{1}{10}$　　　　B. $\dfrac{1}{5}$　　　　C. $\dfrac{3}{10}$　　　　D. $\dfrac{2}{5}$

变式 6：（2017·山东卷文）某旅游爱好者计划从 3 个亚洲国家 A_1，A_2，A_3 和 3 个欧洲国家 B_1，B_2，B_3 中选择 2 个国家去旅游．

（Ⅰ）若从这 6 个国家中任选 2 个，求这 2 个国家都是亚洲国家的概率；

（Ⅱ）若从亚洲国家和欧洲国家中任选 1 个，求这 2 个国家包括 A_1 但不包括 B_1 的概率．

变式 7：有 5 本书，其中语文书 2 本，数学书 2 本，物理书 1 本．若将其随机地并排摆放到书架的同一层上，则同一科目的书都不相邻的概率为（　　）

A. $\dfrac{1}{5}$　　　　B. $\dfrac{2}{5}$　　　　C. $\dfrac{3}{5}$　　　　D. $\dfrac{4}{5}$

变式 8：甲、乙两人一起去游"2011·西安世园会"，他们约定，各自独立地从 1 号到 6 号景点中任选 4 个进行游览，每个景点参观 1 小时，则最后一小时他们同在一个景点的概率是_____.

变式 9：锅中煮有芝麻馅汤圆 6 个，花生馅汤圆 5 个，豆沙馅汤圆 4 个，这三种汤圆的外部特征完全相同. 从中任意舀取 4 个汤圆，则每种汤圆都至少取到 1 个的概率为（　　）

A. $\dfrac{8}{91}$ 　　　　B. $\dfrac{25}{91}$ 　　　　C. $\dfrac{48}{91}$ 　　　　D. $\dfrac{60}{91}$

变式 10：12 个篮球队中有 3 个强队，将这 12 个队任意分成 3 个组（每组 4 个队），则 3 个强队恰好被分在同一组的概率为（　　）

A. $\dfrac{1}{55}$ 　　　　B. $\dfrac{3}{55}$ 　　　　C. $\dfrac{1}{4}$ 　　　　D. $\dfrac{1}{3}$

变式 11：一个总体分为 A，B 两层，其个体数之比为 $4:1$，用分层抽样方法从总体中抽取一个容量为 10 的样本，已知 B 层中甲、乙都被抽到的概率为 $\dfrac{1}{28}$，则总体中的个数为_____.

变式 12：（2004·全国Ⅱ卷）已知 8 支球队中有 3 支弱队，以抽签方式将这 8 支球队分为 A，B 两组，每组 4 支.

求：（Ⅰ）A，B 两组中有一组恰有两支弱队的概率；

（Ⅱ）A 组中至少有两支弱队的概率.

变式 13：（2007·山东卷理）位于坐标原点的一个质点 P 按下述规则移动：质点每次移动一个单位；移动的方向为向上或向右，并且向上、向右移动的概率都是 $\dfrac{1}{2}$. 质点 P 移动 5 次后位于点（2，3）的概率为（　　）

A. $\left(\dfrac{1}{2}\right)^5$ 　　　B. $C_5^2\left(\dfrac{1}{2}\right)^5$ 　　　C. $C_5^3\left(\dfrac{1}{2}\right)^3$ 　　　D. $C_5^2 C_5^3\left(\dfrac{1}{2}\right)^5$

3.4　几何概型

概率类型	判断标准	计算方法	关键
古典概型			
几何概型			

判断的标准 $\left\{\begin{array}{l}\text{古典概型与几何概型的区别：在于基本事件的个数有限与无限}\\\text{条件概率：在已知一个事件发生的情况下，求另一个事件发生的概率}\end{array}\right.$

计算公式 $\left\{\begin{array}{l}\text{古典概型：（1）计数原理，（2）随机模拟法（求概率的近似值）}\\\text{几何概型：（1）转化，（2）计算机模拟（撒豆实验）}\end{array}\right.$

关键 $\begin{cases}$ 古典概型：不重不漏的计数，注意顺序的一致性 \\ 几何概型：要把文字语言转化为相应的长度、面积、体积 $\end{cases}$

一、根据题目条件确定是什么之比

1. 设不等式组 $\begin{cases} 0 \leqslant x \leqslant 2 \\ 0 \leqslant y \leqslant 2 \end{cases}$ 表示平面区域为 D，在区域 D 内随机取一个点，则此点到坐标原点的距离大于 2 的概率是_____．

变式 1：在区间 $\left[-\dfrac{\pi}{2}, \dfrac{\pi}{2}\right]$ 上随机取一个数 x，$\cos x$ 的值介于 0 到 $\dfrac{1}{2}$ 之间的概率为_____．

变式 2：（2017·江苏卷 7）记函数 $f(x) = \sqrt{6+x-x^2}$ 的定义域为 D．在区间 $[-4, 5]$ 上随机取一个数 x，则 $x \in D$ 的概率是_____．

变式 3：点 A 为周长等于 3 的圆周上的一个定点，若在该圆周上随机取一点 B，则劣弧 AB 的长度小于 1 的概率为_____．

变式 4：某路口人行横道的信号灯为红灯和绿灯交替出现，红灯持续时间为 40 秒．若一名行人来到该路口遇到红灯，则至少需要等待 15 秒才出现绿灯的概率为（　　）

A. $\dfrac{7}{10}$　　　　B. $\dfrac{5}{8}$　　　　C. $\dfrac{3}{8}$　　　　D. $\dfrac{3}{10}$

变式 5：（2016·全国Ⅰ卷）某公司的班车在 7:30，8:00，8:30 发车，小明在 7:50 至 8:30 之间到达发车站乘坐班车，且到达发车站的时刻是随机的，则他等车时间不超过 10 分钟的概率是（　　）

A. $\dfrac{1}{3}$　　　　B. $\dfrac{1}{2}$　　　　C. $\dfrac{2}{3}$　　　　D. $\dfrac{3}{4}$

变式 6：（2012·辽宁卷文）在长为 12 cm 的线段 AB 上任取一点 C．现作一矩形，邻边长分别等于线段 AC，CB 的长，则该矩形面积大于 20 cm² 的概率为（　　）

A. $\dfrac{1}{6}$　　　　B. $\dfrac{1}{3}$　　　　C. $\dfrac{2}{3}$　　　　D. $\dfrac{4}{5}$

变式 7：（2015·陕西卷文）设复数 $z = (x-1) + yi$（$x, y \in \mathbf{R}$），若 $|z| \leqslant 1$，则 $y \geqslant x$ 的概率为（　　）

A. $\dfrac{3}{4} + \dfrac{1}{2\pi}$　　B. $\dfrac{1}{4} - \dfrac{1}{2\pi}$　　C. $\dfrac{1}{2} - \dfrac{1}{\pi}$　　D. $\dfrac{1}{2} + \dfrac{1}{\pi}$

变式 8：正方体 $ABCD - A_1 B_1 C_1 D_1$ 的棱长为 1，在正方体内随机取点 M，使四棱锥 $M - ABCD$ 的体积小于 $\dfrac{1}{6}$ 的概率为_____．

二、约会模型

2. 甲、乙两人约定 6 时到 7 时之间在某处会面，并约定先到者应等候另一人一刻

钟，两人能会面的概率为_____.（用数字作答）

变式 1：（2014·重庆卷）某校早上 8:00 上课，假设该校学生小张与小王在早上 7:30—7:50 之间到校，且每人在该时间段的任何时间到校是等可能的，则小张比小王至少早 5 分钟到校的概率为_____.（用数字作答）

变式 2：（2013·四川卷）节日里某家门前的树上挂了两串彩灯，这两串彩灯的第一次闪亮相互独立，若接通电后的 4 秒内任一时刻等可能发生，然后每串彩灯在 4 秒内为间隔闪亮，那么这两串彩灯同时通电后，它们第一次闪亮的时刻相差不超过 2 秒的概率是_____.

三、计算面积的方法

（一）利用对称或对立事件求不规则图形的面积

3.（2017·全国Ⅰ卷）如图，正方形 $ABCD$ 内的图形来自中国古代的太极图. 正方形内切圆中的黑色部分和白色部分关于正方形的中心成中心对称. 在正方形内随机取一点，则此点取自黑色部分的概率是（　　）

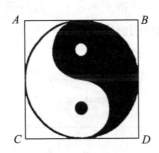

A. $\dfrac{1}{4}$ 　　　　B. $\dfrac{\pi}{8}$ 　　　　C. $\dfrac{1}{2}$ 　　　　D. $\dfrac{\pi}{4}$

变式 1：（2013·陕西卷）如图，在矩形区域 $ABCD$ 的 A，C 两点处各有一个通信基站，假设其信号的覆盖范围分别是扇形区域 ADE 和扇形区域 CBF（该矩形区域内无其他信号来源，基站工作正常）. 若在该矩形区域内随机地选一地点，则该地点无信号的概率是（　　）

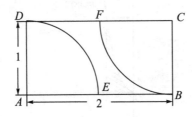

A. $1-\dfrac{\pi}{4}$ 　　　　B. $\dfrac{\pi}{2}-1$ 　　　　C. $2-\dfrac{\pi}{2}$ 　　　　D. $\dfrac{\pi}{4}$

变式 2：小波通过做游戏的方式来确定周末活动，他随机地往单位圆内投掷一点，若此点到圆心的距离大于 $\frac{1}{2}$，则周末去看电影；若此点到圆心的距离小于 $\frac{1}{4}$，则周末去打篮球；否则，在家看书. 则小波周末不在家看书的概率为_____.

变式 3：在圆心角为直角的扇形 OAB 中，分别以 OA，OB 为直径作两个半圆. 在扇形 OAB 内随机取一点，则此点取自阴影部分的概率是_____.

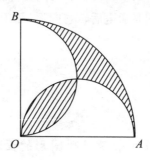

（二）利用定积分求面积

4.（2014·辽宁卷）正方形的四个顶点 $A(-1，-1)$，$B(1，-1)$，$C(1，1)$，$D(-1，1)$ 分别在抛物线 $y=-x^2$ 和 $y=x^2$ 上，如图所示，若将一个质点随机投入正方形 $ABCD$ 中，则质点落在图中阴影区域的概率是_____.

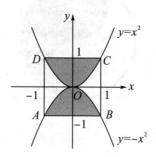

变式 1：从如图所示的长方形区域内任取一个点 $M(x，y)$，则点 M 取自阴影部分的概率为_____.

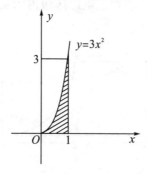

变式 2：在抛物线 $y=x^2$ 与直线 $y=2$ 围成的封闭图形内任取一点 A，O 为坐标原

点，则直线 OA 被该封闭图形截得的线段长小于 $\sqrt{2}$ 的概率是(   )

A. $\dfrac{\sqrt{3}}{15}$ B. $\dfrac{\sqrt{3}}{16}$ C. $\dfrac{\sqrt{2}}{16}$ D. $\dfrac{\sqrt{2}}{14}$

3.5 随机数模拟法

已知某运动员每次投篮命中的概率都为 40%. 现采用随机模拟的方法估计该运动员三次投篮恰有两次命中的概率：先由计算器算出 0 到 9 之间取整数值的随机数，指定 1，2，3，4 表示命中，5，6，7，8，9，0 表示不命中；再以每三个随机数为一组，代表三次投篮的结果. 经随机模拟产生了 20 组随机数：

907 966 191 925 271 932 818 458 569 683
431 257 393 027 556 488 730 113 537 989

据此估计，该运动员三次投篮恰有两次命中的概率为 (   )

A. 0.35 (   )   B. 0.25   C. 0.20   D. 0.15

变式 1：(2014·福建卷) 如图，在边长为 1 的正方形中，随机撒 1000 粒豆子，有 180 粒落到阴影部分，据此估计阴影部分的面积为_____.

变式 2：(2016·全国 I 卷) 从区间 $[0，1]$ 随机抽取 $2n$ 个数 x_1，x_2，$\cdots$，x_n，y_1，y_2，$\cdots$，y_n，构成 n 个数对 $(x_1，y_1)$，$(x_2，y_2)$，$\cdots$，$(x_n，y_n)$，其中两数的平方和小于 1 的数对共有 m 个，则用随机模拟的方法得到的圆周率 π 的近似值为 (   )

A. $\dfrac{4n}{m}$ B. $\dfrac{2n}{m}$ C. $\dfrac{4m}{n}$ D. $\dfrac{2m}{n}$

变式 3：(2012·陕西卷) 下图是用模拟方法估计圆周率 π 值的程序框图，P 表示估计结果，则图中空白框内应填入(   )

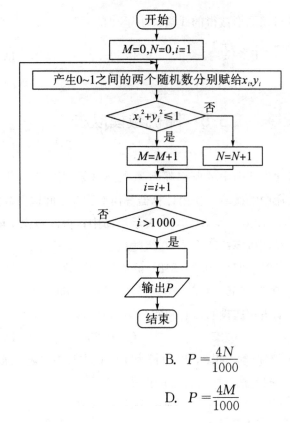

A. $P = \dfrac{N}{1000}$ B. $P = \dfrac{4N}{1000}$

C. $P = \dfrac{M}{1000}$ D. $P = \dfrac{4M}{1000}$

变式 4：如图，利用随机模拟的方法可以估计图中由曲线 $y = \dfrac{x^2}{2}$ 与直线 $x = 2$ 及 $y = 0$ 所围成的阴影部分的面积 S：①产生两组 $0 \sim 1$ 的均匀随机数，$a = \text{rand}(\ )$，$b = \text{rand}(\ )$；②做变换，令 $x = 2a$，$y = 2b$；③产生 N 个点 $(x，y)$，并统计满足条件 $y < \dfrac{x^2}{2}$ 的点 $(x，y)$ 的个数 N_1. 已知某同学用计算器做模拟试验结果，当 $N = 1000$ 时，$N_1 = 332$，则据此可估计 S 的值为_____.（保留小数点后三位）

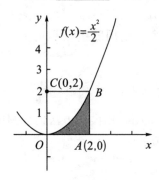

3.6 互斥、对立和独立事件以及条件概率

一、互斥和对立

（一）互斥和对立的认知

事件的关系	自然语言	图形语言	符号语言	概率的关系
A，B 互斥				
A，B 对立				

A，B 互斥与对立的关系：对立是互斥的一种特殊情况.

1. 若 $P(A \cup B) = P(A) + P(B) = 1$，则事件 A 与 B 的关系是（　　）

A. 互斥不对立　　　B. 对立不互斥　　　C. 互斥且对立　　　D. 以上答案都不对

（二）利用互斥和对立计算概率

2. 甲袋中有 1 只白球、2 只红球、3 只黑球，乙袋中有 2 只白球、3 只红球、1 只黑球. 现从两袋中各取一球，则两球颜色相同的概率为_____.

3. 若某学校要从 5 名男生和 2 名女生中选出 3 人作为"上海世博会"的志愿者，则选出的志愿者中男女生均不少于 1 名的概率是_____.

变式 1：从装有 3 个红球、2 个白球的袋中任取 3 个球，则所取的 3 个球中至少有 1 个白球的概率是_____.

变式 2：甲、乙两队进行排球决赛，现在的情形是甲队只要再赢一局就获得冠军，乙队需要再赢两局才能获得冠军，若两队胜每局的概率相同，则甲队获得冠军的概率为_____.

变式 3：如图，用 K，A_1，A_2 三类不同的元件连接成一个系统. 当 K 正常工作且 A_1，A_2 至少有一个正常工作时，系统正常工作. 已知 K，A_1，A_2 正常工作的概率依次为 0.9，0.8，0.8，则系统正常工作的概率为（　　）

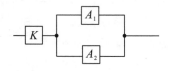

A. 0.960　　　　B. 0.864　　　　C. 0.720　　　　D. 0.576

二、独立事件：两个事件相互不影响

4.（2016·全国Ⅲ卷）小敏打开计算机时，忘记了开机密码的前两位，只记得第一位是 M，I，N 中的一个字母，第二位是 1，2，3，4，5 中的一个数字，则小敏输入一次密码能够成功开机的概率是（　　）

A. $\dfrac{8}{15}$　　　　B. $\dfrac{1}{8}$　　　　C. $\dfrac{1}{15}$　　　　D. $\dfrac{1}{30}$

变式1：两个实习生每人加工一个零件. 加工为一等品的概率分别为 $\dfrac{2}{3}$ 和 $\dfrac{3}{4}$，两个零件是否加工为一等品相互独立，则这两个零件中恰有一个一等品的概率为（　　）

A. $\dfrac{1}{2}$　　　　B. $\dfrac{5}{12}$　　　　C. $\dfrac{1}{4}$　　　　D. $\dfrac{1}{6}$

变式2：（2005·全国Ⅲ卷）设甲、乙、丙三台机器是否需要照顾相互之间没有影响. 已知在某一小时内，甲、乙都需要照顾的概率为 0.05，甲、丙都需要照顾的概率为 0.1，乙、丙都需要照顾的概率为 0.125.

（Ⅰ）求甲、乙、丙每台机器在这个小时内需要照顾的概率分别是多少；

（Ⅱ）计算这个小时内至少有一台需要照顾的概率.

变式3：（2012·大纲文）乒乓球比赛规则规定：一局比赛，双方比分在 10 平前，一方连续发球 2 次后，对方再连续发球 2 次，依次轮换. 每次发球，胜方得 1 分，负方得 0 分. 设在甲、乙的比赛中，每次发球，发球方得 1 分的概率为 0.6，各次发球的胜负结果相互独立. 甲、乙的一局比赛中，甲先发球.

（1）求开始第 4 次发球时，甲、乙的比分为 1∶2 的概率；

（2）求开始第 5 次发球时，甲得分领先的概率.

三、条件概率：在事件 *A* 发生的情况下，求 *B* 发生的概率

条件概率：

(1) $P(B\mid A)=\dfrac{n(AB)}{n(A)}$，(2) $P(B\mid A)=\dfrac{p(AB)}{p(A)}$.

关键在于准确界定条件概率和得到事件 A，AB 所包含的基本事件数量或 $P(A)$，$P(AB)$.

5.（2014·新课标全国Ⅱ卷）某地区空气质量监测资料表明，一天的空气质量为优良的概率是 0.75，连续两天为优良的概率是 0.6，已知某天的空气质量为优良，则随后一天的空气质量为优良的概率是（　　）

A. 0.8　　　　B. 0.75　　　　C. 0.6　　　　D. 0.45

变式1：某种小动物从出生算起，活到 20 岁的概率是 0.8，活到 25 岁的概率是

0.4，如果现在有一只 20 岁的这种动物，它活到 25 岁以上的概率是_____.

变式 2：如图，$EFGH$ 是以 O 为圆心，半径为 1 的圆的内接正方形．将一颗豆子随机地扔到该圆内，用 A 表示事件"豆子落在正方形 $EFGH$ 内"，B 表示事件"豆子落在扇形 OHE 内"，则

（1）$P(A) =$ _____；（2）$P(B \mid A) =$ _____.

变式 3：（2011·辽宁卷）从 1，2，3，4，5 中任取 2 个不同的数，事件 A 表示"取到的 2 个数之和为偶数"，事件 B 表示"取到的 2 个数均为偶数"，则 $P(B \mid A) =$（　　）

A. $\dfrac{1}{8}$ 　　　　B. $\dfrac{1}{4}$ 　　　　C. $\dfrac{2}{5}$ 　　　　D. $\dfrac{1}{2}$

变式 4：（2017·云南师大附中高三最后一次适应性考试）已知这两天每一天下雨的概率都为 40%，现采用随机模拟的方法估计：先由计算器算出 0 到 9 之间取整数值的随机数，指定 1，2，3，4 表示下雨，5，6，7，8，9，0 表示不下雨；再以每两个随机数为一组，代表两天是否有雨的结果．经随机模拟产生了 20 组随机数：

70　08　83　67　37　02　55　34　67　19

55　29　52　34　49　73　14　28　96　56

据此估计，在第一天下雨的条件下，第二天也下雨的概率为（　　）

A. 0.2 　　　　B. 0.3 　　　　C. 0.4 　　　　D. 0.375

变式 5：（2016·全国 Ⅱ 卷）某险种的基本保费为 a（单位：元），继续购买该险种的投保人称为续保人，续保人的本年度的保费与其上年度的出险次数的关联如下：

上年度出险次数	0	1	2	3	4	≥5
保费	0.85a	a	1.25a	1.5a	1.75a	2a

设该险种一续保人一年内出险次数与相应概率如下：

一年内出险次数	0	1	2	3	4	≥5
概率	0.30	0.15	0.20	0.20	0.10	0.05

（Ⅰ）求该续保人本年度的保费高于基本保费的概率；

（Ⅱ）若该续保人本年度的保费高于基本保费，求其保费比基本保费高出 60% 的概率；

（Ⅲ）求该续保人本年度的平均保费与基本保费的比值.

变式 6：（2007·江苏卷）某气象站天气预报的准确率为 80％，计算（结果保留到小数点后面第 2 位）：

（1）5 次预报中恰有 2 次准确的概率；

（2）5 次预报中至少有 2 次准确的概率；

（3）5 次预报中恰有 2 次准确，且其中第 3 次预报准确的概率.

变式 7：甲罐中有 5 个红球、2 个白球和 3 个黑球，乙罐中有 4 个红球、3 个白球和 3 个黑球．先从甲罐中随机取出一球放入乙罐，分别以 A_1，A_2，A_3 表示由甲罐取出的球是红球、白球和黑球的事件；再从乙罐中随机取出一球，以 B 表示由乙罐取出的球是红球的事件，则下列结论中正确的是_____（写出所有正确结论的编号）.

①$P(B)=\dfrac{2}{5}$；

②$P(B\mid A_1)=\dfrac{5}{11}$；

③事件 B 与事件 A_1 相互独立；

④A_1，A_2，A_3 是两两互斥的事件；

⑤$P(B)$ 的值不能确定，因为它与 A_1，A_2，A_3 中究竟哪一个发生有关.

3.7　2018 年和 2019 年高考数学概率试题评析

一、古典概型和几何概型

1.（2019·全国 I 卷理 6）我国古代典籍《周易》用"卦"描述万物的变化．每一"重卦"由从下到上排列的 6 个爻组成，爻分为阳爻"——"和阴爻"— —"，如图就是一重卦．在所有重卦中随机取一重卦，则该重卦恰有 3 个阳爻的概率是（　　）

A. $\dfrac{5}{16}$　　　　B. $\dfrac{11}{32}$　　　　C. $\dfrac{21}{32}$　　　　D. $\dfrac{11}{16}$

【解析】在所有重卦中随机取一重卦，基本事件总数 $n=2^6=64$，该重卦恰有 3 个阳爻包含的基本个数 $m=C_6^3 C_3^3=20$，则该重卦恰有 3 个阳爻的概率 $P=\dfrac{m}{n}=\dfrac{20}{64}=\dfrac{5}{16}$. 故选 A.

【点评】以我国古代典籍《周易》中描述事物变化的"卦"为背景设置了排列组合题，体现了我国古代的哲学思想．在概率的计算中，排列组合知识是基本工具，厘清分类分步是关键．

2. （2019·全国Ⅰ卷理 15）甲、乙两队进行篮球决赛，采取七场四胜制（当一队赢得四场胜利时，该队获胜，决赛结束）．根据前期比赛成绩，甲队的主客场安排依次为"主主客客主客主"．设甲队主场取胜的概率为 0.6，客场取胜的概率为 0.5，且各场比赛结果相互独立，则甲队以 4∶1 获胜的概率是＿＿＿＿．

【解析】由题意可得，一共比赛了 5 场，且第 5 场甲获胜，前 4 场甲队胜 3 场，输 1 场，有 2 种情况：

①甲队主场输 1 场，其概率为：$P_1 = C_2^1 \times 0.6 \times 0.4 \times C_2^2 \times 0.5^2 = 0.12$；

②甲队客场输 1 场，其概率为：$P_2 = C_2^2 \times 0.6^2 \times C_2^1 \times 0.5 \times 0.5 = 0.18$．

由于第 5 场必定是甲队胜，所以 $P = (P_1 + P_2) \times 0.6 = 0.18$．

则甲队以 4∶1 获胜的概率为 0.18．

3. （2019·全国Ⅱ卷理 18）11 分制乒乓球比赛，每赢一球得 1 分，当某局打成 10∶10 平后，每球交换发球权，先多得 2 分的一方获胜，该局比赛结束．甲、乙两位同学进行单打比赛，假设甲发球时甲得分的概率为 0.5，乙发球时甲得分的概率为 0.4，各球的结果相互独立．在某局双方 10∶10 平后，甲先发球，两人又打了 x 个球该局比赛结束．

（1）求 $P(X=2)$；

（2）求事件"$X=4$ 且甲获胜"的概率．

【解析】（1）$X=2$ 就是 10∶10 平后，两人又打了 2 个球该局比赛结束，则这 2 个球均由甲得分，或者均由乙得分．因此 $P(X = 2) = 0.5 \times 0.4 + (1-0.5) \times (1-0.4) = 0.5$．

（2）$X=4$ 且甲获胜，就是 10∶10 平后，两人又打了 4 个球该局比赛结束，且这 4 个球的得分情况为：前两球是甲、乙各得 1 分，后两球均为甲得分．

因此所求概率为 $[0.5 \times (1-0.4) + (1-0.5) \times 0.4] \times 0.5 \times 0.4 = 0.1$．

【点评】引入非常普及的篮球和乒乓球运动，以其中普遍存在的比赛结果的预估和比赛场次的安排提出问题，要求学生应用数学概率知识解决相关问题．

4. （2019·江苏卷 6）从 3 名男同学和 2 名女同学中任选 2 名同学参加志愿者服务，则选出的 2 名同学中至少有 1 名女同学的概率是＿＿＿＿．

【解析】从 3 名男同学和 2 名女同学中任选 2 名同学参加志愿者服务，基本事件总数 $n = C_5^2 = 10$，选出的 2 名同学中至少有 1 名女同学包含的基本事件个数 $m = C_3^1 C_2^1 + C_2^2 = 7$，所以选出的 2 名同学中至少有 1 名女同学的概率是 $P = \dfrac{m}{n} = \dfrac{7}{10}$．

【点评】也可以从反面来考虑．

5. （2018·全国Ⅰ卷）如图所示是古希腊数学家希波克拉底研究的几何图形．此图由三个半圆构成，三个半圆的直径分别为直角三角形 ABC 的斜边 BC，直角边 AB，AC．$\triangle ABC$ 的三边所围成的区域记为Ⅰ，黑色部分记为Ⅱ，其余部分记为Ⅲ．在整个图形中随机取一点，此点取自Ⅰ，Ⅱ，Ⅲ的概率分别记为 p_1，p_2，p_3，则

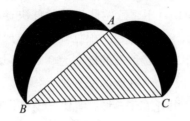

A．$p_1=p_2$ B．$p_1=p_3$ C．$p_2=p_3$ D．$p_1=p_2+p_3$

【解析】法一：设直角三角形 ABC 的内角 A，B，C 所对的边分别为 a，b，c，则区域Ⅰ的面积，即 $\triangle ABC$ 的面积为 $S_1=\dfrac{1}{2}bc$，区域Ⅱ的面积为 $S_2=\dfrac{1}{2}\pi\times\left(\dfrac{c}{2}\right)^2+\dfrac{1}{2}\pi\times$

$\left(\dfrac{b}{2}\right)^2-\left[\dfrac{\pi\times\left(\dfrac{a}{2}\right)^2}{2}-\dfrac{1}{2}bc\right]=\dfrac{1}{8}\pi(c^2+b^2-a^2)+\dfrac{1}{2}bc=\dfrac{1}{2}bc$，所以 $S_1=S_2$，由几何概型的知识知 $p_1=p_2$，故选 A．

法二：不妨设 $\triangle ABC$ 为等腰直角三角形，$AB=AC=2$，则 $BC=2\sqrt{2}$，所以区域Ⅰ的面积，即 $\triangle ABC$ 的面积为 $S_1=\dfrac{1}{2}\times 2\times 2=2$，区域Ⅱ的面积为 $S_2=\pi\times 1^2-$

$\left[\dfrac{\pi\times(\sqrt{2})^2}{2}-2\right]=2$，区域Ⅲ的面积为 $S_3=\dfrac{\pi\times(\sqrt{2})^2}{2}-2=\pi-2$．

根据几何概型的概率计算公式，得 $p_1=p_2=\dfrac{2}{\pi+2}$，$p_3=\dfrac{\pi-2}{\pi+2}$，所以 $p_1\neq p_3$，$p_2\neq p_3$，$p_1\neq p_2+p_3$，故选 A．

6．（2018•全国Ⅱ卷）我国数学家陈景润在哥德巴赫猜想的研究中取得了世界领先的成果．哥德巴赫猜想是"每个大于 2 的偶数可以表示为两个素数的和"，如 $30=7+23$．在不超过 30 的素数中，随机选取两个不同的数，其和等于 30 的概率是（   ）

A．$\dfrac{1}{12}$ B．$\dfrac{1}{14}$ C．$\dfrac{1}{15}$ D．$\dfrac{1}{18}$

【解析】不超过 30 的素数有 2，3，5，7，11，13，17，19，23，29，共 10 个，从中随机选取两个不同的数有 C_{10}^2 种不同的取法，这 10 个数中两个不同的数的和等于 30 的有 3 对，所以所求概率 $P=\dfrac{3}{C_{10}^2}=\dfrac{1}{15}$，故选 C．

【点评】2018 年全国卷高考数学渗透数学文化．几何概率的计算注重对面积的分割，数据化使得运算更简洁．

二、离散型随机变量的分布列、期望与方差

1．（2019•全国Ⅰ卷理 21）为了治疗某种疾病，研制了甲、乙两种新药，希望知

道哪种新药更有效，为此进行动物试验．试验方案如下：每一轮选取两只白鼠对药效进行对比试验．对于两只白鼠，随机选一只施以甲药，另一只施以乙药．一轮的治疗结果得出后，再安排下一轮试验．当其中一种药治愈的白鼠比另一种药治愈的白鼠多 4 只时，就停止试验，并认为治愈只数多的药更有效．为了方便描述问题，约定：对于每轮试验，若施以甲药的白鼠治愈且施以乙药的白鼠未治愈，则甲药得 1 分，乙药得 -1 分；若施以乙药的白鼠治愈且施以甲药的白鼠未治愈，则乙药得 1 分，甲药得 -1 分；若都治愈或都未治愈，则两种药均得 0 分．甲、乙两种药的治愈率分别记为 α 和 β，一轮试验中甲药的得分记为 X．

（1）求 X 的分布列；

（2）若甲药、乙药在试验开始时都赋予 4 分，p_i（$i=0$，1，$\cdots$，8）表示"甲药的累计得分为 i 时，最终认为甲药比乙药更有效"的概率，则 $p_0=0$，$p_8=1$，$p_i=ap_{i-1}+bp_i+cp_{i+1}$（$i=1$，2，$\cdots$，7），其中 $a=P(X=-1)$，$b=P(X=0)$，$c=P(X=1)$．假设 $\alpha=0.5$，$\beta=0.8$．

（i）证明：$\{p_{i+1}-p_i\}$（$i=0$，1，2，$\cdots$，7）为等比数列；

（ii）求 p_4，并根据 p_4 的值解释这种试验方案的合理性．

【解析】X 的所有可能取值为 -1，0，1．

$P(X=-1)=(1-\alpha)\beta$，$P(X=0)=\alpha\beta+(1-\alpha)(1-\beta)$，$P(X=1)=\alpha(1-\beta)$，所以 X 的分布列为

X	-1	0	1
P	$(1-\alpha)\beta$	$\alpha\beta+(1-\alpha)(1-\beta)$	$\alpha(1-\beta)$

（2）（i）由（1）得 $a=0.4$，$b=0.5$，$c=0.1$．

因此 $p_i=0.4p_{i-1}+0.5p_i+0.1p_{i+1}$，故 $0.1(p_{i+1}-p_i)=0.4(p_i-p_{i-1})$，即 $p_{i+1}-p_i=4(p_i-p_{i-1})$．

因为 $p_1-p_0=p_1\neq0$，所以 $\{p_{i+1}-p_i\}$（$i=0$，1，2，$\cdots$，7）为公比为 4，首项为 p_1 的等比数列．

（ii）由（i）可得 $p_8=p_8-p_7+p_7-p_6+\cdots+p_1-p_0+p_0=(p_8-p_7)+(p_7-p_6)+\cdots+(p_1-p_0)=\dfrac{4^8-1}{3}p_1$．

由于 $p_8=1$，故 $p_1=\dfrac{3}{4^8-1}$，所以 $p_4=(p_4-p_3)+(p_3-p_2)+(p_2-p_1)+(p_1-p_0)=\dfrac{4^4-1}{3}p_1=\dfrac{1}{257}$．

p_4 表示最终认为甲药更有效的概率，由计算结果可以看出，在甲药治愈率为 0.5，乙药治愈率为 0.8 时，认为甲药更有效的概率为 $p_4=\dfrac{1}{257}\approx0.0039$，此时得出错误结论的概率非常小，说明这种试验方案合理．

【点评】看似很复杂，实则简单．在实际问题情境中，将数列知识与概率相结合．这在清华大学、北京大学的自主招生或竞赛题中都曾出现，此题可以视为 2011 年清华大学七校联考自主招生考试中 15 题的改编．

变式 1：（2011·清华大学七校联考自主招生 15 题）将一枚质量均匀的硬币连续抛掷 n 次，以 p_n 表示未出现连续 3 次正面的概率．

（1）求 p_1，p_2，p_3，p_4；

（2）探究数列 $\{p_n\}$ 的递推公式，并给出证明；

（3）讨论数列 $\{p_n\}$ 的单调性及其极限，并阐述该极限的概率意义．

变式 2：（2012·全国高中数学联赛 8 题）某情报站有 A，B，C，D 四种互不相同的密码，每周使用其中的一种密码，且每周都从上周未使用的三种密码中等可能地随机选用一种．设第 1 周使用 A 种密码，那么第 7 周也使用 A 种密码的概率是_____．（用最简分数表示）

【解析】用 P_k 表示第 k 周用 A 种密码的概率，则第 k 周未用 A 种密码的概率为 $1-P_k$．于是 $P_{k+1}=\dfrac{1}{3}(1-P_k)$，$k \in \mathbf{N}^*$，即 $P_{k+1}-\dfrac{1}{4}=-\dfrac{1}{3}\left(P_k-\dfrac{1}{4}\right)$．由 $P_1=1$ 知，$\left\{P_k-\dfrac{1}{4}\right\}$ 是首项为 $\dfrac{3}{4}$，公比为 $-\dfrac{1}{3}$ 的等比数列．所以 $P_k-\dfrac{1}{4}=\dfrac{3}{4}\times\left(-\dfrac{1}{3}\right)^{k-1}$，即 $P_k=\dfrac{3}{4}\times\left(-\dfrac{1}{3}\right)^{k-1}+\dfrac{1}{4}$，故 $P_7=\dfrac{61}{243}$．

2．（2019·北京卷理 17）改革开放以来，人们的支付方式发生了巨大转变．近年来，移动支付已成为主要支付方式之一．为了解某校学生上个月 A，B 两种移动支付方式的使用情况，从全校学生中随机抽取了 100 人，发现样本中 A，B 两种支付方式都不使用的有 5 人，样本中仅使用 A 和仅使用 B 的学生的支付金额分布情况如下：

支付金额　支付方式	(0, 1000]	(1000, 2000]	大于 2000
仅使用 A	18 人	9 人	3 人
仅使用 B	10 人	14 人	1 人

（Ⅰ）从全校学生中随机抽取 1 人，估计该学生上个月 A，B 两个支付方式都使用的概率；

（Ⅱ）从样本仅使用 A 和仅使用 B 的学生中各随机抽取 1 人，以 X 表示这 2 人中上个月支付金额大于 1000 元的人数，求 X 的分布列和数学期望；

（Ⅲ）已知上个月样本学生的支付方式在本月没有变化，现从样本仅使用 A 的学生中，随机抽查 3 人，发现他们本月的支付金额大于 2000 元．根据抽查结果，能否认为样本仅使用 A 的学生中本月支付金额大于 2000 元的人数有变化？说明理由．

【解析】（Ⅰ）由题意可知，两种支付方式都使用的人数为：$100-30-25-5=40$

人，则该学生上个月 A，B 两种支付方式都使用的概率 $P=\dfrac{40}{100}=\dfrac{2}{5}$.

（Ⅱ）由题意可知，仅使用 A 支付方式的学生中，金额不大于 1000 的人数占 $\dfrac{3}{5}$，

金额大于 1000 的人数占 $\dfrac{2}{5}$，仅使用 B 支付方式的学生中，金额不大于 1000 的人数占

$\dfrac{2}{5}$，金额大于 1000 的人数占 $\dfrac{3}{5}$，且 X 可能的取值为 0，1，2.

$P(X=0)=\dfrac{3}{5}\times\dfrac{2}{5}=\dfrac{6}{25}$，$P(X=1)=\left(\dfrac{3}{5}\right)^{2}+\left(\dfrac{2}{5}\right)^{2}=\dfrac{13}{25}$，$P(X=2)=\dfrac{3}{5}\times\dfrac{2}{5}=$

$\dfrac{6}{25}$，X 的分布列如下：

X	0	1	2
$P(X)$	$\dfrac{6}{25}$	$\dfrac{13}{25}$	$\dfrac{6}{25}$

其数学期望：$E(X)=0\times\dfrac{6}{25}+1\times\dfrac{13}{25}+2\times\dfrac{6}{25}=1$.

（Ⅲ）我们不认为样本仅使用 A 的学生中本月支付金额大于 2000 元的人数有变化.
理由如下：

随机事件在一次随机实验中是否发生是随机的，是不能预知的，随着试验次数的增多，频率越来越稳定于概率．学校是一个消费相对稳定的地方，每个学生根据自己的实际情况每个月的消费应该相对固定，出现题中这种现象可能是发生了"小概率事件".

【点评】本题以支付方式相关调查来设置问题，考查概率统计在生活中的应用，考查概率的定义和分布列的应用，使学生体会到数学与现实生活息息相关.

3.（2019·天津卷理 16）设甲、乙两位同学上学期间，每天 7:30 之前到校的概率

均为 $\dfrac{2}{3}$．假定甲、乙两位同学到校情况互不影响，且任一同学每天到校情况相互独立.

（Ⅰ）用 X 表示甲同学上学期间的三天中 7:30 之前到校的天数，求随机变量 X 的分布列和数学期望；

（Ⅱ）设 M 为事件"上学期间的三天中，甲同学在 7:30 之前到校的天数比乙同学在 7:30 之前到校的天数恰好多 2"，求事件 M 发生的概率.

【解析】（Ⅰ）因为甲同学上学期间的三天中到校情况相互独立，且每天 7:30 之前到校的概率均为 $\dfrac{2}{3}$，故 $X\sim B\left(3,\dfrac{2}{3}\right)$，所以 $P(X=k)=C_{3}^{k}\left(\dfrac{2}{3}\right)^{k}\left(\dfrac{1}{3}\right)^{3-k}$（$k=0$，1，2，3）.

随机变量 X 的分布列如下：

X	0	1	2	3
P	$\dfrac{1}{27}$	$\dfrac{2}{9}$	$\dfrac{4}{9}$	$\dfrac{8}{27}$

随机变量 X 的数学期望 $E(X)=3\times\dfrac{2}{3}=2$.

（Ⅱ）设乙同学上学期间的三天中 7：30 之前到校的天数为 Y，则 $Y\sim B\left(3,\dfrac{2}{3}\right)$. 且 $M=\{X=3,Y=1\}\cup\{X=2,Y=0\}$. 由题意知事件 $\{X=3,Y=1\}$ 与 $\{X=2,Y=0\}$ 互斥，且事件 $\{X=3\}$ 与 $\{Y=1\}$，事件 $\{X=2\}$ 与 $\{Y=0\}$ 均相互独立，从而由（Ⅰ）知：$P(M)=P(\{X=3,Y=1\}\cup\{X=2,Y=0\})=P(X=3,Y=1)+P(X=2,Y=0)=P(X=3)P(Y=1)+P(X=2)P(Y=0)=\dfrac{8}{27}\times\dfrac{2}{9}+\dfrac{4}{9}\times\dfrac{1}{27}=\dfrac{20}{243}$.

【点评】本题主要考查离散型随机变量的分布列与数学期望，互斥事件和相互独立事件的概率计算公式等基础知识. 考查运用概率知识解决简单实际问题的能力.

4.（2018·全国Ⅰ卷理科 20 题）某工厂的某种产品成箱包装，每箱 200 件，每一箱产品在交付用户之前要对产品进行检验，如果检验出不合格品，则更换为合格品. 检验时，先从这箱产品中任取 20 件进行检验，再根据检验结果决定是否对余下的所有产品进行检验，设每件产品为不合格品的概率都为 p（$0<p<1$），且各件产品是否为不合格品相互独立.

（1）记 20 件产品中恰有 2 件不合格品的概率为 $f(p)$，求 $f(p)$ 的最大值点 p_0.

（2）现对一箱产品检验了 20 件，结果恰有 2 件不合格品，以（1）中确定的 p_0 作为 p 的值. 已知每件产品的检验费用为 2 元，若有不合格品进入用户手中，则工厂要对每件不合格品支付 25 元的赔偿费用.

（ⅰ）若不对该箱余下的产品进行检验，这一箱产品的检验费用与赔偿费用的和记为 X，求 EX；

（ⅱ）以检验费用与赔偿费用和的期望值为决策依据，是否该对这箱余下的所有产品进行检验？

【解析】（1）20 件产品中恰有 2 件不合格品的概率为 $f(p)=C_{20}^2 p^2(1-p)^{18}$. 因此 $f'(p)=C_{20}^2\left[2p(1-p)^{18}-18p^2(1-p)^{17}\right]=2C_{20}^2 p(1-p)^{17}(1-10p)$.

令 $f'(p)=0$，得 $p=0.1$. 当 $p\in(0,0.1)$ 时，$f'(p)>0$；当 $p\in(0.1,1)$ 时，$f'(p)<0$. 所以 $f(p)$ 的最大值点为 $p_0=0.1$.

（2）由（1）知，$p=0.1$.

（ⅰ）令 Y 表示余下的 180 件产品中的不合格品件数，依题意知 $Y\sim B(180,0.1)$，$X=20\times2+25Y$，即 $X=40+25Y$. 所以 $EX=E(40+25Y)=40+25EY=490$.

（ⅱ）如果对余下的产品进行检验，则这一箱产品所需要的检验费为 400 元. 由于 $EX>400$，故应该对余下的产品进行检验.

【点评 1】此题至少给我们三点提示：第一，题目的位置，全国第一份新课标卷——2007 年的海南、宁夏卷也将其放在了第 20 题；第二，与导数相结合处理最值，导数和均值不等式等作为求最值的基本工具，还可以与立体几何等相结合；第三，要求对二项分布准确理解和应用，对期望和方差要求记忆并应用.

【点评 2】在题目中有这样一段话："检验时，先从这箱产品中任取 20 件进行检验，再根据检验结果决定是否对余下的所有产品进行检验."站在统计学的角度，这是根据样本推断总体，做决策，于是对问题（2）中的"是否该对这箱余下的所有产品进行检验"应该理解为：要么对余下所有产品进行检验，要么就不检验.

从数学的角度，问题（2）中的"是否该对这箱余下的所有产品进行检验"涉及对全称命题的否定，即全部检验的反面情况，除了全部检验，还有部分检验. 下面有必要对统计学与数学的区别做一些阐释：

①立论基础不同. 从数量和数量关系这个角度考虑，数学是建立在概念和符号基础上的，而统计学是建立在数据的基础上的，虽然概念和符号对统计学的发展也很重要，但是统计学在本质上是通过数据进行推断的.

②推理方法不同. 与概念和符号相对应，数学的推理依赖的是公理和假设，虽然这些公理和假设可能是来源于人们的经验和直观，但数学的推理过程本质上是演绎法，这是一个以三段论为核心的推理方法，是一个从一般到特殊的方法. 而统计学的推断依赖的是数据和数据产生的背景，强调根据背景寻找合适的推断方法. 统计学的推理过程在本质上是归纳法，这是一个从部分推断全体的方法，是一个从特殊到一般的推理方法.

③判断原则不同. 数学在本质上是确定的，从同样的条件出发就应当得到同样的结果，如果结果不一样，则必然有一个是错误的. 因此，数学对结果的判断标准是"对与错"，从这个意义上来说，数学是一门科学. 而统计学是通过数据来推断数据产生的背景，即便是同样的数据，也允许人们根据自己的理解提出不同的推断方法，给出不同的推断结果，比如我们用过的最大似然估计和贝叶斯估计，很难说哪种方法是对的，哪种方法是错的. 因此，统计学对结果的判断标准是"好坏"，从这个意义上来说，统计学不仅是一门科学，也是一门艺术，而艺术是允许"仁者见仁，智者见智"的.

5.（2018·北京卷）电影公司随机收集了电影的有关数据，经分类整理得到下表：

电影类型	第一类	第二类	第三类	第四类	第五类	第六类
电影部数	140	50	300	200	800	510
好评率	0.4	0.2	0.15	0.25	0.2	0.1

好评率是指一类电影中获得好评的部数与该类电影的部数的比值. 假设所有电影是否获得好评相互独立.

（1）从电影公司收集的电影中随机选取 1 部，求这部电影是获得好评的第四类电影的概率；

(2) 从第四类电影和第五类电影中各随机选取 1 部，估计恰有 1 部获得好评的概率；

(3) 假设每类电影得到人们喜欢的概率与表格中该类电影的好评率相等，用"$\xi_k = 1$"表示第 k 类电影得到人们喜欢，"$\xi_k = 0$"表示第 k 类电影没有得到人们喜欢，$k = 1，2，3，4，5，6$. 写出方差 $D\xi_1，D\xi_2，D\xi_3，D\xi_4，D\xi_5，D\xi_6$ 的大小关系.

【解析】(1) 由题意知，样本中电影的总部数是 $140+50+300+200+800+510=2000$，第四类电影中获得好评的电影部数是 $200 \times 0.25 = 50$. 故所求概率为 $\dfrac{50}{2000} = 0.025$.

(2) 设事件 A 为"从第四类电影中随机选出的电影获得好评"，事件 B 为"从第五类电影中随机选出的电影获得好评". 故所求概率为 $P(A\bar{B} + \bar{A}B) = P(A\bar{B}) + P(\bar{A}B) = P(A)(1-P(B)) + (1-P(A))P(B)$.

由题意知 $P(A)$ 估计为 0.25，$P(B)$ 估计为 0.2. 故所求概率估计为 $0.25 \times 0.8 + 0.75 \times 0.2 = 0.35$.

(3) $D\xi_1 > D\xi_4 > D\xi_2 = D\xi_5 > D\xi_3 > D\xi_6$.

【点评】第 (3) 问，$P(\xi_k) < 0.5$，直观感知：概率越大，方差越小.

6. (2018·天津卷) 已知某单位甲、乙、丙三个部门的员工人数分别为 24，16，16. 现采用分层抽样的方法从中抽取 7 人，进行睡眠时间的调查.

(1) 应从甲、乙、丙三个部门的员工中分别抽取多少人？

(2) 若抽出的 7 人中有 4 人睡眠不足，3 人睡眠充足，现从这 7 人中随机抽取 3 人做进一步的身体检查.

(i) 用 X 表示抽取的 3 人中睡眠不足的员工人数，求随机变量 X 的分布列与数学期望；

(ii) 设 A 为事件"抽取的 3 人中，既有睡眠充足的员工，也有睡眠不足的员工"，求事件 A 发生的概率.

【解析】(1) 已知甲、乙、丙三个部门的员工人数之比为 $3:2:2$，由于采用分层抽样的方法从中抽取 7 人，因此应从甲、乙、丙三个部门的员工中分别抽取 3 人、2 人、2 人.

(2) (i) 随机变量 X 的所有可能取值为 0，1，2，3.

$$P(X=k) = \dfrac{C_4^k \cdot C_3^{3-k}}{C_7^3}，k=0，1，2，3.$$

所以，随机变量 X 的分布列如下：

X	0	1	2	3
P	$\dfrac{1}{35}$	$\dfrac{12}{35}$	$\dfrac{18}{35}$	$\dfrac{4}{35}$

随机变量 X 的数学期望 $E(X)=0\times\dfrac{1}{35}+1\times\dfrac{12}{35}+2\times\dfrac{18}{35}+3\times\dfrac{4}{35}=\dfrac{12}{7}$.

(ii) 设事件 B 为 "抽取的 3 人中, 睡眠充足的员工有 1 人, 睡眠不足的员工有 2 人", 事件 C 为 "抽取的 3 人中, 睡眠充足的员工有 2 人, 睡眠不足的员工有 1 人", 则 $A=B\cup C$, 且 B 与 C 互斥, 由 (i) 知, $P(B)=P(X=2)$, $P(C)=P(X=1)$, 故 $P(A)=P(B\cup C)=P(X=2)+P(X=1)=\dfrac{6}{7}$.

第4章　随机变量和分布列

4.1　随机变量和分布列综述

一、知识结构

随机变量是研究随机现象的重要工具之一，它建立了连接随机现象和实数空间的一座桥梁，使得我们可以借助有关实数空间上的数学工具来研究随机现象的本质，从而建立起可以应用于不同领域的概率模型，如二项分布模型、超几何分布模型和正态分布模型等．本章的知识框图如下：

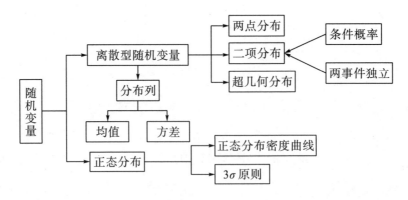

二、课标解读

（一）离散性随机变量分布——超几何分布和二项分布

研究一个随机现象，就是要了解它所有可能出现的结果和每一个结果出现的概率，而分布列正是描述了离散性随机变量取值的概率规律，二项分布和超几何分布是两个应用广泛的概率模型，注意两种分布背景的区别：超几何分布是不放回地摸出 m 个球中红球的个数；二项分布是有放回地摸出 m 个球中红球的个数.

条件概率和事件独立性主要是为介绍二项分布模型打基础，这些概念在实际中有广泛的应用，同时注意概率和条件概率的区别，本书把这部分内容放到了第 3 章.

介绍离散性随机变量的均值和方差的含义及计算公式，重点是理解，而不是计算，避免因复杂的计算而忽略对概念的理解. 全国卷的考查一直都保持这个思路，要么给出数据的运算的式子，要么有简便的计算方法. 样本均值（方差）具有随机性，而随机变量的均值（方差）没有随机性，样本均值（方差）的极限是总体均值（方差）.

（二）连续性随机变量的分布——正态分布

了解正态分布密度曲线的特点、所表示的意义以及密度曲线与随机变量落在某个区间的概率之间的关系，μ 和 σ 的含义，3σ 准则.

（三）注重实际应用

注意将实际问题转化为各种分布，借助分布列均值和方差等概念来解释生活中的现象和做决策.

4.2　方差与期望的本质、相关公式与计算

一、期望的本质——均值

1. 如图，将一个各面都涂了油漆的正方体，切割为 125 个同样大小的小正方体，经过搅拌后，从中随机取一个小正方体，记它的油漆面数为 X，则 X 的均值 $E(X)$ 等于（　　）

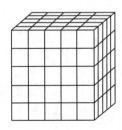

A. $\dfrac{126}{125}$　　　　B. $\dfrac{6}{5}$　　　　C. $\dfrac{168}{125}$　　　　D. $\dfrac{7}{5}$

【解析】期望就是均值，所以此题可以用 $\dfrac{6\times25}{125}=\dfrac{6}{5}$ 来快速检验计算结果.

变式 1：某学生在上学路上要经过 4 个路口，假设在各路口是否遇到红灯是相互独

立的，遇到红灯的概率都是 $\frac{1}{3}$，遇到红灯时停留的时间都是 2 min. 求这名学生在上学路上因遇到红灯停留的总时间 ξ 的期望为_____.

变式 2：（2016·全国Ⅱ卷）某险种的基本保费为 a（单位：元），继续购买该险种的投保人称为续保人，续保人的本年度的保费与其上年度的出险次数的关联如下：

上年度出险次数	0	1	2	3	4	≥5
保费	0.85a	a	1.25a	1.5a	1.75a	2a

设该险种一续保人一年内出险次数与相应概率如下：

一年内出险次数	0	1	2	3	4	≥5
概率	0.30	0.15	0.20	0.20	0.10	0.05

则该续保人本年度的平均保费与基本保费的比值为_____.

二、两点分布和二项分布公式的应用

2.（2017·全国Ⅱ卷）一批产品的二等品率为 0.02，从这批产品中每次随机取一件，有放回地抽取 100 次，X 表示抽到的二等品件数，则 $DX =$_____.

【解析】$X \sim B(100，0.02)$，所以 $DX = np(1-p) = 100 \times 0.02 \times 0.98 = 1.96$.

变式：（2017·浙江卷）已知随机变量 ξ_1 满足 $P(\xi_1 = 1) = p_i$，$P(\xi_1 = 0) = 1 - p_i$，$i = 1，2$.若 $0 < p_1 < p_2 < \frac{1}{2}$，则（　　）

A. $E(\xi_1) < E(\xi_2)$，$D(\xi_1) < D(\xi_2)$

B. $E(\xi_1) < E(\xi_2)$，$D(\xi_1) > D(\xi_2)$

C. $E(\xi_1) > E(\xi_2)$，$D(\xi_1) < D(\xi_2)$

D. $E(\xi_1) > E(\xi_2)$，$D(\xi_1) > D(\xi_2)$

三、分布列的计算

3.（2011·全国卷）某种产品的质量以其质量指标值衡量，质量指标值越大表明质量越好，且质量指标值大于或等于 102 的产品为优质品，现用两种新配方（分别称为 A 配方和 B 配方）做试验，各生产了 100 件这种产品，并测量了每件产品的质量指标值，得到下面试验结果：

A 配方的频数分布表

指标值分组	[90, 94)	[94, 98)	[98, 102)	[102, 106)	[106, 110]
频数	8	20	42	22	8

B 配方的频数分布表

指标值分组	[90, 94)	[94, 98)	[98, 102)	[102, 106)	[106, 110]
频数	4	12	42	32	10

（1）分别估计用 A 配方、B 配方生产的产品的优质品率；

（2）已知用 B 配方生产的一件产品的利润 y（单位：元）与其质量指标值 t 的关系式为 $y = \begin{cases} -2, & t < 94 \\ 2, & 94 \leq t < 102 \\ 4, & t \geq 102 \end{cases}$，从用 B 配方生产的产品中任取一件，其利润记为 X（单位：元），求 X 的分布列及数学期望.（以试验结果中质量指标值落入各组的频率作为一件产品的质量指标值落入相应组的概率）

【解析】（1）由试验结果知，用 A 配方生产的产品中优质品的频率为 $\frac{22+8}{100} = 0.3$，所以用 A 配方生产的产品的优质品率的估计值为 0.3.

由试验结果知，用 B 配方生产的产品中优质品的频率为 $\frac{32+10}{100} = 0.42$，所以用 B 配方生产的产品的优质品率的估计值为 0.42.

（2）用 B 配方生产的 100 件产品中，其质量指标值落入区间 [90, 94)，[94, 102)，[102, 110] 的频率分别为 0.04，0.54，0.42，因此 $P(X = -2) = 0.04$，$P(X = 2) = 0.54$，$P(X = 4) = 0.42$，则 X 的分布列如下：

X	-2	2	4
P	0.04	0.54	0.42

X 的数学期望 $EX = -2 \times 0.04 + 2 \times 0.54 + 4 \times 0.42 = 2.68$.

变式 1：（2013·全国Ⅱ卷）经销商经销某种农产品，在一个销售季度内，每售出 1 t 该产品获利润 500 元，未售出的产品，每 1 t 亏损 300 元. 根据历史资料，得到销售季度内市场需求量的频率分布直方图，如图所示. 经销商为下一个销售季度购进了 130 t 该农产品. 以 X（单位：t，$100 \leq X \leq 150$）表示下一个销售季度内的市场需求量，T（单位：元）表示下一个销售季度内经销该农产品的利润.

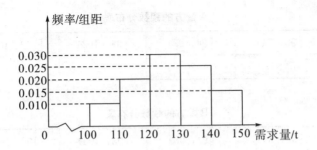

（1）将 T 表示为 X 的函数；

（2）根据直方图估计利润 T 不少于 57000 元的概率；

（3）在直方图的需求量分组中，以各组的区间中点值代表该组的各个值，并以需求量落入该区间的频率作为需求量取该区间中点值的概率（例如，若需求量 $X \in [100，110)$，则取 $X = 105$，且 $X = 105$ 的概率等于需求量落入 $[100，110)$ 的频率），求 T 的数学期望.

变式 2：（2007·全国Ⅰ卷）某商场经销某商品，根据以往资料统计，顾客采用的付款期数 ξ 的分布列如下：

ξ	1	2	3	4	5
P	0.4	0.2	0.2	0.1	0.1

商场经销一件该商品，采用 1 期付款，其利润为 200 元；分 2 期或 3 期付款，其利润为 250 元；分 4 期或 5 期付款，其利润为 300 元. η 表示经销一件该商品的利润.

（Ⅰ）求事件 A："购买该商品的 3 位顾客中，至少有 1 位采用 1 期付款"的概率 $P(A)$；

（Ⅱ）求 η 的分布列及期望 $E\eta$.

变式 3：（2019 届成都七中一诊模拟）"黄梅时节家家雨""梅雨如烟暝村树""梅雨暂收斜照明"……江南梅雨的点点滴滴都流润着浓洌的诗情. 每年 6 月和 7 月，我国长江中下游地区进入持续 25 天左右的梅雨季节，如图是江南 Q 镇 2009—2018 年梅雨季节的降雨量（单位：mm）的频率分布直方图，试用样本频率估计总体概率，解答下列问题：

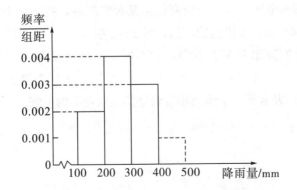

（Ⅰ）"梅实初黄暮雨深". 假设每年的梅雨天气相互独立，求 Q 镇未来三年里至少有两年梅雨季节的降雨量超过 350 mm 的概率；

（Ⅱ）"江南梅雨无限愁". 在 Q 镇承包了 20 亩土地种植杨梅的老李也在犯愁，他过去种植的甲品种杨梅，平均每年的总利润为 28 万元. 而乙品种杨梅的亩产量 m（kg/亩）与降雨量之间的关系如下面统计表所示，又知乙品种杨梅的单位利润为 $32 - 0.01 \times m$（元/kg），请你帮助老李排解忧愁，他来年应该种哪个品种的杨梅可以使总利润 ξ（万元）的期望更大？（需说明理由）

降雨量	[100, 200)	[200, 300)	[300, 400)	[400, 500)
亩产量	500	700	600	400

4.3 离散性随机变量分布 1——超几何分布和二项分布

分布类型	定义	计算概率方法	期望与方差	区别	联系
两点分布					
二项分布					
超几何分布					

一、超几何分布

1.（2007·全国Ⅱ卷）从某批产品中，有放回地抽取产品二次，每次随机抽取 1 件，假设事件 A："取出的 2 件产品中至多有 1 件是二等品"的概率 $P(A) = 0.96$.

（1）求从该批产品中任取 1 件是二等品的概率 p；

（2）若该批产品共 100 件，从中任意抽取 2 件，ξ 表示取出的 2 件产品中二等品的件数，求 ξ 的分布列.

【解析】（1）记 A_0 表示事件"取出的 2 件产品中无二等品"，A_1 表示事件"取出的 2 件产品中恰有 1 件二等品". 则 A_0，A_1 互斥，且 $A = A_0 + A_1$，故 $P(A) = P(A_0 + A_1) = P(A_0) + P(A_1) = (1-p)^2 + C_2^1 p(1-p) = 1 - p^2$，于是 $0.96 = 1 - p^2$. 解得 $p_1 = 0.2$，$p_2 = -0.2$（舍去）. 所以所求概率 $p = 0.2$.

（2）ξ 的可能取值为 0，1，2. 若该批产品共 100 件，由（1）知其二等品有 $100 \times 0.2 = 20$ 件，故 $P(\xi = 0) = \dfrac{C_{80}^2}{C_{100}^2} = \dfrac{316}{495}$，$P(\xi = 1) = \dfrac{C_{80}^1 C_{20}^1}{C_{100}^2} = \dfrac{160}{495}$，$P(\xi = 2) = \dfrac{C_{20}^2}{C_{100}^2} = \dfrac{19}{495}$.

所以 ξ 的分布列如下:

ξ	0	1	2
P	$\dfrac{316}{495}$	$\dfrac{16}{495}$	$\dfrac{19}{495}$

变式1:(2017·山东卷)在心理学研究中,常采用对比试验的方法评价不同心理暗示对人的影响,具体方法如下:将参加试验的志愿者随机分成两组,一组接受甲种心理暗示,另一组接受乙种心理暗示,通过对比这两组志愿者接受心理暗示后的结果来评价两种心理暗示的作用. 现有 6 名男志愿者 A_1,A_2,A_3,A_4,A_5,A_6 和 4 名女志愿者 B_1,B_2,B_3,B_4,从中随机抽取 5 人接受甲种心理暗示,另 5 人接受乙种心理暗示.

(Ⅰ)求接受甲种心理暗示的志愿者中包含 A_1 但不包含 B_3 的频率;

(Ⅱ)用 X 表示接受乙种心理暗示的女志愿者人数,求 X 的分布列与数学期望 EX.

变式2:(2011·辽宁卷)某农场计划种植某种新作物,为此对这种作物的两个品种(分别称为品种甲和品种乙)进行田间试验. 选取两大块地,每大块地分成 n 小块地,在总共 $2n$ 小块地中,随机选 n 小块地种植品种甲,另外 n 小块地种植品种乙.

(1)假设 $n=4$,在第一大块地中,种植品种甲的小块地的数目记为 X,求 X 的分布列和数学期望;

(2)试验时每大块地分成 8 小块,即 $n=8$,试验结束后得到品种甲和品种乙在各小块地上的每公顷产量(单位:kg/hm²)如下表:

品种甲	403	397	390	404	388	400	412	406
品种乙	419	403	412	418	408	423	400	413

分别求品种甲和品种乙的每公顷产量的样本平均数和样本方差. 根据试验结果,你认为应该种植哪一品种?

附:样本数据 x_1,x_2,$\cdots$,x_n 的样本方差 $s^2=\dfrac{1}{n}\left[(x_1-\bar{x})^2+(x_2-\bar{x})^2+\cdots+(x_n-\bar{x})^2\right]$,其中 $\bar{x}$ 为样本平均数.

二、二项分布

2.(2011·大纲)根据以往统计资料,某地车主购买甲种保险的概率为 0.5,购买乙种保险但不购买甲种保险的概率为 0.3,设各车主购买保险相互独立.

(1)求该地一位车主至少购买甲、乙两种保险中的一种的概率;

(2)X 表示该地的 100 位车主中,甲、乙两种保险都不购买的车主数. 求 X 的期望.

【解析】（1）设购买乙种保险的概率为 x，因为购买乙种保险但不购买甲种保险的概率为 0.3，故 $(1-0.5)x=0.3$，得 $x=0.6$.

所以该地一位车主至少购买甲、乙两种保险中的一种的概率为 $1-(1-0.5)(1-0.6)=0.8$.

（2）由（1）易知，甲、乙两种保险都不购买的概率为 $1-0.8=0.2$.所以有 X 个车主甲、乙两种保险都不购买的概率为 $P=\mathrm{C}_{100}^{X}(0.2)^{X}(0.8)^{100-X}$.

显然，X 服从二项分布，即 $X\sim B(100,0.2)$.所以 $EX=100\times0.2=20$，X 的期望为 20.

【点评】准确理解题意，"设各车主购买保险相互独立"告诉我们第（1）问是独立事件的概率计算，100 位车主买保险相当于做了 100 次独立重复试验，则此分布为二项分布.解题关键在于把实际问题转化为各种分布.

变式 1：（2015·全国Ⅰ卷理 4）投篮测试中，每人投 3 次，至少投中 2 次才能通过测试.已知某同学每次投篮投中的概率为 0.6，且各次投篮是否投中相互独立，则该同学通过测试的概率为（　　）

A．0.648　　　　　B．0.432　　　　　C．0.36　　　　　D．0.312

变式 2：（2011·新课标）有 3 个兴趣小组，甲、乙两位同学各自参加其中一个小组，每位同学参加各个小组的可能性相同，则这两位同学参加同一个兴趣小组的概率为（　　）

A．$\dfrac{1}{3}$　　　　　B．$\dfrac{1}{2}$　　　　　C．$\dfrac{2}{3}$　　　　　D．$\dfrac{3}{4}$

变式 3：（2005·全国Ⅰ卷）9 粒种子分种在 3 个坑内，每坑 3 粒，每粒种子发芽的概率为 0.5，若一个坑内至少有 1 粒种子发芽，则这个坑不需要补种；若一个坑内的种子都没发芽，则这个坑需要补种.假定每个坑至多补种一次，每补种一个坑需 10 元，用 ξ 表示补种费用，写出 ξ 的分布列并求 ξ 的数学期望.（精确到 0.01）

变式 4：（2004·全国Ⅳ卷）某同学参加科普知识竞赛，需回答三个问题.竞赛规则规定：每题回答正确得 100 分，回答不正确得 -100 分.假设这名同学每题回答正确的概率均为 0.8，且各题回答正确与否相互之间没有影响.

（Ⅰ）求这名同学回答这三个问题的总得分 ξ 的概率分布和数学期望；

（Ⅱ）求这名同学总得分不为负分（即 $\xi\geqslant0$）的概率.

变式 5：（2006·全国Ⅰ卷）A，B 是治疗同一种疾病的两种药，用若干试验组进行对比试验.每个试验组由 4 只小白鼠组成，其中 2 只服用 A，另 2 只服用 B，然后观察疗效.若在一个试验组中，服用 A 有效的小白鼠的只数比服用 B 有效的多，就称该试验组为甲类组.设每只小白鼠服用 A 有效的概率为 $\dfrac{2}{3}$，服用 B 有效的概率为 $\dfrac{1}{2}$.

（Ⅰ）求一个试验组为甲类组的概率；

（Ⅱ）观察 3 个试验组，用 ξ 表示这 3 个试验组中甲类组的个数，求 ξ 的分布列和数学期望.

变式 6：（2008·全国Ⅱ卷）购买某种保险，每个投保人每年度向保险公司交纳保费 a 元，若投保人在购买保险的一年度内出险，则可以获得 10000 元的赔偿金. 假定在一年度内有 10000 人购买了这种保险，且各投保人是否出险相互独立. 已知保险公司在一年度内至少支付赔偿金 10000 元的概率为 $1-0.999^{10^4}$.

（Ⅰ）求一投保人在一年度内出险的概率；

（Ⅱ）设保险公司开办该项险种业务除赔偿金外的成本为 50000 元，为保证盈利的期望不小于 0，求每位投保人应交纳的最低保费（单位：元）.

变式 7：（2010·全国Ⅰ卷）投到某杂志的稿件，先由两位初审专家进行评审. 若能通过两位初审专家的评审，则予以录用；若两位初审专家都未通过，则不予录用；若恰能通过一位初审专家的评审，则再由第三位专家进行复审，若能通过复审专家的评审，则予以录用，否则不予录用. 设稿件能通过各初审专家评审的概率均为 0.5，复审的稿件能通过评审的概率为 0.3. 各专家独立评审.

（Ⅰ）求投到该杂志的 1 篇稿件被录用的概率；

（Ⅱ）记 X 表示投到该杂志的 4 篇稿件中被录用的篇数，求 X 的分布列及期望.

变式 8：（2010·全国Ⅱ卷）如图，由 M 到 N 的电路中有 4 个元件，分别标为 T_1，T_2，T_3，T_4，电流能通过 T_1，T_2，T_3 的概率都是 P，电流能通过 T_4 的概率是 0.9. 电流能否通过各元件相互独立. 已知 T_1，T_2，T_3 中至少有一个能通过电流的概率为 0.999.

（Ⅰ）求 P；

（Ⅱ）求电流能在 M 与 N 之间通过的概率；

（Ⅲ）ξ 表示 T_1，T_2，T_3，T_4 中能通过电流的元件个数，求 ξ 的期望.

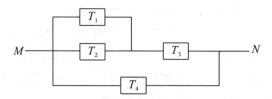

变式 9：（2007·海南、宁夏卷）如图，面积为 S 的正方形 $ABCD$ 中有一个不规则的图形 M，可按下面方法估计 M 的面积：在正方形 $ABCD$ 中随机投掷 n 个点，若 n 个点中有 m 个点落入 M 中，则 M 的面积的估计值为 $\dfrac{m}{n}S$，假设正方形 $ABCD$ 的边长为 2，M 的面积为 1，并向正方形 $ABCD$ 中随机投掷 10000 个点，以 X 表示落入 M 中的点的数目.

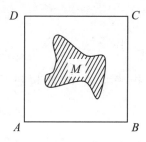

（Ⅰ）求 X 的均值 EX；

（Ⅱ）求用以上方法估计 M 的面积时，M 的面积的估计值与实际值之差在区间 $(-0.03，0.03)$ 内的概率.

附表：$P(k) = \sum\limits_{t=0}^{k} C_{10000}^{t} \times 0.25^{t} \times 0.75^{10000-t}$

k	2424	2425	2574	2575
$P(k)$	0.0403	0.0423	0.9570	0.9590

三、超几何分布和二项分布的区别和联系

3. 为了解今年某校高三毕业班准备报考飞行员学生的体重（单位：千克）情况，将所得的数据整理后，画出了频率分布直方图，如图所示，已知图中从左到右的前 3 个小组的频率之比为 1：2：3，其中第 2 小组的频数为 12.

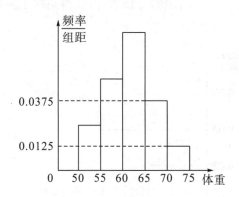

（1）求该校报考飞行员的总人数；

（2）以这所学校的样本数据来估计全省的总体数据，若从全省报考飞行员的同学中任选三人，设 X 表示体重超过 60 千克的学生人数，求 X 的分布列和数学期望.

【解析】（1）设报考飞行员的人数为 n，前 3 个小组的频率分别为 p_1，p_2，p_3，则

由条件可得 $\begin{cases} p_2 = 2p_1 \\ p_3 = 3p_1 \\ p_1 + p_2 + p_3 + (0.037 + 0.013) \times 5 = 1 \end{cases}$，解得 $p_1 = 0.125$，$p_2 = 0.25$，

$p_3 = 0.375$.

又因为 $p_2 = 0.25 = \dfrac{12}{n}$，故 $n = 48$.

（2）由（1）可得，一个报考学生体重超过 60 公斤的概率为 $p = p_3 + (0.037 + 0.013) \times 5 = \dfrac{5}{8}$.

由题知 X 服从二项分布，$p(X = k) = C_3^k \left(\dfrac{5}{8}\right)^k \left(\dfrac{3}{8}\right)^{3-k}$，$k = 0$，1，2，3，所以随机变量 X 的分布列如下：

X	0	1	2	3
p	$\dfrac{27}{512}$	$\dfrac{135}{512}$	$\dfrac{225}{512}$	$\dfrac{125}{512}$

$EX = 3 \times \dfrac{5}{8} = \dfrac{15}{8}$.

【点评】（1）在频率分布直方图中，各组频率之和等于 1，由此可得一方程，从而求出前三组的频率，再根据第二组的频数可求得总数；（2）用样本的频率作为总体的概率，可得任选一人体重超过 65 千克的概率. X 服从二项分布，由二项分布概率公式可求出分布列，用二项分布期望的公式可求 X 的期望.

变式 1：（2010•广东卷）某食品厂为了检查一条自动包装流水线的生产情况，随即抽取该流水线上 40 件产品作为样本记录它们的重量（单位：克），重量的分组区间为 $(490, 495]$，$(495, 500]$，$\cdots$，$(510, 515]$，由此得到样本的频率分布直方图，如图所示.

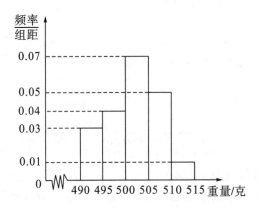

（1）根据频率分布直方图，求重量超过 505 克的产品数量；

（2）在上述抽取的 40 件产品中任取 2 件，设 Y 为重量超过 505 克的产品数量，求 Y 的分布列；

（3）从流水线上任取 5 件产品，求恰有 2 件产品的重量超过 505 克的概率.

变式 2：（2017•江西重点中学协作体联考）2016 年 11 月 20 日—22 日在江西省南

昌市举行了首届南昌国际马拉松赛事，赛后某机构用"10 分制"调查了很多人（包括普通市民、运动员、政府官员、组织者、志愿者等）对此项赛事的满意度. 现从调查人群中随机抽取 16 名，下面的茎叶图记录了他们的满意度分数（以小数点前的一位数字为茎，小数点后的一位数字为叶）：

满意度	
7	3　0
8	6　6　6　6　7　7　8　9　9
9	7　6　5　5

（1）指出这组数据的众数和中位数；

（2）若满意度不低于 9.5 分，则称该被调查者的满意度为"极满意". 求从这 16 人中随机选取 3 人，至多有 1 人是"极满意"的概率；

（3）以这 16 人的样本数据来估计整个被调查群体的总体数据，若从该被调查群体（人数很多）任选 3 人，记 ξ 表示抽到"极满意"的人数，求 ξ 的分布列及数学期望.

4.4　离散性随机变量分布 2——超几何分布和二项分布的变形

一、超几何分布的变形（从多个箱子中抽产品）

1．（2009·全国Ⅱ卷）某车间甲组有 10 名工人，其中有 4 名女工人；乙组有 5 名工人，其中有 3 名女工人. 现采用分层抽样方法（层内采用不放回简单随机抽样）从甲、乙两组中共抽取 3 名工人进行技术考核.

（Ⅰ）求从甲、乙两组各抽取的人数；

（Ⅱ）求从甲组抽取的工人中恰有 1 名女工人的概率；

（Ⅲ）记 ξ 表示抽取的 3 名工人中男工人数，求 ξ 的分布列及数学期望.

【解析】（Ⅰ）按照抽取的比例 $\dfrac{3}{10+5}=\dfrac{1}{5}$，甲组和乙组抽取的人数分别为 $10\times\dfrac{1}{5}=2$，$5\times\dfrac{1}{5}=1$，所以应在甲组抽取 2 人，在乙组抽取 1 人.

（Ⅱ）设从甲组抽取的工人中恰有 1 名女工人的事件为 A，则 $P(A)=\dfrac{C_6^1C_4^1}{C_{10}^2}=\dfrac{8}{15}$.

（Ⅲ）依题意 $\xi=0$，1，2，3. 由 $P(\xi=0)=\dfrac{C_4^2C_3^1}{C_{10}^2C_5^1}=\dfrac{2}{25}$，$P(\xi=1)=\dfrac{C_6^1C_4^1C_3^1}{C_{10}^2C_5^1}+\dfrac{C_4^2C_2^1}{C_{10}^2C_5^1}=\dfrac{28}{75}$，$P(\xi=2)=\dfrac{C_6^2C_3^1}{C_{10}^2C_5^1}+\dfrac{C_6^1C_4^1C_2^1}{C_{10}^2C_5^1}=\dfrac{31}{75}$，$P(\xi=3)=\dfrac{C_6^2C_2^1}{C_{10}^2C_5^1}=\dfrac{10}{75}$，得 ξ 的分布列

如下：

ξ	0	1	2	3
P	$\dfrac{2}{25}$	$\dfrac{28}{75}$	$\dfrac{31}{75}$	$\dfrac{10}{75}$

所以 ξ 的数学期望 $E\xi = 1 \times \dfrac{28}{75} + 2 \times \dfrac{31}{75} + 3 \times \dfrac{10}{75} = \dfrac{8}{5} = 1.6$.

变式：（2006·全国Ⅱ卷）某批产品成箱包装，每箱 5 件，一用户在购进该批产品前先取出 3 箱，再从每箱中任意取出 2 件产品进行检验. 设取出的第一、二、三箱中分别有 0 件、1 件、2 件二等品，其余为一等品.

（Ⅰ）用 ξ 表示抽检的 6 件产品中二等品的件数，求 ξ 的分布列及 ξ 的数学期望；

（Ⅱ）若抽检的 6 件产品中有 2 件或 2 件以上二等品，用户就拒绝购买这批产品，求这批产品被用户拒绝购买的概率.

二、二项分布的变形（独立非重复概率分布）

2.（2017·天津卷）从甲地到乙地要经过 3 个十字路口，设各路口信号灯工作相互独立，且在各路口遇到红灯的概率分别为 $\dfrac{1}{2}$，$\dfrac{1}{3}$，$\dfrac{1}{4}$.

（Ⅰ）设 X 表示一辆车从甲地到乙地遇到红灯的个数，求随机变量 X 的分布列和数学期望；

（Ⅱ）若有 2 辆车独立地从甲地到乙地，求这 2 辆车共遇到 1 个红灯的概率.

【解析】（Ⅰ）随机变量 X 的所有可能取值为 0，1，2，3.

$P(X=0) = \left(1-\dfrac{1}{2}\right) \times \left(1-\dfrac{1}{3}\right) \times \left(1-\dfrac{1}{4}\right) = \dfrac{1}{4}$,

$P(X=1) = \dfrac{1}{2} \times \left(1-\dfrac{1}{3}\right) \times \left(1-\dfrac{1}{4}\right) + \left(1-\dfrac{1}{2}\right) \times \dfrac{1}{3} \times \left(1-\dfrac{1}{4}\right) + \left(1-\dfrac{1}{2}\right) \times \left(1-\dfrac{1}{3}\right) \times \dfrac{1}{4} = \dfrac{11}{24}$,

$P(X=2) = \left(1-\dfrac{1}{2}\right) \times \dfrac{1}{3} \times \dfrac{1}{4} + \dfrac{1}{2} \times \left(1-\dfrac{1}{3}\right) \times \dfrac{1}{4} + \dfrac{1}{2} \times \dfrac{1}{3} \times \left(1-\dfrac{1}{4}\right) = \dfrac{1}{4}$,

$P(X=3) = \dfrac{1}{2} \times \dfrac{1}{3} \times \dfrac{1}{4} = \dfrac{1}{24}$.

所以，随机变量 X 的分布列如下：

X	0	1	2	3
P	$\dfrac{1}{4}$	$\dfrac{11}{24}$	$\dfrac{1}{4}$	$\dfrac{1}{24}$

随机变量 X 的数学期望 $E(X) = 0 \times \dfrac{1}{4} + 1 \times \dfrac{11}{24} + 2 \times \dfrac{1}{4} + 3 \times \dfrac{1}{24} = \dfrac{13}{12}$.

（Ⅱ）设 Y 表示第一辆车遇到红灯的个数，Z 表示第二辆车遇到红灯的个数，则所求事件的概率为 $P(Y+Z=1) = P(Y=0, Z=1) + P(Y=1, Z=0) = P(Y=0)P(Z=1) + P(Y=1)P(Z=0) = \dfrac{1}{4} \times \dfrac{11}{24} + \dfrac{11}{24} \times \dfrac{1}{4} = \dfrac{11}{48}$.

所以这 2 辆车共遇到 1 个红灯的概率为 $\dfrac{11}{48}$.

变式：（2004·全国Ⅰ卷）一接待中心有 A，B，C，D 四部热线电话，已知某一时刻电话 A，B 占线的概率均为 0.5，电话 C，D 占线的概率均为 0.4，各部电话是否占线相互之间没有影响. 假设该时刻有 ξ 部电话占线. 试求随机变量 ξ 的概率分布和它的期望.

4.5　其他的离散性随机变量分布列

一、比赛分布列模型（注意对最后一局的考虑）

1.（2013·大纲卷）甲、乙、丙三人进行羽毛球练习赛，其中两人比赛，另一人当裁判，每局比赛结束时，负的一方在下一局当裁判. 设各局中双方获胜的概率均为 $\dfrac{1}{2}$，各局比赛的结果相互独立，第 1 局甲当裁判.

（1）求第 4 局甲当裁判的概率；

（2）X 表示前 4 局中乙当裁判的次数，求 X 的数学期望.

【解析】（1）记 A_1 表示事件"第 2 局结果为甲胜"，A_2 表示事件"第 3 局甲参加比赛时，结果为甲负"，A 表示事件"第 4 局甲当裁判"，则 $A = A_1 \cdot A_2$，$P(A) = P(A_1 \cdot A_2) = P(A_1) \cdot P(A_2) = \dfrac{1}{4}$.

（2）X 的可能取值为 0，1，2. 记 A_3 表示事件"第 3 局乙和丙比赛时，结果为乙胜"，B_1 表示事件"第 1 局结果为乙胜丙"，B_2 表示事件"第 2 局乙和甲比赛时，结果为乙胜"，B_3 表示事件"第 3 局乙参加比赛时，结果为乙负".

则有 $P(X=0) = P(B_1 \cdot B_2 \cdot A_3) = P(B_1)P(B_2)P(A_3) = \dfrac{1}{8}$，

$P(X=2) = P(\overline{B_1} \cdot B_3) = P(\overline{B_1})P(B_3) = \dfrac{1}{4}$，

$P(X=1) = 1 - P(X=0) - P(X=2) = 1 - \dfrac{1}{8} - \dfrac{1}{4} = \dfrac{5}{8}$.

$$EX = 0 \times P(X=0) + 1 \times P(X=1) + 2 \times P(X=2) = \frac{9}{8}.$$

变式：（2009·全国Ⅰ卷）甲、乙二人进行围棋比赛，约定先胜 3 局者获得这次比赛的胜利，比赛结束，假设在一局中，甲获胜的概率为 0.6，乙获胜的概率为 0.4，各局比赛结果相互独立，已知前 2 局中，甲、乙各胜 1 局.

（Ⅰ）求这次比赛甲获得胜利的概率；

（Ⅱ）设 ξ 表示从第 3 局开始到比赛结束所进行的局数，求 ξ 的分布列及数学期望.

二、产品多次检验的分布列模型（注意对最后一次的考虑）

2.（2013·新课标Ⅰ）一批产品需要进行质量检验，检验方案是：先从这批产品中任取 4 件进行检验，这 4 件产品中优质品的件数记为 n. 如果 $n=3$，再从这批产品中任取 4 件进行检验，若都为优质品，则这批产品通过检验；如果 $n=4$，再从这批产品中任取 1 件进行检验，若为优质品，则这批产品通过检验；其他情况下，这批产品都不能通过检验.

假设这批产品的优质品率为 50%，即取出的每件产品是优质品的概率都为 $\frac{1}{2}$，且各件产品是否为优质品相互独立.

（1）求这批产品通过检验的概率；

（2）已知每件产品的检验费用为 100 元，且抽取的每件产品都需要检验，对这批产品进行质量检验所需的费用记为 X（单位：元），求 X 的分布列及数学期望.

【解析】（1）设第一次取出的 4 件产品中恰有 3 件优质品为事件 A_1，第一次取出的 4 件产品全是优质品为事件 A_2，第二次取出的 4 件产品都是优质品为事件 B_1，第二次取出的 1 件产品是优质品为事件 B_2，这批产品通过检验为事件 A，依题意有 $A = (A_1B_1) \cup (A_2B_2)$，且 A_1B_1 与 A_2B_2 互斥，所以 $P(A) = P(A_1B_1) + P(A_2B_2) = P(A_1)P(B_1|A_1) + P(A_2)P(B_2|A_2) = \frac{4}{16} \times \frac{1}{16} + \frac{1}{16} \times \frac{1}{2} = \frac{3}{64}$.

（2）X 可能的取值为 400，500，800，并且 $P(X=400) = 1 - \frac{4}{16} - \frac{1}{16} = \frac{11}{16}$，$P(X=500) = \frac{1}{16}$，$P(X=800) = \frac{1}{4}$.

所以 X 的分布列如下：

X	400	500	800
P	$\frac{11}{16}$	$\frac{1}{16}$	$\frac{1}{4}$

$$EX = 400 \times \frac{11}{16} + 500 \times \frac{1}{16} + 800 \times \frac{1}{4} = 506.25.$$

变式 1：（2008·全国Ⅰ卷）已知 5 只动物中有 1 只患有某种疾病，需要通过化验血液来确定患病的动物．血液化验结果呈阳性的即为患病动物，呈阴性即没患病．下面是两种化验方法：

方案甲：逐个化验，直到确定患病动物为止．

方案乙：先任取 3 只，将它们的血液混在一起化验．若结果呈阳性，则表明患病动物为这 3 只中的 1 只，然后再逐个化验，直到能确定患病动物为止；若结果呈阴性，则在另外 2 只中任取 1 只化验．

（Ⅰ）求依方案甲所需化验次数不少于依方案乙所需化验次数的概率；

（Ⅱ）ξ 表示依方案乙所需化验次数，求 ξ 的期望．

变式 2：（2007·安徽卷）在医学生物学试验中，经常以果蝇作为试验对象．在一个关有 6 只果蝇的笼子里，不慎混入了两只苍蝇（此时笼内共有 8 只蝇子，即 6 只果蝇和 2 只苍蝇），只好把笼子打开一个小孔，让蝇子一只一只地往外飞，直到两只苍蝇都飞出，再关闭小孔．以 ξ 表示笼内还剩下的果蝇的只数．

（Ⅰ）写出 ξ 的分布列（不要求写出计算过程）；

（Ⅱ）求数学期望 $E\xi$；

（Ⅲ）求概率 $P(\xi \geqslant E\xi)$．

三、次序统计量及其分布

3.（2014·重庆卷）一盒中装有 9 张各写有一个数字的卡片，其中 4 张卡片上的数字是 1，3 张卡片上的数字是 2，2 张卡片上的数字是 3，从盒中任取 3 张卡片．

（1）求所取 3 张卡片上的数字完全相同的概率；

（2）X 表示所取 3 张卡片上的数字的中位数，求 X 的分布列（注：若三个数 a，b，c 满足 $a \leqslant b \leqslant c$，则称 b 为这三个数的中位数）．

【解析】（1）因为 9 张中取 3 张共有 $C_9^3 = \dfrac{9 \times 8 \times 7}{2 \times 3}$ 种，取 3 张完全相同的卡片共有 $C_4^3 + C_3^3 = 5$ 种．所求事件 A 的概率 $P(A) = \dfrac{C_4^3 + C_3^3}{C_9^3} = \dfrac{3 \times 2}{9 \times 8 \times 7} \times 5 = \dfrac{5}{84}$，所以取 3 张完全不同的卡片的概率为 $\dfrac{5}{84}$．

（2）中位数 X 可以取 1，2，3．

当 $X = 1$ 时，如（1），（1），（1，2，3），$P(X = 1) = \dfrac{C_4^3 + C_4^2 C_5^1}{C_9^3} = \dfrac{34}{84} = \dfrac{17}{42}$；

当 $X = 2$ 时，如（1，2），（2），（2，3），$P(X = 2) = \dfrac{C_4^1 C_3^2 + C_4^1 C_3^1 C_2^1 + C_3^3 + C_3^2 C_2^1}{C_9^3} = \dfrac{43}{84}$；

当 $X = 3$ 时，如（1，2），（3），（3），$P(X = 3) = \dfrac{C_7^1 C_2^2}{C_9^3} = \dfrac{7}{84} = \dfrac{1}{12}$．

所以 $EX = \dfrac{34}{84} \times 1 + \dfrac{43}{84} \times 2 + \dfrac{7}{84} \times 3 = \dfrac{141}{84} = \dfrac{47}{28}$.

X 的分布列如下：

X	1	2	3
P	$\dfrac{17}{42}$	$\dfrac{43}{84}$	$\dfrac{1}{12}$

4.6 连续性随机变量分布——正态分布

正态分布（Normal distribution），也称"常态分布"，又名高斯分布（Gaussian distribution），最早由 A. 棣莫弗在求二项分布的渐近公式中得到. C.F. 高斯在研究测量误差时从另一个角度导出了正态分布. 正态分布广泛存在于自然现象、生产和生活中，是一个在数学、物理及工程等领域都非常重要的概率分布，在统计学的许多方面有着重大的影响力.

正态曲线呈钟型，两头低，中间高，左右对称. 因其曲线呈钟形，因此人们又经常称之为钟形曲线.

若随机变量 N 服从一个数学期望为 μ、方差为 σ^2 的正态分布，记为 $N(\mu, \sigma^2)$. 其概率密度函数为正态分布的期望值 μ 决定了其位置，其标准差 σ 决定了分布的幅度. 当 $\mu = 0$，$\sigma = 1$ 时的正态分布是标准正态分布.

1. （2014·新课标 II 卷）从某企业的某种产品中抽取 500 件，测量这些产品的一项质量指标值，由测量结果得如下频率分布直方图：

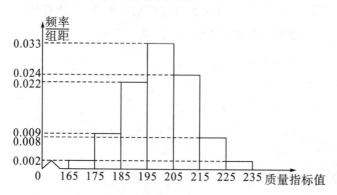

（Ⅰ）求这 500 件产品质量指标值的样本平均数 $\bar{x}$ 和样本方差 s^2（同一组数据用该区间的中点值作代表）；

（Ⅱ）由频率分布直方图可以认为，这种产品的质量指标值 Z 服从正态分布 $N(\mu, \sigma^2)$，其中 μ 近似为样本平均数 $\bar{x}$，σ^2 近似为样本方差 s^2.

（ⅰ）利用该正态分布，求 $P(187.8 < Z < 212.2)$；

（ⅱ）某用户从该企业购买了 100 件这种产品，记 X 表示这 100 件产品中质量指标值位于区间（187.8，212.2）的产品件数，利用（ⅰ）的结果，求 EX.

附：$\sqrt{150} \approx 12.2$.

若 $Z \sim N(\mu, \sigma^2)$，则 $P(\mu - \sigma < Z < \mu + \sigma) = 0.6826$，$P(\mu - 2\sigma < Z < \mu + 2\sigma) = 0.9544$.

变式 1：（2018·中学生标准学术能力测试）为加强对企业产品质量的管理，市质监局到区机械厂抽查零件的质量，共抽取了 600 件螺帽，将它们的直径和螺纹距之比 Z 作为一项质量指标，由测量结果得到如下频率分布直方图：

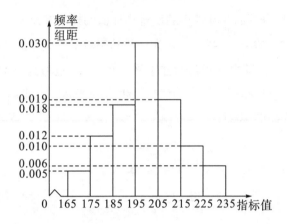

（Ⅰ）求这 600 件螺帽质量指标值的样本平均数 $\bar{x}$ 和样本方差 s^2（在同一组数据中，用该区间的中点值作代表）；

（Ⅱ）由频率分布直方图可以近似地认为这种螺帽的质量指标值 Z 服从正态分布 $N(\mu, \sigma^2)$，其中 μ 近似为样本平均数 $\bar{x}$，σ^2 近似为样本方差 s^2.

（ⅰ）利用该正态分布，求 $P(185.03 < Z < 229.94)$；

（ⅱ）现从该企业购买了 100 件这种螺帽，记 X 表示这 100 件螺帽中质量指标值位于区间（185.03，229.94）的件数，利用（ⅰ）的结果，求 $E(X)$.

附：$\sqrt{224} \approx 14.97$，若 $Z \sim N(\mu, \sigma^2)$，则 $P(\mu - \sigma < Z < \mu + \sigma) = 0.6826$，$P(\mu - 2\sigma < Z < \mu + 2\sigma) = 0.9544$.

变式 2：某企业有甲乙两个分厂生产某种产品，按规定该产品的某项质量指标值落在 [35，65) 的为优质品，从两个分厂生产的产品中随机抽取 500 件，测量这些产品的该项质量指标值，结果如下表：

指标值分组	[15，25)	[25，35)	[35，45)	[45，55)	[55，65)	[65，75)	[75，85)
甲厂频数	5	60	110	160	90	70	5
乙厂频数	10	40	115	165	120	45	5

（Ⅰ）根据以上统计数据完成下面 2×2 列联表，并回答是否有 99％ 的把握认为

"两个分厂生产的产品的质量有差异"？

	甲厂	乙厂	合计
优质品			
非优质品			
合计			

（Ⅱ）求优质品率较低的分厂的 500 件产品质量指标值的样本平均数 $\bar{x}$（同一组数据用该区间的中点值作代表）；

（Ⅲ）经计算，甲分厂的 500 件产品质量指标值的样本方差 $s^2=162$，乙分厂的 500 件质量指标值的样本方差 $s^2=142$，可认为优质品率较低的分厂的产品质量指标值 X 服从正态分布 $N(\mu, \sigma^2)$，其中 μ 近似为样本平均数 $\bar{x}$，σ^2 近似为样本方差 s^2. 由优质品率较低的厂的抽样数据，是否能够认为该分厂生产的产品中，质量指标值不低于 62.73 的产品至少占全部产品的 18%？

附注：

参考数据：$\sqrt{142}\approx11.92$，$\sqrt{162}\approx12.73$.

参考公式：$K^2=\dfrac{n(ad-bc)^2}{(a+b)(c+d)(a+c)(b+d)}$.

若 $X\sim N(\mu, \sigma^2)$，则 $P(\mu-\sigma<X<\mu+\sigma)=0.6826$，$P(\mu-2\sigma<X<\mu+2\sigma)=0.9544$，$P(\mu-3\sigma<X<\mu+3\sigma)=0.9974$.

$P(K^2\geqslant k)$	0.05	0.01	0.001
k	3.841	6.635	10.828

2.（2012·全国卷理）某一部件由三个电子元件按如图方式连接而成，元件 1 或元件 2 正常工作，且元件 3 正常工作，则部件正常工作. 设三个电子元件的使用寿命（单位：小时）均服从正态分布 $N(1000, 50^2)$，且各个元件能否正常工作相互独立，那么该部件的使用寿命超过 1000 小时的概率为_____.

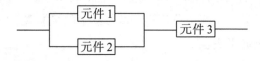

【解析】依题意，部件正常工作就是该部件使用寿命超过 1000 小时，元件正常工作的概率为 0.5，则部件正常工作的概率为 $\dfrac{1}{2}\times\left[\dfrac{1}{2}\times\dfrac{1}{2}+\dfrac{1}{2}\times\left(1-\dfrac{1}{2}\right)+\left(1-\dfrac{1}{2}\right)\times\dfrac{1}{2}\right]=\dfrac{3}{8}$.

变式 1：（2015·湖南卷）在如图所示的正方形中随机投掷 10000 个点，则落入阴影部分（曲线 C 为正态分布 $N(0, 1)$ 的密度曲线）的点的个数的估计值为（　　）

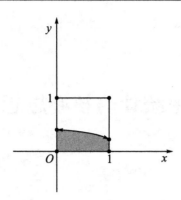

A. 2386　　　　B. 2718　　　　C. 3413　　　　D. 4772

附：若 $X \sim N(\mu, \sigma^2)$，则 $P(\mu-\sigma<X\leqslant\mu+\sigma)=0.6826$，$P(\mu-2\sigma<X\leqslant\mu+2\sigma)=0.9544$.

变式 2：(2011·湖北卷) 已知随机变量 ξ 服从正态分布 $N(2, \sigma^2)$，且 $P(\xi<4)=0.8$，则 $P(0<\xi<2)$ 为(　　)

A. 0.6　　　　B. 0.4　　　　C. 0.3　　　　D. 0.2

第5章 概率统计的核心思想方法和能力

5.1 阅读能力和分类讨论的思想

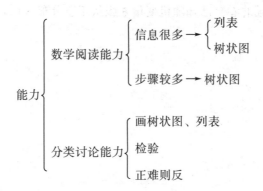

一、注重对题意的理解、关键词的把握

1. 某地有 A，B，C，D 四人先后感染了甲型 H1N1 流感，其中只有 A 到过疫区. B 肯定是受 A 感染的. 对于 C，因为难以断定他是受 A 还是受 B 感染的，于是假定他受 A 和受 B 感染的概率都是 $\frac{1}{2}$. 同样也假定 D 受 A，B 和 C 感染的概率都是 $\frac{1}{3}$. 在这种假定之下，B，C，D 中直接受 A 感染的人数 X 就是一个随机变量. 写出 X 的分布列（不要求写出计算过程），并求 X 的均值（即数学期望）.

2. 某商店试销某种商品 20 天，获得如下数据：

日销售量（件）	0	1	2	3
频数	1	5	9	5

试销结束后（假设该商品的日销售量的分布规律不变），设某天开始营业时有该商品 3 件，当天营业结束后检查存货，若发现存货少于 2 件，则当天进货补充至 3 件，否则不进货，将频率视为概率.

（1）求当天商品不进货的概率；

（2）记 X 为第二天开始营业时该商品的件数，求 X 的分布列和数学期型.

3．（2013·四川卷）某算法的程序框图如图所示，其中输入的变量 x 在 1，2，3，…，24 这 24 个整数中等可能随机产生.

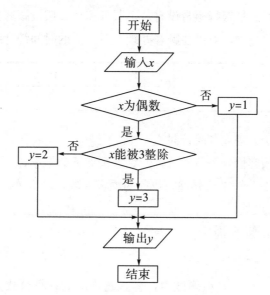

（1）分别求出按程序框图正确编程运行时输出 y 的值为 i 的概率 P_i（$i = 1$，2，3）；

（2）甲、乙两同学依据自己对程序框图的理解，各自编写程序重复运行 n 次后，统计记录了输出 y 的值为 i（$i = 1$，2，3）的频数. 以下是甲、乙所作频数统计表的部分数据.

甲的频数统计表（部分）

运行次数 n	输出 y 的值为 1 的频数	输出 y 的值为 2 的频数	输出 y 的值为 3 的频数
30	14	6	10
...	...	...	...
2100	1027	376	697

乙的频数统计表（部分）

运行次数 n	输出 y 的值为 1 的频数	输出 y 的值为 2 的频数	输出 y 的值为 3 的频数
30	12	11	7
...	...	...	...
2100	1051	696	353

当 $n = 2100$ 时，根据表中的数据，分别写出甲、乙所编程序各自输出 y 的值为 i

($i=1$，2，3）的频率（用分数表示），并判断两位同学中哪一位所编程序符合算法要求的可能性较大；

（3）将按程序框图正确编写的程序运行 3 次，求输出 y 的值为 2 的次数 ξ 的分布列及数学期望.

4. （2012·陕西卷）某银行柜台设有一个服务窗口，假设顾客办理业务所需的时间互相独立，且都是整数分钟，对以往顾客办理业务所需的时间统计结果如下：

办理业务所需的时间（分钟）	1	2	3	4	5
频率	0.1	0.4	0.3	0.1	0.1

从第一个顾客开始办理业务时计时.

（1）估计第三个顾客恰好等待 4 分钟开始办理业务的概率；

（2）X 表示至第 2 分钟末已办理完业务的顾客人数，求 X 的分布列及数学期望.

二、新的情景、新名词

5. （2017·北京西城区）在测试中，客观题难度的计算公式为 $P_i=\dfrac{R_i}{N}$，其中 P_i 为第 i 题的难度，R_i 为答对该题的人数，N 为参加测试的总人数.

现对某校高三年级 120 名学生进行一次测试，共 5 道客观题. 测试前根据对学生的了解，预估了每道题的难度，如下表所示：

题号	1	2	3	4	5
考前预估难度 P_i	0.9	0.8	0.7	0.6	0.4

测试后，从中随机抽取了 10 名学生，将他们编号后统计各题的作答情况，如下表所示（"√"表示答对，"×"表示答错）：

题号 学生编号	1	2	3	4	5
1	×	√	√	√	√
2	√	√	√	√	×
3	√	√	√	√	×
4	√	√	√	×	×
5	√	√	√	√	√
6	√	√	×	×	√
7	×	√	√	√	×

题号 学生编号	1	2	3	4	5
8	√	×	×	×	×
9	√	√	×	×	×
10	√	√	√	√	×

（Ⅰ）根据题中数据，将抽样的 10 名学生每道题实测的答对人数及相应的实测难度填入下表，并估计这 120 名学生中第 5 题的实测答对人数；

题号	1	2	3	4	5
实测答对人数					
实测难度					

（Ⅱ）从编号为 1 到 5 的 5 人中随机抽取 2 人，求恰好有 1 人答对第 5 题的概率；

（Ⅲ）定义统计量 $S = \dfrac{1}{n}\left[(P_1' - P_1)^2 + (P_2' - P_2)^2 + \cdots + (P_n' - P_n)^2\right]$，其中 P_i' 为第 i 题的实测难度，P_i 为第 i 题的预估难度（$i = 1, 2, \cdots, n$）. 规定：若 $S < 0.05$，则称该次测试的难度预估合理，否则为不合理. 判断本次测试的难度预估是否合理.

6. （2018·河南开封）某产品按行业生产标准分成 8 个等级，等级系数 X 依次为 $1, 2, \cdots, 8$，其中 $X \geqslant 5$ 为标准 A，$X \geqslant 3$ 为标准 B. 已知甲厂执行标准 A 生产该产品，产品的零售价为 6 元/件；乙厂执行标准 B 生产该产品，产品的零售价为 4 元/件. 假定甲、乙两厂的产品都符合相应的执行标准.

（Ⅰ）已知甲厂产品的等级系数 X_1 的概率分布列如下：

X_1	5	6	7	8
P	0.4	a	b	0.1

且 X_1 的数学期望 $EX_1 = 6$，求 a，b 的值；

（Ⅱ）为分析乙厂产品的等级系数 X_2，从该厂生产的产品中随机抽取 30 件，相应的等级系数组成一个样本，数据如下：

$$3 \quad 5 \quad 3 \quad 3 \quad 8 \quad 5 \quad 5 \quad 6 \quad 3 \quad 4$$
$$6 \quad 3 \quad 4 \quad 7 \quad 5 \quad 3 \quad 4 \quad 8 \quad 5 \quad 3$$
$$8 \quad 3 \quad 4 \quad 3 \quad 4 \quad 4 \quad 7 \quad 5 \quad 6 \quad 7$$

用这个样本的频率分布估计总体分布，将频率视为概率，求等级系数 X_2 的数学期望.

（Ⅲ）在（Ⅰ）（Ⅱ）的条件下，若以"性价比"为判断标准，则哪个工厂的产品更具可购买性？说明理由.

注：（1）产品的"性价比"$=\dfrac{\text{产品的等级系数的数学期望}}{\text{产品的零售价}}$；

（2）"性价比"高的产品更具可购买性.

三、信息量大，字数多

7. 交强险是车主必须为机动车购买的险种，若普通 6 座以下私家车投保交强险第一年的费用（基准保费）统一为 a 元，在下一年续保时，实行的是费率浮动机制，保费与上一年度车辆发生道路交通事故的情况相联系，发生交通事故的次数越多，费率也就越高，具体浮动情况如下表：

交强险浮动因素和浮动费率比率表		
	浮动因素	浮动比率
A_1	上一个年度未发生有责任道路交通事故	下浮 10%
A_2	上两个年度未发生有责任道路交通事故	下浮 20%
A_3	上三个及以上年度未发生有责任道路交通事故	下浮 30%
A_4	上一个年度发生一次有责任但不涉及死亡的道路交通事故	0%
A_5	上一个年度发生两次及两次以上有责任但不涉及死亡的道路交通事故	上浮 10%
A_6	上一个年度发生有责任道路交通死亡事故	上浮 30%

某机构为了研究某一品牌普通 6 座以下私家车的投保情况，随机抽取了 60 辆车龄已满三年的该品牌同型号私家车的下一年续保时的情况，统计得到了下面的表格：

类型	A_1	A_2	A_3	A_4	A_5	A_6
数量	10	5	5	20	15	5

以这 60 辆该品牌车的投保类型的频率代替一辆车投保类型的概率，完成下列问题：

（Ⅰ）按照我国《机动车交通事故责任强制保险条例》汽车交强险价格的规定，$a=950$. 记 X 为某同学家里的一辆该品牌车在第四年续保时的费用，求 X 的分布列与数学期望；（数学期望值保留到个位数字）

（Ⅱ）某二手车销售商专门销售这一品牌的二手车，且将下一年的交强险保费高于基本保费的车辆记为事故车. 假设购进一辆事故车亏损 5000 元，一辆非事故车盈利 10000 元：

①若该销售商购进三辆（车龄已满三年）该品牌二手车，求这三辆车中至多有一辆事故车的概率；

②若该销售商一次购进 100 辆（车龄已满三年）该品牌二手车，求他获得利润的期望值.

四、多个图表

8. （2017·湖北襄阳）从 2016 年 1 月 1 日起，湖北、广东等 18 个保监局所辖地区将纳入商业车险改革试点范围，其中最大的变化是上一年的出险次数决定了下一年的保费倍率，具体关系如下表：

上一年的出险次数	0	1	2	3	4	5 次以上（含 5 次）
下一年保费倍率	85%	100%	125%	150%	175%	200%
连续两年没有出险打 7 折，连续三年没有出险打 6 折						

经验表明新车商业车险保费与购车价格有较强的线性相关关系，下面是随机采集的 8 组数据 (x, y)（其中 x（万元）表示购车价格，y（元）表示商业车险保费）：$(8, 2150)$，$(11, 2400)$，$(18, 3140)$，$(25, 3750)$，$(25, 4000)$，$(31, 4560)$，$(37, 5500)$，$(45, 6500)$，设由这 8 组数据得到的回归直线方程为 $\hat{y} = \hat{b}x + 1055$.

（Ⅰ）求 $\hat{b}$；

（Ⅱ）有评估机构从以往购买了车险的车辆中随机抽取 1000 辆进行调查，得到一年中出险次数的频数分布如下（并用相应频率估计车辆 2016 年度出险次数的概率）：

一年中出险次数	0	1	2	3	4	5 次以上（含 5 次）
频数	500	380	100	15	4	1

湖北的李先生于 2016 年 1 月购买了一辆价值 20 万元的新车．根据以上信息，试估计该车辆在 2017 年 1 月续保时应缴交的保费（精确到元），并分析车险新政是否总体上减轻了车主负担．（假设车辆下一年与上一年都购买相同的商业车险产品进行续保）

9. （2017·江西南昌一摸）某中学的环保社团参照国家环境标准制定了该校所在区域空气质量指数与空气质量等级对应关系如下表（假设该区域空气质量指数不会超过 300）：

空气质量指数	(0, 50]	(50, 100]	(100, 150]	(150, 200]	(200, 250]	(250, 300]
空气质量等级	1 级优	2 级良	3 级轻度污染	4 级中度污染	5 级重度污染	6 级严重污染

该社团将该校区在 2016 年 100 天的空气质量指数监测数据作为样本，绘制的频率分布直方图如图所示，把该直方图所得频率估计为概率．

（Ⅰ）请估算 2017 年（以 365 天计算）全年空气质量优良的天数（未满一天按一天计算）；

（Ⅱ）该校 2017 年 6 月 7—9 日将作为高考考场，若这三天中某天出现 5 级重度污染，需要净化空气费用 10000 元，出现 6 级严重污染，需要净化空气费用 20000 元，记这三天净化空气总费用为 X 元，求 X 的分布列及数学期望.

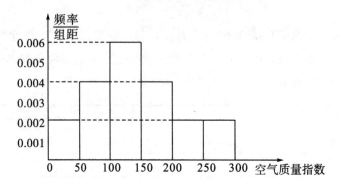

五、与函数、线性规划等求最值的综合

10. （2017·深圳调研）某市为了鼓励市民节约用电，实行"阶梯式"电价，将该市每户居民的月用电量划分为三档，月用电量不超过 200 度的部分按 0.5 元/度收费，超过 200 度但不超过 400 度的部分按 0.8 元/度收费，超过 400 度的部分按 1.0 元/度收费.

（1）求某户居民月用电费 y（单位：元）关于月用电量 x（单位：度）的函数解析式；

（2）为了了解居民的用电情况，通过抽样，获得了今年 1 月份 100 户居民每户的用电量，统计分析后得到如图所示的频率分布直方图，若这 100 户居民中，今年 1 月份用电费用不超过 260 元的占 80%，求 a，b 的值；

（3）在满足（2）的条件下，若以这 100 户居民用电量的频率代替该月全市居民用户用电量的频率，且同组中的数据用该组区间的中点值代替，记 Y 为该市居民用户 1 月份的用电费用，求 Y 的分布列和数学期望.

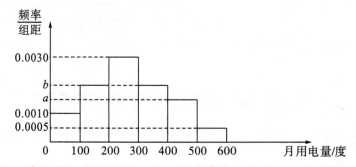

11. （2015·湖北卷）某厂用鲜牛奶在某台设备上生产 A，B 两种奶制品. 生产 1 吨 A 产品需鲜牛奶 2 吨，使用设备 1 小时，获利 1000 元；生产 1 吨 B 产品需鲜牛奶 1.5 吨，使用设备 1.5 小时，获利 1200 元. 要求每天 B 产品的产量不超过 A 产品产量的 2 倍，设备每天生产 A，B 两种产品时间之和不超过 12 小时，假定每天可获取的鲜牛奶数量 W（单位：吨）是一个随机变量，其分布列如下：

W	12	15	18
P	0.3	0.5	0.2

该厂每天根据获取的鲜牛奶数量安排生产，使其获利最大，因此每天的最大获利 Z（单位：元）是一个随机变量.

（1）求 Z 的分布列和均值；

（2）若每天可获利的鲜牛奶数量相互独立，求 3 天中至少有 1 天的最大获利超过 10000 元的概率.

12. 据 IEC（国际电工委员会）调查，小型风力发电项目投资较少，且开发前景广阔，但受风力自然资源影响，项目投资存在一定风险. 根据测算，风能风区分类标准如下：

风能分类	一类风区	二类风区
平均风速（m/s）	8.5～10	6.5～8.5

假设投资 A 项目的资金为 $x(x \geqslant 0)$ 万元，投资 B 项目的资金为 $y(y \geqslant 0)$ 万元，调研结果是：未来一年内，位于一类风区的 A 项目获利 30% 的可能性为 0.6，亏损 20% 的可能性为 0.4；位于二类风区的 B 项目获利 35% 的可能性为 0.6，亏损 10% 的可能性为 0.1，不赔不赚的可能性为 0.3.

（1）记投资 A，B 项目的利润分别为 ξ 和 η，试写出随机变量 ξ 与 η 的分布列和数学期望 $E(\xi)$，$E(\eta)$；

（2）某公司计划用不超过 100 万元的资金投资于 A，B 项目，且公司要求对 A 项目的投资不得低于 B 项目，根据（1）的条件和市场调研，试估计一年后两个项目的平均利润之和 $z = E(\xi) + E(\eta)$ 的最大值.

13. 每年的 3 月 12 日是植树节. 林管部门为了保证树苗的质量，都会在植树前对树苗进行检测. 现从甲、乙两种树苗中各抽测了 10 株树苗测量高度，规定高于 128 厘米的树苗为"良种树苗"，测得高度如下（单位：厘米）：

甲：137，121，131，120，129，119，132，123，125，133；

乙：110，130，147，127，146，114，126，110，144，146.

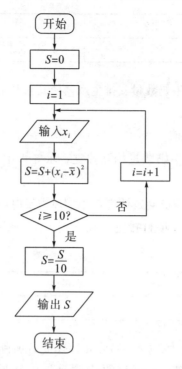

（1）根据抽测结果，画出甲、乙两种树苗高度的茎叶图，并根据你画出的茎叶图，对甲、乙两种树苗的高度进行比较，写出对两种树苗高度的统计结论；

（2）设抽测的 10 株甲种树苗高度平均值为 x，将这 10 株树苗的高度依次输入，按程序框图进行运算（如图），问输出的 S 大小为多少？并说明 S 的统计学意义；

（3）若小王在甲种树苗中随机领取了 5 株进行种植，用样本的频率分布估计总体分布，求小王领取到的"良种树苗"的株数 X 的分布列.

5.2 利用概率统计知识做决策

利用概率统计知识能更好地理解和解释生活中的一些事件，比如中奖概率是 1000 分之一，那是不是买 1000 张，就一定会中奖?

概率的大小可以检验事件的公平性，可以利用大概率事件进行判断和决策，根据期望和方差做决策.

1.（2012·全国卷）某花店每天以每枝 5 元的价格从农场购进若干枝玫瑰花，然后以每枝 10 元的价格出售. 如果当天卖不完，剩下的玫瑰花作垃圾处理.

（1）若花店一天购进 16 枝玫瑰花，求当天的利润 y（单位：元）关于当天需求量 n（单位：枝，$n \in \mathbf{N}$）的函数解析式；

（2）花店记录了 100 天玫瑰花的日需求量（单位：枝），整理得下表：

日需求量 n	14	15	16	17	18	19	20
频数	10	20	16	16	15	13	10

以 100 天记录的各需求量的频率作为各需求量发生的概率.

①若花店一天购进 16 枝玫瑰花，X 表示当天的利润（单位：元），求 X 的分布列、数学期望及方差；

②若花店计划一天购进 16 枝或 17 枝玫瑰花，你认为应购进 16 枝还是 17 枝？请说明理由.

【解析】（1）当日需求量 $n \geqslant 16$ 时，利润 $y = 80$. 当日需求量 $n < 16$ 时，利润 $y = 10n - 80$. 所以 y 关于 n 的函数解析式为 $y = \begin{cases} 10n - 80, & n < 16 \\ 80, & n \geqslant 16 \end{cases}$，$n \in \mathbf{N}$.

（2）①X 可能的取值为 60，70，80，并且 $P(X = 60) = 0.1$，$P(X = 70) = 0.2$，$P(X = 80) = 0.7$.

X 的分布列如下：

X	60	70	80
P	0.1	0.2	0.7

X 的数学期望为 $EX = 60 \times 0.1 + 70 \times 0.2 + 80 \times 0.7 = 76$.

X 的方差为 $DX = (60 - 76)^2 \times 0.1 + (70 - 76)^2 \times 0.2 + (80 - 76)^2 \times 0.7 = 44$.

②答案一：

花店一天应购进 16 枝玫瑰花. 理由如下：

若花店一天购进 17 枝玫瑰花，Y 表示当天的利润（单位：元），那么 Y 的分布列如下：

Y	55	65	75	85
P	0.1	0.2	0.16	0.54

Y 的数学期望为 $EY = 55 \times 0.1 + 65 \times 0.2 + 75 \times 0.16 + 85 \times 0.54 = 76.4$.

Y 的方差为 $DY = (55 - 76.4)^2 \times 0.1 + (65 - 76.4)^2 \times 0.2 + (75 - 76.4)^2 \times 0.16 + (85 - 76.4)^2 \times 0.54 = 112.04$.

由以上的计算结果可以看出，$DX < DY$，即购进 16 枝玫瑰花时利润波动相对较小. 另外，虽然 $EX < EY$，但两者相差不大. 故花店一天应购进 16 枝玫瑰花.

答案二：

花店一天应购进 17 枝玫瑰花. 理由如下：

若花店一天购进 17 枝玫瑰花，Y 表示当天的利润（单位：元），那么 Y 的分布列如下：

Y	55	65	75	85
P	0.1	0.2	0.16	0.54

Y 的数学期望为 $EY=55\times0.1+65\times0.2+75\times0.16+85\times0.54=76.4$.

由以上的计算结果可以看出，$EX<EY$，即购进 17 枝玫瑰花时的平均利润大于购进 16 枝时的平均利润. 故花店一天应购进 17 枝玫瑰花.

变式 1：(2016·全国 Ⅰ 卷) 某公司计划购买 2 台机器，该种机器使用三年后即被淘汰. 机器有一易损零件，在购进机器时，可以额外购买这种零件作为备件，每个 200 元. 在机器使用期间，如果备件不足再购买，则每个 500 元. 现需决策在购买机器时应同时购买几个易损零件，为此搜集并整理了 100 台这种机器在三年使用期内更换的易损零件数，得到下面的柱状图：

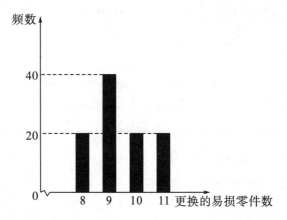

以这 100 台机器更换的易损零件数的频率代替 1 台机器更换的易损零件数发生的概率，记 X 表示 2 台机器三年内共需更换的易损零件数，n 表示购买 2 台机器的同时购买的易损零件数.

（Ⅰ）求 X 的分布列；

（Ⅱ）若要求 $P(X\leqslant n)\geqslant0.5$，确定 n 的最小值；

（Ⅲ）以购买易损零件所需费用的期望值为决策依据，在 $n=19$ 与 $n=20$ 之中选一个，应选用哪个？

变式 2：(2017·全国 Ⅲ 卷) 某超市计划按月订购一种酸奶，每天进货量相同，进货成本每瓶 4 元，售价每瓶 6 元，未售出的酸奶降价处理，以每瓶 2 元的价格当天全部处理完. 根据往年销售经验，每天需求量与当天最高气温（单位：℃）有关. 如果最高气温不低于 25，需求量为 500 瓶；如果最高气温位于区间 [20，25)，需求量为 300 瓶；如果最高气温低于 20，需求量为 200 瓶. 为了确定六月份的订购计划，统计了前三年六月份各天的最高气温数据，得到下面的频数分布表：

最高气温	$[10, 15)$	$[15, 20)$	$[20, 25)$	$[25, 30)$	$[30, 35)$	$[35, 40)$
天数	2	16	36	25	7	4

以最高气温位于各区间的频率代替最高气温位于该区间的概率.

（1）求六月份这种酸奶一天的需求量 X（单位：瓶）的分布列；

（2）设六月份一天销售这种酸奶的利润为 Y（单位：元）. 当六月份这种酸奶一天的进货量（单位：瓶）为多少时，Y 的数学期望达到最大值？

变式 3：（2014·湖北卷理）计划在某水库建一座至多安装 3 台发电机的水电站，过去 50 年的水文资料显示，水库年入流量 X（年入流量：一年内上游来水与库区降水之和，单位：亿立方米）都在 40 以上. 其中，不足 80 的年份有 10 年，不低于 80 且不超过 120 的年份有 35 年，超过 120 的年份有 5 年. 将年入流量在以上三段的频率作为相应段的概率，并假设各年的年入流量相互独立.

（1）求未来 4 年中，至多 1 年的年入流量超过 120 的概率；

（2）水电站希望安装的发电机尽可能运行，但每年发电机最多可运行台数受年入流量 X 限制，并有如下关系：

年入流量 X	$40 < X < 80$	$80 \leqslant X \leqslant 120$	$X > 120$
发电机最多可运行台数	1	2	3

若某台发电机运行，则该台年利润为 5000 万元；若某台发电机未运行，则该台年亏损 800 万. 欲使水电站年利润的均值达到最大，应安装发电机多少台？

变式 4：（2014·福建卷理）为回馈顾客，某商场拟通过摸球兑奖的方式对 1000 位顾客进行奖励，规定：每位顾客从一个装有 4 个标有面值的球的袋中一次性随机摸出 2 个球，球上所标的面值之和为该顾客所获得的奖励额.

（1）若袋中所装的 4 个球中有 1 个所标的面值为 50 元，其余 3 个均为 10 元，求：

①顾客所获的奖励额为 60 元的概率；

②顾客所获的奖励额的分布列及数学期望.

（2）商场对奖励总额的预算是 60000 元，并规定袋中的 4 个球只能由标有面值 10 元和 50 元的两种球组成，或标有面值 20 元和 40 元的两种球组成. 为了使顾客得到的奖励总额尽可能符合商场的预算且每位顾客所获的奖励额相对均衡，请对袋中的 4 个球的面值给出一个合适的设计，并说明理由.

变式 5：（2014·四川卷理）一款击鼓小游戏的规则如下：每盘游戏都需要击鼓三次，每次击鼓要么出现一次音乐，要么不出现音乐；每盘游戏击鼓三次后，出现一次音乐获得 10 分，出现两次音乐获得 20 分，出现三次音乐获得 100 分，没有出现音乐则扣除 200 分（即获得 -200 分）. 设每次击鼓出现音乐的概率为 $\frac{1}{2}$，且各次击鼓出现音乐相互独立.

(1) 设每盘游戏获得的分数为 X，求 X 的分布列；

(2) 玩三盘游戏，至少有一盘出现音乐的概率是多少？

(3) 许多玩过这款游戏的人都发现，若干盘游戏后，与最初的分数相比，分数没有增加反而减少了. 请运用概率统计的相关知识分析分数减少的原因.

2. (2017·太原高三模拟) 某商城举行有奖促销活动，顾客购买一定金额的商品后即可抽奖，抽奖规则如下：

①抽奖方案有以下两种，方案 a：从装有 2 个红球、3 个白球（仅颜色不同）的甲袋中随机摸出 2 个球，若都是红球，则获得奖金 30 元，否则没有奖金，兑奖后将摸出的球放回甲袋中；方案 b：从装有 3 个红球、2 个白球（仅颜色相同）的乙袋中随机摸出 2 个球，若都是红球，则获得奖金 15 元，否则没有奖金，兑奖后将摸出的球放回乙袋中.

②抽奖条件是顾客购买商品的金额满 100 元，可根据方案 a 抽奖一次；满 150 元，可根据方案 b 抽奖一次（例如某顾客购买商品的金额为 260 元，则该顾客可以根据方案 a 抽奖两次或方案 b 抽奖一次或方案 a，b 各抽奖一次）. 已知顾客 A 在该商场购买商品的金额为 350 元.

(1) 若顾客 A 只选择方案 a 进行抽奖，求其所获奖金的期望值；

(2) 要使所获奖金的期望值最大，顾客 A 应如何抽奖？

3. (2017·合肥质检) 某供货商计划将某种大型节日商品分别配送到甲、乙两地销售. 据以往数据统计，甲、乙两地该商品需求量的频率分布如下：

甲地需求量频率分布表

需求量	4	5	6
频率	0.5	0.3	0.2

乙地需求量频率分布表

需求量	3	4	5
频率	0.6	0.3	0.1

以两地需求量的频率估计需求量的概率.

（Ⅰ）若此供货商计划将 10 件该商品全部配送至甲、乙两地，为保证两地不缺货（配送量大于等于需求量）的概率均大于 0.7，问该商品的配送方案有哪几种？

（Ⅱ）已知甲、乙两地该商品的销售相互独立，该商品售出，供货商获利 2 万元/件；未售出的，供货商亏损 1 万元/件. 在（Ⅰ）的前提下，若仅考虑此供货商所获净利润，试确定最佳配送方案.

4. 某商场拟对某商品进行促销，现有两种方案供选择，每种促销方案都需分两个月实施，且每种方案中第一个月与第二个月的销售相互独立. 根据以往促销的统计数据，若实施方案 1，预计第一个月的销量是促销前的 1.2 倍和 1.5 倍的概率分别是 0.6

和 0.4，第二个月的销量是第一个月的 1.4 倍和 1.6 倍的概率都是 0.5；若实施方案 2，预计第一个月的销量是促销前的 1.4 倍和 1.5 倍的概率分别是 0.7 和 0.3，第二个月的销量是第一个月的 1.2 倍和 1.6 倍的概率分别是 0.6 和 0.4. 令 ξ_i（$i=1,2$）表示实施方案 i 的第二个月的销量是促销前销量的倍数.

（Ⅰ）求 ξ_1，ξ_2 的分布列；

（Ⅱ）不管实施哪种方案，ξ_i 与第二个月的利润之间的关系如下表，试比较实施哪种方案第二个月的利润更大.

销量倍数	$\xi_i \leqslant 1.7$	$1.7 < \xi_i < 2.3$	$\xi_i \geqslant 2.3$
利润（万元）	15	20	25

变式 1：（2018·广州调研）某基地蔬菜大棚采用水培、无土栽培方式种植各类蔬菜. 过去 50 周的资料显示，该地周光照量 X（小时）都在 30 小时以上，其中不足 50 小时的周数有 5 周，不低于 50 小时且不超过 70 小时的周数有 35 周，超过 70 小时的周数有 10 周. 根据统计，该基地的西红柿增加量 y（百斤）与使用某种液体肥料 x（千克）之间对应数据为如图所示的折线图.

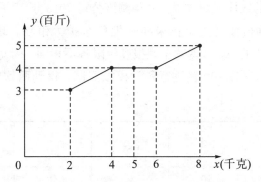

（1）依据数据的折线图，是否可用线性回归模型拟合 y 与 x 的关系？请计算相关系数 r 并加以说明（精确到 0.01）.（若 $|r| > 0.75$，则线性相关程度很高，可用线性回归模型拟合）

（2）蔬菜大棚对光照要求较大，某光照控制仪商家为该基地提供了部分光照控制仪，但每周光照控制仪最多可运行台数受周光照量 X 限制，并有如下关系：

周光照量 X（单位：小时）	$30 < X < 50$	$50 \leqslant X \leqslant 70$	$X > 70$
光照控制仪最多可运行台数	3	2	1

若某台光照控制仪运行，则该台光照控制仪周利润为 3000 元；若某台光照控制仪未运行，则该台光照控制仪周亏损为 1000 元. 以过去 50 周的周光照量的频率作为周光照量发生的概率，商家欲使周总利润的均值达到最大，应安装光照控制仪多少台？

附：相关系数公式 $r = \dfrac{\sum\limits_{i=1}^{n}(x_i - \bar{x})(y_i - \bar{y})}{\sqrt{\sum\limits_{i=1}^{n}(x_i - \bar{x})^2}\sqrt{\sum\limits_{i=1}^{n}(y_i - \bar{y})^2}}$，参考数据 $\sqrt{0.3} \approx 0.55$，

$\sqrt{0.9} \approx 0.95$.

变式 2：（2019·成都石室中学一诊模拟）基于移动互联技术的共享单车被称为"新四大发明"之一，短时间内就风靡全国，带给人们新的出行体验. 某共享单车运营公司的市场研究人员为了解公司的经营状况，对该公司最近六个月内的市场占有率进行了统计，结果如下表：

月份	2018.06	2018.07	2018.08	2018.09	2018.10	2018.11
月份代码 x	1	2	3	4	5	6
市场占有率 y（%）	11	13	16	15	20	21

（1）请用相关系数说明可用线性回归模型拟合月度市场占有率 y 与月份代码 x 之间的关系；

（2）求 y 关于 x 的线性回归方程，并预测该公司 2018 年 12 月份的市场占有率；

（3）根据调研数据，公司决定再采购一批单车扩大市场，现有采购成本分布为 1000 元/辆和 800 元/辆的 A，B 两款车型报废年限各不相同，考虑到公司的经济效益，该公司决定先对两款单车各 100 辆进行科学模拟测试，得到两款单车使用寿命频数表如下：

车型 ＼ 报废年限	1 年	2 年	3 年	4 年	5 年
A	10	30	40	20	100
B	15	40	35	10	100

经测算，平均每辆单车每年可以为公司带来收入 500 元. 不考虑除采购成本之外的其他成本，假设每辆单车的使用寿命都是整数年，且用频率估计每年单车使用寿命的概率，以每辆单车产生利润的期望值为决策依据. 如果你是该公司的负责人，你会采购哪款车型？

参考数据：$\sum\limits_{i=1}^{6}(x_i - \bar{x})^2 = 17.5$，$\sum\limits_{i=1}^{6}(x_i - \bar{x})(y_i - \bar{y}) = 35$，$\sqrt{1330} \approx 36.5$.

参考公式：相关系数 $r = \dfrac{\sum\limits_{i=1}^{n}(x_i - \bar{x})(y_i - \bar{y})}{\sqrt{\sum\limits_{i=1}^{n}(x_i - \bar{x})^2}\sqrt{\sum\limits_{i=1}^{n}(y_i - \bar{y})^2}}$；回归直线方程为

$$\hat{y} = \hat{b}x + \hat{a},\ 其中\hat{b} = \frac{\sum\limits_{i=1}^{n}(x_i - \bar{x})(y_i - \bar{y})}{\sum\limits_{i=1}^{n}(x_i - \bar{x})^2},\ \hat{a} = \bar{y} - \hat{b}\bar{x}.$$

5.3　数据处理能力

1. （2017・课标Ⅰ卷文）为了监控某种零件的一条生产线的生产过程，检验员每隔 30 min从该生产线上随机抽取一个零件，并测量其尺寸（单位：cm）. 下面是检验员在一天内依次抽取的 16 个零件的尺寸：

抽取次序	1	2	3	4	5	6	7	8
零件尺寸	9.95	10.12	9.96	9.96	10.01	9.92	9.98	10.04
抽取次序	9	10	11	12	13	14	15	16
零件尺寸	10.26	9.91	10.13	10.02	9.22	10.04	10.05	9.95

经计算，得 $\bar{x} = \frac{1}{16}\sum\limits_{i=1}^{16}x_i = 9.97$，$s = \sqrt{\frac{1}{16}\sum\limits_{i=1}^{16}(x_i - \bar{x})^2} = \sqrt{\frac{1}{16}(\sum\limits_{i=1}^{16}x_i^2 - 16\bar{x}^2)} \approx$ 0.212，$\sqrt{\sum\limits_{i=1}^{16}(i-8.5)^2} \approx 18.439$，$\sum\limits_{i=1}^{16}(x_i - \bar{x})(i-8.5) = -2.78$，其中 x_i 为抽取的第 i 个零件的尺寸，$i = 1,2,\cdots,16$.

（Ⅰ）求 $(x_i,\ i)$ $(i=1,2,\cdots,16)$ 的相关系数 r，并回答是否可以认为这一天生产的零件尺寸不随生产过程的进行而系统地变大或变小（若 $|r| < 0.25$，则可以认为零件的尺寸不随生产过程的进行而系统地变大或变小）.

（Ⅱ）一天内抽检的零件中，如果出现了尺寸在 $(\bar{x} - 3s,\ \bar{x} + 3s)$ 之外的零件，就认为这条生产线在这一天的生产过程可能出现了异常情况，需对当天的生产过程进行检查.

（ⅰ）从这一天抽检的结果看，是否需对当天的生产过程进行检查？

（ⅱ）在 $(\bar{x} - 3s,\ \bar{x} + 3s)$ 之外的数据称为离群值，试剔除离群值，估计这条生产线当天生产的零件尺寸的均值与标准差.（精确到 0.01）

附：样本 $(x_i,\ y_i)$ $(i=1,2,\cdots,n)$ 的相关系数 $r = \dfrac{\sum\limits_{i=1}^{n}(x_i - \bar{x})(y_i - \bar{y})}{\sqrt{\sum\limits_{i=1}^{n}(x_i - \bar{x})^2}\sqrt{\sum\limits_{i=1}^{n}(y_i - \bar{y})^2}}$，

$\sqrt{0.008} \approx 0.09$.

2. （2016・全国Ⅲ卷文理）下图是我国 2008 年至 2014 年生活垃圾无害化处理量

（单位：亿吨）的折线图.

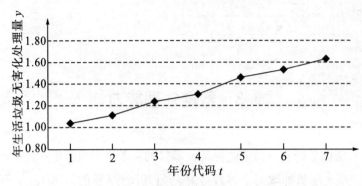

注：年份代码 1～7 分别对应 2008—2014 年.

（Ⅰ）由折线图看出，可用线性回归模型拟合 y 与 t 的关系，请用相关系数加以说明；

（Ⅱ）建立 y 关于 t 的回归方程（系数精确到 0.01），预测 2016 年我国生活垃圾无害化处理量.

附注：参考数据：$\sum\limits_{i=1}^{7} y_i = 9.32$，$\sum\limits_{i=1}^{7} t_i y_i = 40.17$，$\sqrt{\sum\limits_{i=1}^{7} (y_i - \bar{y})^2} = 0.55$，$\sqrt{7} \approx 2.64$.

参考公式：$r = \dfrac{\sum\limits_{i=1}^{n} (t_i - \bar{t})(y_i - \bar{y})}{\sqrt{\sum\limits_{i=1}^{n} (t_i - \bar{t})^2 \sum\limits_{i=1}^{n} (y_i - \bar{y})^2}}$，回归方程 $\hat{y} = \hat{a} + \hat{b}\bar{t}$ 中斜率和截距的

最小二乘法估计公式分别为：$\hat{b} = \dfrac{\sum\limits_{i=1}^{n} (t_i - \bar{t})(y_i - \bar{y})}{\sum\limits_{i=1}^{n} (t_i - \bar{t})^2}$，$\hat{a} = \bar{y} - \hat{b}\bar{t}$.

参考答案

第1章

1.5 两个计数原理

1. 7；变式1：17；变式2：20.
2. C；变式1：C；变式2：13；变式3：576.
3. C；变式1：C；变式2：C；变式3：B；变式4：192；拓展：C.
4. 48；变式：D.
5. B；变式：72；拓展：B.

1.6 排列组合

1. 182；变式1：60；变式2：125.
2. A；变式1：1260；变式2：A.
3. C；变式：C.
4. 480；变式1：A；变式2：D；拓展1：B；拓展2：56.
5. 266.
6. 2400；变式1：B；变式2：B；拓展：C.
7. 30；变式：A.
8. A；变式1：25；变式2：C；变式3：A；变式4：B；变式5：B.
9. C；变式1：A；变式2：D.
10. 140；变式1：C；变式2：A；变式3：A；变式4：B.
11. D；变式1：D；变式2：1080；变式3：A；变式4：240.
12. B.
13. 20.
14. B；拓展：B.

1.7　二项式定理

1. $2^4C_8^4$；变式1：$2^4C_8^4$；变式2：$2^4C_8^4+1$；变式3：$2^4C_8^4+2^3C_8^2+1$；变式4：$4^2C_8^2$；变式5：5；变式6：-5.

2. $2^4C_8^4x^2$；变式1：$2^4C_9^4x^2$ 或 $2^5C_9^5x^{\frac{5}{2}}$；变式2：8 或 9；变式3：8；变式4：$2^5C_8^5x^{\frac{5}{2}}$ 或 $2^6C_8^6x^3$.

3. 2^8；变式1：2^8；变式2：3^8；变式3：1；变式4：$-\dfrac{31}{32}$，$\dfrac{697}{32}$；变式5：-256，-10.

4. 12.

5. C.

6. D；变式1：$2^{4n-1}+(-1)^n2^{2n-1}$；变式2：$\dfrac{1}{3}$.

1.8　全国卷中二项式定理高考题

1. 40；变式1：0；变式2：1；变式3：6；变式4：-240；变式5：D；变式6：56.

2. B.

3. D；变式1：3；变式2：C；变式3：-20；变式4：C；变式5：-5.

第2章

2.5　搜集数据——抽样

1. A.

2. D，机会均等是抽样的基本原则；变式：因为每个个体被抽到的概率都一样，所以总体中的个体数为 $10\div\dfrac{1}{12}=120$.

3. B，考查的是用样本估计总体；变式：C.

4. C；变式1：C；变式2：18；变式3：B.

5. D，随机数表法，相同的只算一次，02之前出现过，所以应该选择01.

6. 4；变式 1：44，40，36，43，36，37，44，43，37；变式 2：B，$(720-481+1)\div\dfrac{840}{42}=12$；变式3：C，法一（看余数）：$(756-451+1)\div\dfrac{960}{32}=10$ 余6，前750个数恰好构成15组，所以751是下一组第一个数，依次数出6个数，没有到9，只有10项. 法二（等距离抽样，得到等差数列）：据题意将960人分为32组，每组30人，若第一组中抽取号码为9，则由系统抽样的特征可知每组抽到的号码 a_n 构成以

$a_1 = 9$ 为首项，公差 $d = 30$ 的等差数列，故由题意令 $451 \leqslant a_n \leqslant 756$，解得 $15\dfrac{22}{30} \leqslant n \leqslant 25\dfrac{27}{30}$，即共有 10 项在给定的区间内.

2.6 整理数据——图表

1. A.

2. B；变式 1：A；变式 2：D.

3. (1) 乙品种棉花的纤维平均长度大于甲品种棉花的纤维平均长度，或乙品种棉花的纤维长度普遍大于甲品种棉花的纤维长度.

(2) 甲品种棉花的纤维长度较乙品种棉花的纤维长度更分散，或乙品种棉花的纤维长度较甲品种棉花的纤维长度更集中（稳定），或甲品种棉花的纤维长度的分散程度比乙品种棉花的纤维长度的分散程度更大.

(3) 甲品种棉花的纤维长度的中位数为 307 mm，乙品种棉花的纤维长度的中位数为 318 mm.

(4) 乙品种棉花的纤维长度基本上是对称的，而且大多集中在中间（均值附近）. 甲品种棉花的纤维长度除一个特殊值（352）外，也大致对称，其分布较均匀.

注：上面给出了四个结论. 如果考生写出其他正确答案，同样给分.

变式 1：(1) 频率分布表如下：

分组	频数	频率
$[-3, -2)$	5	0.10
$[-2, -1)$	8	0.16
$(1, 2]$	25	0.50
$(2, 3]$	10	0.20
$(3, 4]$	2	0.04
合计	50	1.00

(2) 由频率分布表知，该厂生产的此种产品中，不合格品的直径长与标准值的差落在区间 $(1, 3]$ 内的概率约为 $0.50 + 0.20 = 0.70$；

(3) 设这批产品中的合格品数为 x 件，依题意有 $\dfrac{50}{5000} = \dfrac{20}{x + 20}$，即 $x = 1980$.

变式 2：(1) 设 A 药观测数据的平均数为 $\bar{x}$，B 药观测数据的平均数为 $\bar{y}$，由以上计算结果可得 $\bar{x} > \bar{y}$，因此可看出 A 药的疗效更好.

(2) 由观测结果可绘制如下茎叶图：

A药												B药								
						6	0	5	5	6	8	9								
	8	5	5	2	2		1	1	2	2	3	4	6	7	8	9			
9	8	7	7	6	5	4	3	3	2	2	1	4	5	6	7				
			5	2	1	0	3	2											

由以上茎叶图可以看出，A 药疗效的试验结果有 $\frac{7}{10}$ 的叶集中在茎 2，3 上，而 B 药疗效的试验结果有 $\frac{3}{10}$ 集中在茎 2，3 上，所以 A 药疗效更好.

变式 3：（1）所求茎叶图如下：

A 地区								B 地区				
							4	6	8			
						3	5	1	3	4	6	
				6	4	2	6	2	4	5	5	
8	8	6	6	4	3	7	3	3	4	6	9	
9	8	6	5	2	1	8	1	2	3			
		7	5	5	2	9	1	3				

由图可知 A 地区满意度评分的平均值比 B 地区的高，A 地区满意度评分比较集中，并且分数偏高，B 地区用户满意度评分比较分散.

（2）记 C_{A1} 表示事件："A 地区用户的满意度等级为满意或非常满意"；C_{A2} 表示事件："A 地区用户的满意度等级为非常满意"；C_{B1} 表示事件："B 地区的满意度等级为不满意"；C_{B2} 表示事件："B 地区用户的满意度等级为满意".

C_{A1} 与 C_{B1} 独立，C_{A2} 与 C_{B2} 独立，C_{B1} 与 C_{B2} 互斥，$C = C_{B1}C_{A1} \cup C_{B2}C_{A2}$.

$P(C) = P(C_{B1}C_{A1} \cup C_{B2}C_{A2}) = P(C_{B1}C_{A1}) + P(C_{B2}C_{A2}) = P(C_{B1})P(C_{A1}) + P(C_{B2})P(C_{A2})$.

由所给数据得 C_{A1}，C_{A2}，C_{B1}，C_{B2} 发生的频率分别为 $\frac{16}{20}$，$\frac{4}{20}$，$\frac{10}{20}$，$\frac{8}{20}$，故 $P(C_{A1}) = \frac{16}{20}$，$P(C_{A2}) = \frac{4}{20}$，$P(C_{B1}) = \frac{10}{20}$，$P(C_{B2}) = \frac{8}{20}$，$P(C) = \frac{10}{20} \times \frac{16}{20} + \frac{8}{20} \times \frac{4}{20} = 0.48$.

变式 4：（Ⅰ）

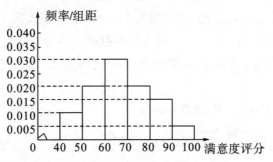

A地区用户满意度评分的频率分布直方图

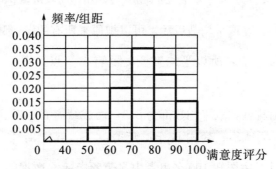

B地区用户满意度评分的频率分布直方图

通过两个地区用户满意度评分的频率分布直方图可以看出，B地区用户满意度评分的平均值高于 A 地区用户满意度评分的平均值，B 地区的用户满意度评分比较集中，而 A 地区的用户满意度评分比较分散.

（Ⅱ）A 地区用户的满意度等级为不满意的概率大.

记 C_A 表示事件："A 地区用户的满意度等级为不满意"，C_B 表示事件："B 地区用户的满意度等级为不满意". 由直方图得 $P(C_A) = (0.01 + 0.02 + 0.03) \times 10 = 0.6$，得 $P(C_B) = (0.05 + 0.02) \times 10 = 0.25$，所以 A 地区用户的满意度等级为不满意的概率大.

2.7 分析数据——特征数

1. 7，2；变式 1：2；变式 2：B；变式 3：C；变式 4：A.

2. B；变式 1：D；变式 2：A；

变式 3：D，都加减一个数，数据的离散程度没有变，所以方差不会变，均值会相应地增加；都乘以一个数，均值也乘以这个数，方差会涉及平方，所以会乘以这个数的平方.

变式 4：设样本数据为 x_1，x_2，x_3，x_4，x_5，故 $(x_1 - 7)^2 + (x_2 - 7)^2 + (x_3 - 7)^2 + (x_4 - 7)^2 + (x_5 - 7)^2 = 5 \times 4 = 20$.

法一：（数的性质）此时，20 应由 5 个平方数的和组成，且由于样本数据互相不相同，故至多有两个平方数相等，故 $20 = 0 + 1 + 1 + 9 + 9$，$(x_{max} - 7)^2 = 9$，此时 $x_{max} = 10$.

法二：（从大到小尝试）最大的数不超过 11，不妨假设最大值 $x_5 = 11$，则 $(x_1 - 7)^2 + (x_2 - 7)^2 + (x_3 - 7)^2 + (x_4 - 7)^2 = 4$，因为样本数据互不相同，这是不可能成立的；若样本数据为 4，6，7，8，10，代入验证知①②式均成立，此时样本数据中的最大值为 10.

变式 5：法一（公式）：由题意知样本 $(x_1, \cdots, x_n, y_1, \cdots, y_m)$ 的平均数为

$$\bar{z} = \frac{n\bar{x} + m\bar{y}}{m+n} = \frac{n}{m+n}\bar{x} + \frac{m}{m+n}\bar{y}，又 \bar{z} = \alpha\bar{x} + (1-\alpha)\bar{y}，即 \alpha = \frac{n}{m+n}，1-\alpha = \frac{m}{m+n}.$$ 因

为 $0 < \alpha < \frac{1}{2}$，所以 $0 < \frac{n}{m+n} < \frac{1}{2}$，即 $2n < m+n$，所以 $n < m$，选 A.

法二（直观感知）：在取平均数以后，可以把原来所有的 x_i 都视为 $\bar{x}$，把所有的 y_i 都视为 $\bar{y}$，因为 $0 < \alpha < \frac{1}{2}$，所以平均数受 $\bar{x}$ 影响小一点，则 x_i 的个数少一点，即 $n < m$.

3. 数据都具有对称性，故平均数都为 8.5，丙成绩离 8.5 近的数最多，方差最小，乙恰好相反，则 $S_3 < S_2 < S_1$；变式 1：B；变式 2：B；变式 3：C.

4. （Ⅰ）$\frac{3}{10}$；（Ⅱ）由图知 100 名患者中服药者指标 y 数据的方差比未服药者指标 y 数据的方差大.

变式 1：（Ⅰ）厨余垃圾投放正确的概率约为 $P = \frac{400}{400+100+100} = \frac{2}{3}$.

（Ⅱ）设生活垃圾投放错误为事件 A，则事件 $\bar{A}$ 表示生活垃圾投放正确. 事件 $\bar{A}$ 的概率约为"厨余垃圾"箱里厨余垃圾量、"可回收物"箱里可回收物量与"其他垃圾"箱里其他垃圾量的总和除以生活垃圾总量，即 $P(\bar{A}) = \frac{400+240+60}{1000} = 0.7$，所以生活垃圾投放错误的概率约为 $1 - 0.7 = 0.3$.

（Ⅲ）当 $a = 600$，$b = c = 0$ 时，s^2 取得最大值. 因为 $\bar{x} = \frac{1}{3}(a+b+c) = 200$，所以

$$s^2 = \frac{1}{3}\left[(600-200)^2 + (0-200)^2 + (0-200)^2\right] = 80000.$$

变式 2：设时间 A_i 为"甲是 A 组的第 i 个人"，时间 B_i 为"乙是 B 组的第 i 个人"，$i = 1, 2, \cdots, 7$. 由题意可知 $P(A_i) = P(B_i) = \frac{1}{7}$，$i = 1, 2, \cdots, 7$.

（Ⅰ）由题意知，时间"甲的康复时间不少于 14 天"等价于"甲是 A 组的第 5 人，或者第 6 人，或者第 7 人"，所以甲的康复时间不少于 14 天的概率是：

$$P(A_5 \cup A_6 \cup A_7) = P(A_5) + P(A_6) + P(A_7) = \frac{3}{7}.$$

（Ⅱ）设时间 C 为"甲的康复时间比乙的康复时间长". 由题意知：$C = A_4B_1 \cup A_5B_1 \cup A_6B_1 \cup A_7B_1 \cup A_5B_2 \cup A_6B_2 \cup A_7B_2 \cup A_7B_3 \cup A_6B_6 \cup A_7B_6$.

因此 $P(C) = P(A_4B_1) + P(A_5B_1) + P(A_6B_1) + P(A_7B_1) + P(A_5B_2) +$

$P(A_6B_2)+P(A_7B_2)+P(A_7B_3)+P(A_6B_6)+P(A_7B_6)=10P(A_4B_1)=10P(A_4)$

$P(B_1)=\dfrac{10}{49}$.

（Ⅲ）$a=11$ 或 $a=18$.

变式 3：（Ⅰ）因为要停留 2 天，所以应该在 3 月 1 日至 13 日中的某天到达，共有 13 种选择，其间重度污染的有两天，所以概率为 $P_1=\dfrac{2}{13}$.

（Ⅱ）此人停留的两天共有 13 种选择，分别是：（1，2），（2，3），（3，4），（4，5），（5，6），（6，7），（7，8），（8，9），（9，10），（10，11），（11，12），（12，13），（13，14），其中只有一天重度污染的为（4，5），（5，6），（7，8），（8，9），共 4 种，所以概率为 $P_2=\dfrac{4}{13}$.

（Ⅲ）因为第 5，6，7 三天的空气质量指数波动最大，所以方差最大

5. 略.

2.8　回归分析

1. C；变式 1：A；变式 2：D；变式 3：由表中数据可知，随着 x 的增大，y 的总体趋势为逐渐减小，则 $b<0$，因为当 $x=0$ 时，$y=a$，由表中数据可推出 $a>0$，故本题正确答案为 B；变式 4：由样本中心在回归直线上，得 $a=4.5$.

2. 观察变量 X 与 Y 相对应的一组数据可知，随着变量 X 的增大而 Y 增大，所以变量 X 与 Y 是正相关，$r_1>0$；观察变量 U 与 V 相对应的一组数据可知，随着变量 V 的增大而 U 减小，所以变量 V 与 U 是负相关，$r_2<0$，故选 C.

变式 1：因为所有样本点都落在一条直线上，所以相关系数 $|r|=1$，又由回归直线方程为 $y=\dfrac{1}{2}x+1$，说明 x 与 y 正相关，即 $r>0$，所以 $r=1$. 故本题正确答案为 D.

变式 2：因为 $a=\bar{y}-b\bar{x}$，所以直线 l 过点 $(\bar{x},\bar{y})$，故 A 项正确；x 和 y 的相关系数为散点图中的点与回归直线总体的接近程度，与直线的斜率是不同的概念，故 B 项错误；x 和 y 的相关系数 $r\in[-1,1]$，当 $r=1$ 时，表示完全正相关，当 $r=-1$ 时，表示完全负相关，故 C 项错误；分布在 l 两侧的样本点的个数与 n 无关，故 D 项错误.

变式 3：（Ⅰ）由折线图中数据和附注中参考数据得 $\bar{t}=4$，$\displaystyle\sum_{i=1}^{7}(t_i-\bar{t})^2=28$，

$\sqrt{\displaystyle\sum_{i=1}^{7}(y_i-\bar{y})^2}=0.55$，$\displaystyle\sum_{i=1}^{7}(t_i-\bar{t})(y_i-\bar{y})=\sum_{i=1}^{7}t_iy_i-\bar{t}\sum_{i=1}^{7}y_i=40.17-4\times9.32=$ 2.89（不仅要会套公式，也要掌握公式间的相互关系、变形），$r\approx\dfrac{2.89}{0.55\times2\times2.646}\approx$ 0.99.

因为 y 与 t 的相关系数近似为 0.99，说明 y 与 t 的线性相关程度相当高，从而可以

用线性回归模型拟合 y 与 t 的关系.

（Ⅱ）由 $\bar{y}=\dfrac{9.32}{7}\approx1.331$ 及（Ⅰ），得 $\hat{b}=\dfrac{\sum\limits_{i=1}^{7}(t_i-\bar{t})(y_i-\bar{y})}{\sum\limits_{i=1}^{7}(t_i-\bar{t})^2}=\dfrac{2.89}{28}\approx0.103$，

$\hat{a}=\bar{y}-\hat{b}\bar{t}\approx1.331-0.103\times4\approx0.92.$

所以，y 关于 t 的回归方程为：$\hat{y}=0.92+0.10t.$

将 2016 年对应的 $t=9$ 代入回归方程，得 $\hat{y}=0.92+0.10\times9=1.82$. 所以预测 2016 年我国生活垃圾无害化处理量约为 1.82 亿吨.

变式 4：（1）这 8 位同学中恰有 3 位同学的数学和物理分数均为优秀，则需要先从物理 4 个优秀分数中选出 3 个与数学分数对应，种数是 $C_4^3A_3^2$（或 A_4^3），然后剩下的 5 个数学分数和物理分数任意对应，种数是 A_5^5. 根据乘法原理，满足条件的种数是 $C_4^3A_3^3A_5^5$. 这 8 位同学的物理分数和数学分数分别对应种数共有 A_8^8，故所求的概率 $P=\dfrac{C_4^3A_3^3A_5^5}{A_8^8}=\dfrac{1}{14}.$

（2）①变量 y 与 x，z 与 x 的相关系数分别是：$r=\dfrac{688}{32.4\times21.4}\approx0.99$，$r'=\dfrac{755}{32.4\times23.5}\approx0.99$，可以看出物理与数学、化学与数学成绩都是高度正相关.

②设变量 y 与 x，z 与 x 的线性回归方程分别是 $\hat{y}=bx+a$，$\hat{z}=b'x+a'$，根据所给数据，可计算出 $b=\dfrac{688}{1050}=0.66$，$a=85-0.66\times77.5=33.85$，$b'=\dfrac{755}{1050}=0.72$，$a'=81-0.72\times77.5=25.20$. 所以 y 与 x，z 与 x 的线性回归方程分别是 $\hat{y}=0.66x+33.85$，$\hat{z}=0.72x+25.20$，当 $x=50$ 时，$\hat{y}=66.85$，$\hat{z}=61.2$，所以当该生的数学为 50 分时，其物理、化学成绩分别约为 66.85 分、61.2 分.

变式 5：（1）变量 y 与 x 的相关系数分别是 $r=\dfrac{28.3}{15.6\times1.9}=0.95$，变量 z 与 x 的相关系数分别是 $r'=\dfrac{35.4}{15.6\times2.3}=0.99$，可以看出 TC 指标值与 BMI 值、GLU 指标值与 BMI 值都是高度正相关.

（2）y 与 x 的线性回归方程为 $\hat{y}=bx+a$. 根据所给的数据，可以计算出 $b=\dfrac{28.3}{244}=0.12$，$a=6-0.12\times33=2.04$，所以 y 与 x 的回归方程是 $\hat{y}=0.12x+2.04$，由 $0.12x+2.04\geqslant5.2$，得 $x\geqslant26.33$，据此模型分析 BMI 值达到 26.33 时，需要注意监控总胆固醇偏高情况的出现.

3. D.

变式 1：$\bar{x}=22.5$，$\bar{y}=160$，所以 $\hat{a}=160-4\times22.5=70$，$y=4\times24+70=166$，故选 C.

变式 2：（Ⅰ）由所给数据，计算得 $\bar{t}=\frac{1}{7}(1+2+3+4+5+6+7)=4$，$\bar{y}=\frac{1}{7}$

$(2.9+3.3+3.6+4.4+4.8+5.2+5.9)=4.3$，$\sum\limits_{i=1}^{7}(t_i-\bar{t})^2=9+4+1+0+1+4+$

$9=28$，$\sum\limits_{i=1}^{7}(t_i-\bar{t})(y_i-\bar{y})=(-3)\times(-1.4)+(-2)\times(-1)+(-1)\times(-0.7)+$

$0\times0.1+1\times0.5+2\times0.9+3\times1.6=14$，$\hat{b}=\dfrac{\sum\limits_{i=1}^{7}(t_i-\bar{t})(y_i-\bar{y})}{\sum\limits_{i=1}^{7}(t_i-\bar{t})^2}=\dfrac{14}{28}=0.5$，$\hat{a}=$

$\bar{y}-\hat{b}\bar{t}=4.3-0.5\times4=2.3$，所求回归方程为 $\hat{y}=0.5t+2.3$.

（Ⅱ）由（Ⅰ）知，$b=0.5>0$，故 2007 年到 2013 年该地区农村居民家庭人均纯收入逐年增加，平均每年增加 0.5 千元. 将 2015 年的年份代号 $t=9$ 代入（Ⅰ）中的回归方程，得 $y=0.5\times9+2.3=6.8$，故预测该地区 2015 年的农村居民家庭人均纯收入为 6.8 千元.

变式 3：（Ⅰ）$\hat{y}=1.2t+3.6$；（Ⅱ）10.8.

变式 4：（Ⅰ）由散点图，可得 CO 与 $PM_{2.5}$ 具有正相关关系，O_3 与 $PM_{2.5}$ 不存在相关关系；（Ⅱ）544；（Ⅲ）交通流量最大为 552.38 万辆.

变式 5：由题知

父亲身高 x（cm）	173	170	176
儿子身高 y（cm）	170	176	182

因为 $\bar{x}=173$，$\bar{y}=176$，所以 $\hat{b}=\dfrac{173\times170+170\times176+176\times182-3\times173\times176}{173^2+170^2+176^2-3\times173^2}=$

1，$\hat{a}=3$，线性回归方程为 $\hat{y}=x+3$，当 $x=182$ 时，$y=185$.

4.（Ⅰ）根据散点图判断，z 与 x 对应的散点图基本都在一条直线附近，相对 y 与 x 具有较强的线性相关性；

（Ⅱ）因为 $\hat{b}=\dfrac{\sum\limits_{i=1}^{n}(x_i-\bar{x})(y_i-\bar{y})}{\sum\limits_{i=1}^{n}(x_i-\bar{x})^2}=\dfrac{\sum\limits_{i=1}^{n}x_iy_i-n\bar{x}\bar{y}}{\sum\limits_{i=1}^{n}x_i^2-n\bar{x}^2}=\dfrac{-175.5}{1750}\approx-0.10$，所以

$\hat{a}=\bar{y}-\hat{b}\bar{x}=11.55-(-0.10)\times35=15.05\approx15$，即关于 x 的回归方程是 $z=-0.10x+15$；

（Ⅲ）因为 $z=2\ln y$，所以 $y=e^{\frac{z}{2}}=e^{\frac{-0.10x+15}{2}}$，年利润函数 $p=xy=x\cdot e^{\frac{-0.10x+15}{2}}$，求导得 $p'=e^{\frac{-0.10x+15}{2}}\left(1-\dfrac{0.10}{2}x\right)$，令 $p'=0$，计算得 $x=20$；当 $0<x<20$ 时，$p'>0$，函数 p 是单调增函数；当 $x>20$ 时，$p'<0$，函数 p 是单调减函数；当 $x=20$ 时，年利润函数 p 的值最大，即利润为 20 元/kg 时，年利润的预报值最大.

5. （Ⅰ）设事件"选取的2组数据恰好是不相邻2天的数据"为 A，5组数据分别记为 a，b，c，d，e，从5组数据中任选2组，总的基本事件为 ab，ac，ad，ae，bc，bd，be，cd，ce，de，共10种，A 事件包含的基本事件有 ac，ad，ae，bd，be，ce，共6种，所以选取的2组数据恰好是不相邻2天的数据的概率 $P(A) = \dfrac{6}{10} = \dfrac{3}{5}$.

（Ⅱ）$\bar{x} = \dfrac{11+13+12}{3} = 12$，$\bar{y} = \dfrac{25+30+26}{3} = 27$，

$\displaystyle\sum_{i=1}^{3} x_i y_i = 11 \times 25 + 13 \times 30 + 12 \times 26 = 977$，

$\displaystyle\sum_{i=1}^{3} x_i^2 = 11^2 + 13^2 + 12^2 = 434$，

$b = \dfrac{977 - 3 \times 12 \times 27}{434 - 3 \times 12^2} = \dfrac{5}{2}$，$a = \bar{y} - b\bar{x} = 27 - \dfrac{5}{2} \times 12 = 27 - 30 = -3$，

所以 y 关于 x 的线性回归方程为：$\hat{y} = 2.5x - 3$.

当 $x = 10$ 时，$y = \dfrac{5}{2} \times 10 - 3 = 25 - 3 = 22$；

当 $x = 8$ 时，$y = \dfrac{5}{2} \times 8 - 3 = 20 - 3 = 17$.

经检验，估计数据与所选取的检验数据误差均不超过2颗，该线性回归方程可靠.

变式：（Ⅰ）根据残差分析，把 $x = 80$ 代入 $\hat{y}^{(1)} = 0.24x - 8.81$，得 $\hat{y}^{(1)} = 10.39$，$10 - 10.39 = -0.39$，所以表中空格内的值为 -0.39.

（Ⅱ）模型①残差的绝对值的和为 $0.41 + 0.01 + 0.39 + 1.21 + 0.19 + 0.41 = 2.62$.

模型②残差的绝对值的和为 $0.36 + 0.07 + 0.12 + 1.69 + 0.34 + 1.12 = 3.7$.

$2.62 < 3.7$，所以模型①的拟合效果比较好，故选择模型①.

残差大于 $1\,\text{kg}$ 的样本点被剔除后，剩余的数据如下表：

身高 x（cm）	60	70	80	100	110
体重 y（kg）	6	8	10	15	18
$\hat{e}^{(1)}$	0.41	0.01	−0.39	−0.19	0.41

由公式 $\hat{b} = \dfrac{\displaystyle\sum_{i=1}^{n}(x_i - \bar{x})(y_i - \bar{y})}{\displaystyle\sum_{i=1}^{n}(x_i - \bar{x})^2}$，$\hat{a} = \bar{y} - \hat{b}\bar{x}$，得回归方程为 $y = 0.24x - 8.76$.

2.9　独立性检验

1. C.

2. （Ⅰ）将 2×2 列联表中的数据代入计算公式，得 $K^2 = \dfrac{100\,(60 \times 10 - 20 \times 10)^2}{70 \times 30 \times 80 \times 20}$

$=\dfrac{100}{21}\approx4.762.$ 由于 $4.762>3.841$，所以有 95% 的把握认为"南方学生和北方学生在选用甜品的饮食习惯方面有差异".

（Ⅱ）从 5 名数学系学生中抽取 3 人的一切可能结果所组成的基本事件为：(a_1, a_2, b_1)，(a_1, a_2, b_2)，(a_1, a_2, b_3)，(a_1, b_1, b_2)，(a_1, b_1, b_3)，(a_1, b_2, b_3)，(a_2, b_1, b_2)，(a_2, b_1, b_3)，(a_2, b_2, b_3)，(b_1, b_2, b_3)，其中 a_i $(i=1, 2)$ 表示喜欢甜品的学生，$b_j(j=1, 2, 3)$ 表示不喜欢甜品的学生，这 10 个基本事件的出现是等可能的.

抽取 3 人，至多有 1 人喜欢甜品的事件为：(a_1, b_1, b_2)，(a_1, b_1, b_3)，(a_1, b_2, b_3)，(a_2, b_1, b_2)，(a_2, b_1, b_3)，(a_2, b_2, b_3)，(b_1, b_2, b_3)，从这 5 名学生中随机抽取 3 人，至多有 1 人喜欢甜品的概率为 $\dfrac{7}{10}$.

3. （1）设 B 表示事件"旧养殖法的箱产量低于 50 kg"，C 表示事件"新养殖法的箱产量不低于 50 kg"，由频率直方图，得 $P(B)=(0.040+0.034+0.024+0.014+0.012)\times5=0.62$，$P(C)=(0.068+0.046+0.010+0.008)\times5=0.66$，因为两个事件是相互独立的，所以 $P(A)=P(B)P(C)=0.62\times0.66=0.4092$.

（2）

	<50 kg	≥50 kg
旧养殖法	62	38
新养殖法	34	66

由上表可得，$K^2=\dfrac{200\times(62\times66-38\times34)^2}{(62+38)(34+66)(62+96)(38+104)}\approx15.705>10.828$，有 99% 的把握认为箱产量与养殖方法有关.

（3）由图可知，中位数位于 $50\sim55$ kg 之间，首先计算小于 50 kg 之前的频率为：$(0.004+0.020+0.044)\times5=0.340$，设中位数为 x kg，则 $(x-50)\times0.068=0.5-0.340=0.16$，解之得：$x=52.35$.

4. （1）$300\times\dfrac{4500}{15000}=90$，所以应收集 90 位女生的样本数据.

（2）由频率分布直方图，得 $1-2\times(0.100+0.025)=0.75$，所以该校学生每周平均体育运动时间超过 4 小时的概率的估计值为 0.75.

（3）由（2）知，300 位学生中有 $300\times0.75=225$ 人的每周平均体育运动时间超过 4 个小时. 75 人的每周平均体育运动时间不超过 4 个小时. 又因为样本数据中有 210 份是关于男生的，90 份是关于女生的，所以每周平均体育运动时间与性别的列联表如下：

平均体育运动时间与性别列联表

	男生	女生	总计
每周平均体育运动时间不超过 4 个小时	45	30	75
每周平均体育运动时间超过 4 个小时	165	60	225
总计	210	90	300

结合列联表可算得 $K^2 = \dfrac{300 \times (2250)^2}{75 \times 225 \times 210 \times 90} = \dfrac{100}{21} \approx 4.762 > 3.841$.

有 95% 的把握认为"该校学生的每周平均体育运动时间与性别有关".

第3章

3.3 古典概型

1. C；变式1：B；变式2：64，0.4；变式3：B；变式4：B.

2. （Ⅰ）0.4；（Ⅱ）5人；（Ⅲ）$\dfrac{3}{2}$.

变式1：（Ⅰ）400；（Ⅱ）0.5；（Ⅲ）0.6.

变式2：（Ⅰ）略；（Ⅱ）0.47；（Ⅲ）2000条.

变式3：（Ⅰ）0.22；（Ⅱ）0.4；（Ⅲ）1.1925a.

变式4：（Ⅰ）乙；（Ⅱ）170，57；（Ⅲ）0.4.

变式5：（Ⅰ）400；（Ⅱ）0.7；（Ⅲ）0.75.

变式6：(1) 需求量不超过300瓶，即最高气温不高于25℃，从表中可知有54天，则所求概率为 $P = \dfrac{54}{90} = \dfrac{3}{5}$.

(2) Y 的可能值列表如下：

最高气温	(10, 15)	(15, 20)	(20, 25)	(25, 30)	(30, 35)	(35, 40)
Y	−100	−100	300	900	900	900

最高气温低于20：$y = 200 \times 6 + 250 \times 2 - 450 \times 4 = -100$；

最高气温位于 $[20, 25)$：$y = 300 \times 6 + 150 \times 2 - 450 \times 4 = 300$；

最高气温不低于25：$y = 450 \times (6-4) = 900$.

所以，Y 大于 0 的概率为 $P = \dfrac{2}{90} + \dfrac{16}{90} = \dfrac{1}{5}$.

3. B；变式1：$\dfrac{1}{3}$；变式2：C；变式3：前2位共有 $3 \times 5 = 15$ 种可能，其中只有1种是正确的密码，因此所求概率为 $P = \dfrac{1}{15}$，故选C；变式4：选取两支彩笔的方法有 C_5^2 种，含有红色彩笔的选法为 C_4^1 种，由古典概型公式，满足题意的概率值为 $P = \dfrac{C_4^1}{C_5^2} = \dfrac{4}{10} = \dfrac{2}{5}$，故选C；变式5：D；变式6：(1) $P = \dfrac{C_3^2}{C_6^2} = \dfrac{3}{15} = \dfrac{1}{5}$，(2) $P = \dfrac{C_3^1 C_3^1}{C_3^1 C_3^1} = \dfrac{2}{9}$；变式7：B；变式8：$\dfrac{1}{6}$；变式9：C；变式10：B；变式11：48；变式12：0.75，0.5；变式

13：B.

3.4 几何概型

1. $\dfrac{4-\pi}{4}$；变式 1：$\dfrac{1}{3}$；变式 2：$\dfrac{5}{9}$；变式 3：$\dfrac{2}{3}$；变式 4：B；变式 5：B；变式 6：$\dfrac{2}{3}$；变式 7：B；变式 8：$\dfrac{1}{2}$.

$\dfrac{7}{16}$；变式 1：$\dfrac{9}{32}$；变式 2：C.

3. B；变式 1：A；变式 2：$\dfrac{13}{16}$；变式 3：$\dfrac{1}{2}-\dfrac{1}{\pi}$.

4. 阴影部分面积 $S_\text{阴}$ 等于正方形面积 S 减去其内部的非阴影部分的面积 S_1，由对称性可知，$S_1 = 4\displaystyle\int_0^1 x^2 \mathrm{d}x = 4\times\dfrac{1}{3}x^3\Big|_0^1 = \dfrac{4}{3}$. 所以 $S_\text{阴} = 2\times 2 - \dfrac{4}{3} = \dfrac{8}{3}$. 根据几何概型可知，质点落在图中阴影区域的概率是 $P = \dfrac{S_\text{阴}}{S} = \dfrac{\frac{8}{3}}{2\times 2} = \dfrac{2}{3}$.

变式 1：$\dfrac{1}{3}$.

变式 2：如图，圆的方程为 $x^2 + y^2 = 2$，由圆的方程、直线方程、抛物线方程知 $A(1,\ 1)$，$C(\sqrt{2},\ 2)$. 整个密闭区域的面积为 $2\displaystyle\int_0^{\sqrt{2}}(2-x^2) = 2\times\left(2x - \dfrac{1}{3}x^3\right)\Big|_0^{\sqrt{2}} = \dfrac{8\sqrt{2}}{3}$，满足条件的区域面积为 $2\displaystyle\int_0^1(x - x^2)\mathrm{d}x = 2\times\left(\dfrac{1}{2}x^2 - \dfrac{1}{3}x^3\right)\Big|_0^{\sqrt{2}} = \dfrac{1}{3}$. 由几何概型知所求概率为 $\dfrac{\frac{1}{3}}{\frac{8\sqrt{2}}{3}} = \dfrac{\sqrt{2}}{16}$，故选 C.

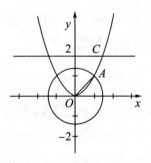

3.5　随机数模拟法

B；变式 1：0.18；变式 2：C；变式 3：D；变式 4：1.328.

3.6　互斥、对立和独立事件以及条件概率

1. D.

2. $\dfrac{11}{36}$.

3. $\dfrac{5}{7}$；变式 1：$\dfrac{9}{10}$；变式 2：$\dfrac{3}{4}$；变式 3：B.

4. C.

变式 1：B.

变式 2：记"机器甲需要照顾"为事件 A，"机器乙需要照顾"为事件 B，"机器丙需要照顾"为事件 C，由题意，各台机器是否需要照顾相互之间没有影响，因此，A，B，C 是相互独立事件.

（Ⅰ）由题意，得 $P(A \cdot B) = P(A) \cdot P(B) = 0.05$，$P(A \cdot C) = P(A) \cdot P(C) = 0.1$，$P(B \cdot C) = P(B) \cdot P(C) = 0.125$，解得 $P(A) = 0.2$，$P(B) = 0.25$，$P(C) = 0.5$.

所以，甲、乙、丙每台机器需要照顾的概率分别是 0.2，0.25，0.5.

（Ⅱ）记 A 的对立事件为 $\overline{A}$，B 的对立事件为 $\overline{B}$，C 的对立事件为 $\overline{C}$，则 $P(\overline{A}) = 0.8$，$P(\overline{B}) = 0.75$，$P(\overline{C}) = 0.5$，于是 $P(A+B+C) = 1 - P(\overline{A} \cdot \overline{B} \cdot \overline{C}) = 1 - P(\overline{A}) \cdot P(\overline{B}) \cdot P(\overline{C}) = 0.7$.

变式 3：记 A_i 表示事件：第 1 次和第 2 次这两次发球，甲共得 i 分，$i = 0, 1, 2$；

B_i 表示事件：第 3 次和第 4 次这两次发球，甲共得 i 分，$i = 0, 1, 2$；

A 表示事件：第 3 次发球，甲得 1 分；

B 表示事件：开始第 4 次发球时，甲、乙的比分为 $1:2$；

C 表示事件：开始第 5 次发球时，甲得分领先.

(1) $B = A_0 \cdot A + A_1 \cdot \overline{A}$，

$P(A) = 0.4$，$P(A_0) = 0.4^2 = 0.16$，$P(A_1) = 2 \times 0.6 \times 0.4 = 0.48$，

$P(B) = P(A_0 \cdot A + A_1 \cdot \overline{A}) = P(A_0 \cdot A) + P(A_1 \cdot \overline{A}) = P(A_0)P(A) + P(A_1)P(\overline{A}) = 0.16 \times 0.4 + 0.48 \times (1 - 0.4) = 0.352$.

(2) $P(B_0) = 0.6^2 = 0.36$，$P(B_1) = 2 \times 0.4 \times 0.6 = 0.48$，$P(B_2) = 0.4^2 = 0.16$，$P(A_2) = 0.6^2 = 0.36$，

$C = A_1 \cdot B_2 + A_2 \cdot B_1 + A_2 \cdot B_2$，

$P(C) = P(A_1 \cdot B_2 + A_2 \cdot B_1 + A_2 \cdot B_2) = P(A_1 \cdot B_2) + P(A_2 \cdot B_1) + P(A_2 \cdot B_2) = P(A_1)P(B_2) + P(A_2)P(B_1) + P(A_2)P(B_2) = 0.48 \times 0.16 + 0.36 \times 0.48 + 0.36 \times 0.16$

=0.3072.

5. A. 变式 1：0.5. 变式 2：$\frac{2}{\pi}$，$\frac{1}{4}$. 变式 3：B. 变式 4：C.

变式 5：（Ⅰ）设 A 表示事件"一续保人本年度的保费高于基本保费"，则事件 A 发生当且仅当一年内出险次数大于 1，故 $P(A)=0.2+0.2+0.1+0.05=0.55$.

（Ⅱ）设 B 表示事件"一续保人本年度的保费比基本保费高出 60%"，则事件 B 发生当且仅当一年内出险次数大于 3，故 $P(B)=0.1+0.05=0.15$.

又 $P(AB)=P(B)$，故 $P(B\mid A)=\dfrac{P(AB)}{P(A)}=\dfrac{P(B)}{P(A)}=\dfrac{0.15}{0.55}=\dfrac{3}{11}$.

因此所求概率为 $\dfrac{3}{11}$.

（Ⅲ）记续保人本年度的保费为 X，则 X 的分布列如下：

X	0.85a	a	1.25a	1.5a	1.75a	2a
P	0.30	0.15	0.20	0.20	0.10	0.05

$EX=0.85a\times0.30+a\times0.15+1.25a\times0.20+1.5a\times0.20+1.75a\times0.10+2a\times0.05=1.23a$.

因此续保人本年度的平均保费与基本保费的比值为 1.23.

变式 6：(1) 0.05；(2) 0.99；(3) 0.02.

变式 7：②④.

第 4 章

4.2 方差与期望的本质、相关公式与计算

1. 变式 1：$\dfrac{8}{3}$.

变式 2：记该续保人本年度的保费为 X，则 X 的分布列如下：

X	0.85a	a	1.25a	1.5a	1.75a	2a
P	0.30	0.15	0.20	0.20	0.10	0.05

$E(X)=0.85a\times0.30+a\times0.15+1.25a\times0.20+1.5a\times0.20+1.75a\times0.10+2a\times0.05=1.23a$，因此该续保人本年度的平均保费与基本保费的比值为 1.23.

2. 变式：因为 $E(\xi_1)=p_1$，$E(\xi_2)=p_2$，所以 $E(\xi_1)<E(\xi_2)$. 又因 $D(\xi_1)=p_1(1-p_1)$，$D(\xi_2)=p_2(1-p_2)$，所以 $D(\xi_1)-D(\xi_2)=(p_1-p_2)(1-p_1-p_2)<0$. 故选 A.

3. 变式 1：$T=\begin{cases}800X-39000, & 100\leqslant X<130 \\ 65000, & 130\leqslant X\leqslant 150\end{cases}$.

（2）由（1）知利润 T 不少于 57000 元，当且仅当 $120\leqslant X\leqslant 150$. 由直方图知需求量 $X\in[120,150]$ 的频率为 0.7，所以下一个销售季度内的利润 T 不少于 57000 元的概率的估计值为 0.7.

（3）依题意可得 T 的分布列如下：

T	45000	53000	61000	65000
P	0.1	0.2	0.3	0.4

所以 $E(T)=45000\times0.1+53000\times0.2+61000\times0.3+65000\times0.4=59400$.

变式 2：（Ⅰ）由 A 表示事件"购买该商品的 3 位顾客中至少有 1 位采用 1 期付款"，则 $\overline{A}$ 表示事件"购买该商品的 3 位顾客中无人采用 1 期付款"，$P(\overline{A})=(1-0.4)^2=0.216$，$P(A)=1-P(\overline{A})=1-0.216=0.784$.

（Ⅱ）η 的可能取值为 200 元，250 元，300 元.

$P(\eta=200)=P(\xi=1)=0.4$,

$P(\eta=250)=P(\xi=2)+P(\xi=3)=0.2+0.2=0.4$,

$P(\eta=300)=1-P(\eta=200)-P(\eta=250)=1-0.4-0.4=0.2$.

η 的分布列如下：

η	200	250	300
P	0.4	0.4	0.2

$E(\eta)=200\times0.4+250\times0.4+300\times0.2=240$（元）.

变式 3：（Ⅰ）第四组的频率为 $1-100\times(0.002+0.004+0.003)=0.1$. 江南 Q 地区在梅雨季节时降雨量超过 350 mm 的概率为 $50\times0.003+0.1=0.25$. 所以 Q 地区未来三年里至少有两年梅雨季节的降雨量超过 350 mm 的概率为：$C_3^2\times\left(\dfrac{1}{4}\right)^2\times\left(1-\dfrac{1}{4}\right)+C_3^3\times\left(\dfrac{1}{4}\right)^3=\dfrac{9}{64}+\dfrac{1}{64}=\dfrac{5}{32}$（或 0.15625）.

（Ⅱ）据题意，总利润为 $20m(32-0.01m)$（元），其中 $m=500,700,600,400$.

所以随机变量 ξ（万元）的分布列如下：

ξ	27	35	31.2	22.4
P	0.2	0.4	0.3	0.1

故总利润 ξ（万元）的数学期望 $E(\xi)=27\times0.2+35\times0.4+31.2\times0.3+22.4\times0.1=5.4+14.0+9.36+2.24=31$（万元）. 因为 $31>28$，所以老李来年应该种植乙品种杨梅，可使总利润的期望更大.

4.3 离散性随机变量分布1——超几何分布和二项分布

1. 变式1：（Ⅰ）记接受甲种心理暗示的志愿者中包含 A_1 但不包含 B_3 的事件为 M，则 $P(M)=\dfrac{C_8^4}{C_{10}^5}=\dfrac{5}{18}$.

（Ⅱ）由题意知 X 可取的值为 0，1，2，3，4，则 $P(X=0)=\dfrac{C_6^5}{C_{10}^5}=\dfrac{1}{42}$，$P(X=1)=\dfrac{C_6^4C_4^1}{C_{10}^5}=\dfrac{5}{21}$，$P(X=2)=\dfrac{C_6^3C_4^2}{C_{10}^5}=\dfrac{10}{21}$，$P(X=3)=\dfrac{C_6^2C_4^3}{C_{10}^5}=\dfrac{5}{21}$，$P(X=4)=\dfrac{C_6^1C_4^4}{C_{10}^5}=\dfrac{1}{42}$，因此 X 的分布列如下：

X	0	1	2	3	4
P	$\dfrac{1}{42}$	$\dfrac{5}{21}$	$\dfrac{10}{21}$	$\dfrac{5}{21}$	$\dfrac{1}{42}$

X 的数学期望是 $E(X)=0\times P(X=0)+1\times P(X=1)+2\times P(X=2)+3\times P(X=3)+4\times P(X=4)=0\times\dfrac{1}{42}+1\times\dfrac{5}{21}+2\times\dfrac{10}{21}+3\times\dfrac{5}{21}+4\times\dfrac{1}{42}=2$.

变式2：种植品种甲相当于摸到次品，则此分布为超几何分布，关键在于把实际问题转化为各种分布.

(1) X 可能的取值为 0，1，2，3，4，且 $P(X=0)=\dfrac{1}{C_8^4}=\dfrac{1}{70}$，$P(x=1)=\dfrac{C_4^1C_4^3}{C_8^4}=\dfrac{8}{35}$，$P(X=2)=\dfrac{C_4^2C_4^2}{C_8^4}=\dfrac{18}{35}$，$P(X=3)=\dfrac{C_4^3C_4^1}{C_8^4}=\dfrac{8}{35}$，$P(X=4)=\dfrac{1}{C_8^4}=\dfrac{1}{70}$，即 X 的分布列如下：

X	0	1	2	3	4
P	$\dfrac{1}{70}$	$\dfrac{8}{35}$	$\dfrac{18}{35}$	$\dfrac{8}{35}$	$\dfrac{1}{70}$

X 的数学期望为 $E(X)=0\times\dfrac{1}{70}+1\times\dfrac{8}{35}+2\times\dfrac{18}{35}+3\times\dfrac{8}{35}+4\times\dfrac{1}{70}=2$.

(2) 品种甲的每公顷产量的样本平均数和样本方差分别为：

$\overline{x}_甲=\dfrac{1}{8}\times(403+397+390+404+388+400+412+406)=400$，

$s_甲^2=\dfrac{1}{8}\times[(3^2+(-3)^2+(-10)^2+4^2+(-12)^2+0^2+12^2+6^2)]=57.25$.

品种乙的每公顷产量的样本平均数和样本方差分别为：

$\overline{x}_乙=\dfrac{1}{8}\times(419+403+412+418+408+423+400+413)=412$，

$s_乙^2=\dfrac{1}{8}\times[(7^2+(-9)^2+0^2+6^2+(-4)^2+11^2+(-12)^2+1^2]=56$.

由以上结果可看出，品种乙的样本平均数大于品种甲的样本平均数，且两品种的样本方差差异不大，故应该选择种植品种乙.

2. 变式1：A；变式2：A；

变式3：因为甲坑内的 3 粒种子都不发芽的概率为 $(1-0.5)^3 = \frac{1}{8}$，所以甲坑不需要补种的概率为 $1 - \frac{1}{8} = \frac{7}{8}$.

3 个坑都不需要补种的概率 $C_3^0 \times (\frac{1}{8})^0 \times (\frac{7}{8})^3 = 0.670$,

恰有 1 个坑需要补种的概率为 $C_3^1 \times \frac{1}{8} \times (\frac{7}{8})^2 = 0.287$,

恰有 2 个坑需要补种的概率为 $C_3^2 \times (\frac{1}{8})^2 \times \frac{7}{8} = 0.041$,

3 个坑都需要补种的概率为 $C_3^3 \times (\frac{1}{8})^3 \times (\frac{7}{8})^0 = 0.002$.

补种费用 ξ 的分布如下：

ξ	0	10	20	30
P	0.670	0.287	0.041	0.002

ξ 的数学期望为 $E(\xi) = 0 \times 0.670 + 10 \times 0.287 + 20 \times 0.041 + 30 \times 0.002 = 3.75$.

变式4：（Ⅰ）ξ 的可能值为 -300，-100，100，300.

$P(\xi = -300) = 0.2^3 = 0.008$，$P(\xi = -100) = 3 \times 0.2^2 \times 0.8 = 0.096$,

$P(\xi = 100) = 3 \times 0.2 \times 0.8^2 = 0.384$，$P(\xi = 300) = 0.8^3 = 0.512$.

所以 ξ 的概率分布如下：

ξ	-300	-100	100	300
P	0.008	0.096	0.384	0.512

根据 ξ 的概率分布，可得 ξ 的期望：

$E(\xi) = (-300) \times 0.08 + (-100) \times 0.096 + 100 \times 0.384 + 300 \times 0.512 = 180$.

（Ⅱ）这名同学总得分不为负分的概率为 $P(\xi \geqslant 0) = 0.384 + 0.512 = 0.896$.

变式5：（Ⅰ）设 A_i 表示事件"一个试验组中，服用 A 有效的小白鼠有 i 只"，$i = 0，1，2$，B_i 表示事件"一个试验组中，服用 B 有效的小白鼠有 i 只"，$i = 0，1，2$. 依题意有 $P(A_1) = 2 \times \frac{1}{3} \times \frac{2}{3} = \frac{4}{9}$，$P(A_2) = \frac{2}{3} \times \frac{2}{3} = \frac{4}{9}$，$P(B_0) = \frac{1}{2} \times \frac{1}{2} = \frac{1}{4}$，$P(B_1) = 2 \times \frac{1}{2} \times \frac{1}{2} = \frac{1}{2}$. 所求概率为 $P = P(B_0 A_1) + P(B_0 A_2) + P(B_1 A_2) = \frac{1}{4} \times \frac{4}{9} + \frac{1}{4} \times \frac{4}{9} + \frac{1}{2} \times \frac{4}{9} = \frac{4}{9}$.

（Ⅱ）ξ 的可能值为 0，1，2，3，且 $\xi \sim B\left(3, \frac{4}{9}\right)$，

$P(\xi=0)=\left(\frac{5}{9}\right)^3=\frac{125}{729}$，$P(\xi=1)=C_3^1\times\frac{4}{9}\times\left(\frac{5}{9}\right)^2=\frac{100}{243}$，

$P(\xi=2)=C_3^2\times\left(\frac{4}{9}\right)^2\times\frac{5}{9}=\frac{80}{243}$，$P(\xi=3)=\left(\frac{4}{9}\right)^3=\frac{64}{729}$.

ξ 的分布列如下：

ξ	0	1	2	3
P	$\frac{125}{729}$	$\frac{100}{243}$	$\frac{80}{243}$	$\frac{64}{729}$

数学期望 $E(\xi)=0\times\frac{125}{729}+1\times\frac{100}{243}+2\times\frac{80}{243}+3\times\frac{64}{729}=\frac{4}{3}$.

变式 6：各投保人是否出险互相独立，且出险的概率都是 p，记投保的 10000 人中出险的人数为 ξ，则 $\xi \sim B(10^4, p)$.

（Ⅰ）记 A 表示事件"保险公司为该险种至少支付 10000 元赔偿金"，则 $\overline{A}$ 发生当且仅当 $\xi=0$，$P(A)=1-P(\overline{A})=1-P(\xi=0)=1-(1-p)^{10^4}$，又 $P(A)=1-0.999^{10^4}$，故 $p=0.001$.

（Ⅱ）该险种总收入为 $10000a$ 元，支出是赔偿金总额与成本的和.

支出 $10000\xi+50000$，盈利 $\eta=10000a-(10000\xi+50000)$，

盈利的期望为 $E(\eta)=10000a-10000E(\xi)-50000$，

由 $\xi \sim B(10^4, 10^{-3})$，知 $E(\xi)=10000\times10^{-3}$，

$E(\eta)=10^4a-10^4E(\xi)-5\times10^4=10^4a-10^4\times10^4\times10^{-3}-5\times10^4$.

$E(\eta)\geqslant0\Leftrightarrow10^4a-10^4\times10-5\times10^4\geqslant0\Leftrightarrow a-10-5\geqslant0\Leftrightarrow a\geqslant15$（元）.

故每位投保人应交纳的最低保费为 15 元.

变式 7：（Ⅰ）记 A 表示事件"稿件能通过两位初审专家的评审"，B 表示事件"稿件恰能通过一位初审专家的评审"，C 表示事件"稿件能通过复审专家的评审"，D 表示事件"稿件被录用"，则 $D=A+B+C$，$P(A)=0.5\times0.5=0.25$，$P(B)=2\times0.5\times0.5=0.5$，$P(C)=0.3$.

（Ⅱ）$X \sim B(4, 0.4)$，其分布列为：

$P(X=0)=(1-0.4)^4=0.1296$，$P(X=1)=C_4^1\times0.4\times(1-0.4)^3=0.3456$，

$P(X=2)=C_4^2\times0.4^2\times(1-0.4)^2=0.3456$，$P(X=3)=C_4^3\times0.4^3\times(1-0.4)=0.1536$，

$P(X=4)=0.4^4=0.0256$.

X 的分布列如下：

X	0	1	2	3	4
P	0.1296	0.3456	0.3456	0.1536	0.0256

数学期望 $E(X) = 4 \times 0.4 = 1.6$.

变式 8：记 A_i 表示事件"电流能通过 T_i"，$i = 1$，2，3，4. A 表示事件"T_1，T_2，T_3 中至少有一个能通过电流"，B 表示事件"电流能在 M 与 N 之间通过".

（Ⅰ）$\overline{A} = \overline{A}_1 \cdot \overline{A}_2 \cdot \overline{A}_3$，$A_1$，$A_2$，$A_3$ 相互独立，$P(\overline{A}) = P(\overline{A}_1 \cdot \overline{A}_2 \cdot \overline{A}_3) = P(\overline{A}_1)P(\overline{A}_2)P(\overline{A}_3) = (1-P)^3$. 又 $P(\overline{A}) = 1 - P(A) = 1 - 0.999 = 0.001$，故 $(1-P)^3 = 0.001$，$P = 0.9$.

（Ⅱ）$B = A_4 + \overline{A}_4 \cdot A_1 \cdot A_3 + \overline{A}_4 \cdot \overline{A}_1 \cdot A_2 \cdot A_3$，$P(B) = P(A_4 + \overline{A}_4 \cdot A_1 \cdot A_3 + \overline{A}_4 \cdot \overline{A}_1 \cdot A_2 \cdot A_3) = P(A_4) + P(\overline{A}_4 \cdot A_1 \cdot A_3) + P(\overline{A}_4 \cdot \overline{A}_1 \cdot A_2 \cdot A_3) = P(A_4) + P(\overline{A}_4)P(A_1)P(A_3) + P(\overline{A}_4)P(\overline{A}_1)P(A_2)P(A_3) = 0.9 + 0.1 \times 0.9 \times 0.9 + 0.1 \times 0.1 \times 0.9 \times 0.9 = 0.9891$.

（Ⅲ）由于电流能通过各元件的概率都是 0.9，且电流能否通过各元件相互独立，所以 $\xi \sim B(4, 0.9)$，故 $E(\xi) = 4 \times 0.9 = 3.6$.

变式 9：每个点落入 M 中的概率均为 $P = \dfrac{1}{4}$. 依题意知 $X \sim B\left(10000, \dfrac{1}{4}\right)$.

（Ⅰ）$E(X) = 10000 \times \dfrac{1}{4} = 2500$.

（Ⅱ）依题意所求概率为 $P\left(-0.03 < \dfrac{X}{10000} \times 4 - 1 < 0.03\right)$，

$$P\left(-0.03 < \dfrac{X}{10000} \times 4 - 1 < 0.03\right) = P(2425 < X < 2575)$$

$$= \sum_{t=2426}^{2574} C_{10000}^t \times 0.25^t \times 0.75^{10000-t}$$

$$= \sum_{t=2426}^{2574} C_{10000}^t \times 0.25^t \times 0.75^{10000-t} - \sum_{t=0}^{2425} C_{10000}^t \times 0.25^t \times 0.75^{10000-1}$$

$$= 0.9570 - 0.0423 = 0.9147.$$

3. 变式 1：（1）根据频率分布直方图，可知重量超过 505 克的产品数量为 $[(0.01+0.05) \times 5] \times 40 = 12$（件）.

（2）Y 的可能取值为 0，1，2.

$$P(Y=0) = \dfrac{C_{28}^2}{C_{40}^2} = \dfrac{63}{130}, \quad P(Y=1) = \dfrac{C_{28}^1 C_{12}^1}{C_{40}^2} = \dfrac{56}{130}, \quad P(Y=2) = \dfrac{C_{12}^2}{C_{40}^2} = \dfrac{11}{130}.$$

Y 的分布列如下：

Y	0	1	2
P	$\dfrac{63}{130}$	$\dfrac{56}{130}$	$\dfrac{11}{130}$

（3）利用样本估计总体，该流水线上产品重量超过 505 克的概率为 0.3.

令 ξ 为任取的 5 件产品中重量超过 505 克的产品数量，则 $\xi \sim B(5, 0.3)$，故所求概率为：$P(\xi=2) = C_5^2 (0.3)^2 (0.7)^2 = 0.3087$.

点评：第（3）问是从流水线上抽取产品，因为件数很多，放不放回影响很小，故可以近似视为二项分布.

变式2：（1）众数：8.6；中位数：8.75.

（2）由茎叶图可知，满意度为"极满意"的有4人.

设 A_i 表示所取3人中有 i 个人是"极满意"，至多有1人是"极满意"记为事件 A，$P(A) = P(A_0) + P(A_1) = \dfrac{C_{12}^3}{C_{16}^3} + \dfrac{C_4^1 C_{12}^2}{C_{16}^3} = \dfrac{121}{140}.$

（3）从16人的样本数据中任意选取1人，抽到"极满意"的人的概率为 $\dfrac{4}{16} = \dfrac{1}{4}$，故依题意可知，从该顾客群体中任选1人，抽到"极满意"的人的概率 $P = \dfrac{1}{4}$.

ξ 的可能取值为0，1，2，3.

$$P(\xi=0) = \left(\frac{3}{4}\right)^3 = \frac{27}{64}; \quad P(\xi=1) = C_3^1 \frac{1}{4}\left(\frac{3}{4}\right)^2 = \frac{27}{64};$$

$$P(\xi=2) = C_3^2 \left(\frac{1}{4}\right)^2 \frac{3}{4} = \frac{9}{64}; \quad P(\xi=3) = \left(\frac{1}{4}\right)^3 = \frac{1}{64}.$$

所以 ξ 的分布列如下：

ξ	0	1	2	3
P	$\dfrac{27}{64}$	$\dfrac{27}{64}$	$\dfrac{9}{64}$	$\dfrac{1}{64}$

由题可知 $\xi \sim B\left(3, \dfrac{1}{4}\right)$，所以 $E(\xi) = 3 \times \dfrac{1}{4} = 0.75$.

4.4 离散性随机变量分布2——超几何分布和二项分布的变形

1. 变式：（Ⅰ）根据题意知抽检的6件产品中二等品的件数 $\xi = 0$，1，2，3.

$$P(\xi=0) = \frac{C_4^2}{C_5^2} \cdot \frac{C_3^2}{C_5^2} = \frac{9}{50}, \quad P(\xi=1) = \frac{C_5^1}{C_5^2} \cdot \frac{C_3^2}{C_5^2} + \frac{C_4^2}{C_5^2} \cdot \frac{C_3^1 \cdot C_2^1}{C_5^2} = \frac{24}{50},$$

$$P(\xi=2) = \frac{C_4^1}{C_5^2} \cdot \frac{C_3^1 \cdot C_2^1}{C_5^2} + \frac{C_4^2}{C_5^2} \cdot \frac{C_2^2}{C_5^2} = \frac{15}{50}, \quad P(\xi=3) = \frac{C_4^1}{C_5^2} \cdot \frac{C_2^2}{C_5^2} = \frac{2}{50}.$$

ξ 的分布列如下：

ξ	0	1	2	3
P	$\dfrac{9}{50}$	$\dfrac{24}{50}$	$\dfrac{15}{50}$	$\dfrac{2}{50}$

ξ 的数学期望 $E(\xi) = 0 \times \dfrac{9}{50} + 1 \times \dfrac{24}{50} + 2 \times \dfrac{15}{50} + 3 \times \dfrac{2}{50} = 1.2$.

（Ⅱ）因为 $P(\xi=2) = \dfrac{15}{50}$，$P(\xi=3) = \dfrac{2}{50}$，这两个事件是互斥的，所以 $P(\xi \geq 2) = $

$$P(\xi=2)+P(\xi=3)=\frac{15}{50}+\frac{2}{50}=\frac{17}{50}.$$

2. 变式：$P(\xi=0)=0.5^2\times0.6^2=0.09$，

$P(\xi=1)=C_2^1\times0.5^2\times0.6^2+C_2^1\times0.5^2\times0.4\times0.6=0.3$，

$P(\xi=2)=C_2^2\times0.5^2\times0.6^2+C_2^1C_2^1\times0.5^2\times0.4\times0.6+C_2^2\times0.5^2\times0.4^2=0.37$，

$P(\xi=3)=C_2^2C_2^1\times0.5^2\times0.4\times0.6+C_2^1C_2^2\times0.5^2\times0.4^2=0.2$，

$P(\xi=4)=0.5^2\times0.4^2=0.04.$

于是得到随机变量 ξ 的概率分布列如下：

ξ	0	1	2	3	4
P	0.09	0.3	0.37	0.2	0.04

所以 $E(\xi)=0\times0.09+1\times0.3+2\times0.37+3\times0.2+4\times0.04=1.8.$

4.5 其他的离散性随机变量分布列

1. 变式：记 A_i 表示事件：第 i 局甲获胜，$i=3$，4，5，B_j 表示事件：第 j 局乙获胜，$j=3$，4.

（Ⅰ）记 B 表示事件：甲获得这次比赛的胜利. 前两局中，甲、乙各胜一局，故甲获得这次比赛的胜利当且仅当在后面的比赛中，甲先胜 2 局，由于 $B=A_3\cdot A_4+B_3\cdot A_4\cdot A_5+A_3\cdot B_4\cdot A_5$，各局比赛结果相互独立，故

$$P(B)=P(A_3\cdot A_4)+P(B_3\cdot A_4\cdot A_5)+P(A_3\cdot B_4\cdot A_5)$$
$$=P(A_4)P(A_4)+P(B_3)P(A_4)P(A_5)+P(A_3)P(B_4)P(A_5)$$
$$=0.6\times0.6+0.4\times0.6\times0.6+0.6\times0.4\times0.6$$
$$=0.648.$$

（Ⅱ）ξ 的可能取值为 2，3. 由于各局比赛结果相互独立，所以 $P(\xi=2)=P(A_3A_4+B_3B_4)=P(A_3A_4)+P(B_3)P(B_4)=0.52$，$P(\xi=3)=1-P(\xi=2)=0.48.$

ξ 的分布列如下：

ξ	2	3
P	0.52	0.48

$E(\xi)=2\times0.52+3\times0.48=2.48.$

2. 变式 1：（Ⅰ）对于甲：

次数	1	2	3	4	5
概率	0.2	0.2	0.2	0.2	0.2

对于乙：

次数	2	3	4
概率	0.4	0.4	0.2

$0.2 \times 0.4 + 0.2 \times 0.8 + 0.2 \times 1 + 0.2 \times 1 = 0.64$.

（Ⅱ）ξ 表示依方案乙所需化验次数，ξ 的期望为 $E\xi = 2 \times 0.4 + 3 \times 0.4 + 4 \times 0.2 = 2.8$.

变式2：（Ⅰ）根据题意知以 ξ 表示笼内还剩下的果蝇的只数，ξ 的可能取值是 0，1，2，3，4，5，6，得到 ξ 的分布列如下：

ξ	0	1	2	3	4	5	6
P	$\frac{7}{28}$	$\frac{6}{28}$	$\frac{5}{28}$	$\frac{4}{28}$	$\frac{3}{28}$	$\frac{2}{28}$	$\frac{1}{28}$

（Ⅱ）由（Ⅰ）可得数学期望为 $E(\xi) = \frac{2}{28}(1 \times 6 + 2 \times 5 + 3 \times 4) = 2$.

（Ⅲ）根据题意，可得 $P(\xi \geqslant E\xi) = P(\xi \geqslant 2) = \frac{5 + 4 + 3 + 2 + 1}{28} = \frac{15}{28}$.

4.6 连续性随机变量分布——正态分布

1. （Ⅰ）抽取产品质量指标值的样本平均数 $\bar{x}$ 和样本方差 s^2 分别为

$\bar{x} = 170 \times 0.02 + 180 \times 0.09 + 190 \times 0.22 + 200 \times 0.33 + 210 \times 0.24 + 220 \times 0.08 + 230 \times 0.02 = 200$,

$s^2 = (-30)^2 \times 0.02 + (-20)^2 \times 0.09 + (-10)^2 \times 0.22 + 0 \times 0.33 + (10)^2 \times 0.24 + (20)^2 \times 0.08 + (30)^2 \times 0.02 = 150$.

（Ⅱ）（ⅰ）由（Ⅰ）知 $Z \sim N(200, 150)$，从而 $P(187.8 < Z < 212.2) = P(200 - 12.2 < Z < 200 + 12.2) = 0.6826$.

（ⅱ）由（ⅰ）知，一件产品中质量指标值位于区间 (187.8, 212.2) 的概率为 0.6826，依题意知 $X \sim B(100, 0.6826)$，所以 $E(X) = 100 \times 0.6826 = 68.26$.

变式1：（Ⅰ）抽取的螺帽质量指标值的样本平均数为 $\bar{x}$ 和样本方差 s^2 分别为

$\bar{x} = 170 \times 0.05 + 180 \times 0.12 + 190 \times 0.18 + 200 \times 0.30 + 210 \times 0.19 + 220 \times 0.10 + 230 \times 0.06 = 200$,

$s^2 = (-30)^2 \times 0.05 + (-20)^2 \times 0.12 + (-10)^2 \times 0.18 + 0 \times 0.30 + 10^2 \times 0.19 + 20^2 \times 0.10 + 30^2 \times 0.06 = 224$.

（Ⅱ）（ⅰ）由（Ⅰ）知，$Z \sim N(200, 224)$，从而 $P(200 - 14.97 < Z < 200 + 14.97) = 2P(185.03 < Z \leqslant 200) = 0.6826$,

$P(185.03 < Z \leqslant 200) = 0.3413$,

$P(200 - 29.94 < Z < 200 + 29.94) = 2P(200 \leqslant Z < 229.94) = 0.9544$,

$P(200 \leqslant Z < 229.94) = 0.4772$,

$P(185.03<Z<229.94)=P(185.03<Z\leqslant200)+P(200\leqslant Z<229.94)=0.8185.$

(ii) 由 (i) 知，一件螺帽的质量指标值位于区间 (185.03，229.94) 的概率为 0.8185，依题意知 $X\sim B(100,0.8185)$，所以 $E(X)=100\times0.8185=81.85.$

变式 2：（Ⅰ）

	甲厂	乙厂	合计
优质品	360	400	760
非优质品	140	100	240
合计	500	500	1000

$$K^2=\frac{1000\times(400\times140-360\times100)}{760\times240\times500\times500}\approx8.772>6.635.$$

有 99% 的把握认为"两个分厂生产的产品的质量有差异".

（Ⅱ）甲厂的优质品率为 $\frac{360}{500}=0.72$，乙厂的优质品率为 $\frac{400}{500}=0.8$，所以甲厂优质品率低. 平均值 $\bar{x}$ 为 $\frac{1}{500}(5\times20+60\times30+110\times40+160\times50+90\times60+70\times70+5\times80)=50.$

（Ⅲ）由（Ⅱ）知 $\mu=50$，$\sigma=\sqrt{162}\approx12.73$，且甲厂的指标值 X 服从 $B(50,12.73)$，$P(50-12.73<X<50+12.73)=P(37.27<X<62.73)=0.6826.$

所以 $P(X>62.73)=\frac{1-0.6826}{2}=0.1587<0.18$，故不能够认为该分厂生产的产品中，质量指标值不低于 62.73 的产品至少占全部产品的 18%.

2. 变式 1：根据正态分布的性质，$P(0<x<1)=\frac{1}{2}P(-1<X<1)\approx0.34$，故选 C.

变式 2：因为 $\mu=2$，所以 $P(\xi<4)=1-P(\xi\geqslant4)=0.8$，可知 $P(\xi\geqslant4)=P(\xi\leqslant0)=0.2$，所以 $P(0<\xi<2)=P(0<\xi<4)=X(1-2\times0.2)=0.3$，故选 C.

第 5 章

5.1 阅读能力和分类讨论的思想

1. $\frac{11}{6}$.

2. (1) $\frac{3}{10}$；(2) $\frac{11}{4}$.

3. (1) 变量 x 是在 1，2，3，…，24 这 24 个整数中随机产生的一个数，共有 24 种可能.

当 x 从 1，3，5，7，9，11，13，15，17，19，21，23 这 12 个数中产生时，输出 y 的值为 1，故 $P_1 = \dfrac{1}{2}$；

当 x 从 2，4，8，10，14，16，20，22 这 8 个数中产生时，输出 y 的值为 2，故 $P_2 = \dfrac{1}{3}$；

当 x 从 6，12，18，24 这 4 个数中产生时，输出 y 的值为 3，故 $P_3 = \dfrac{1}{6}$.

所以，输出 y 的值为 1 的概率为 $\dfrac{1}{2}$，输出 y 的值为 2 的概率为 $\dfrac{1}{3}$，输出 y 的值为 3 的概率为 $\dfrac{1}{6}$.

(2) 当 $n = 2100$ 时，甲、乙所编程序各自输出 y 的值为 i $(i = 1，2，3)$ 的频率如下：

	输出 y 的值为 1 的频率	输出 y 的值为 2 的频率	输出 y 的值为 3 的频率
甲	$\dfrac{1027}{2100}$	$\dfrac{376}{2100}$	$\dfrac{697}{2100}$
乙	$\dfrac{1051}{2100}$	$\dfrac{696}{2100}$	$\dfrac{353}{2100}$

比较频率趋势与概率，可知乙同学所编程序符合算法要求的可能性较大.

(3) 随机变量 ξ 可能的取值为 0，1，2，3.

$P(\xi = 0) = C_3^0 \times \left(\dfrac{1}{3}\right)^0 \times \left(\dfrac{2}{3}\right)^3 = \dfrac{8}{27}$，$P(\xi = 1) = C_3^1 \times \left(\dfrac{1}{3}\right)^1 \times \left(\dfrac{2}{3}\right)^2 = \dfrac{4}{9}$，

$P(\xi = 2) = C_3^2 \times \left(\dfrac{1}{3}\right)^2 \times \left(\dfrac{2}{3}\right)^1 = \dfrac{2}{9}$，$P(\xi = 0) = C_3^3 \times \left(\dfrac{1}{3}\right)^3 \times \left(\dfrac{2}{3}\right)^0 = \dfrac{1}{27}$.

故 ξ 的分布列如下：

ξ	0	1	2	3
P	$\dfrac{8}{27}$	$\dfrac{4}{9}$	$\dfrac{2}{9}$	$\dfrac{1}{27}$

所以，$E(\xi) = 0 \times \dfrac{8}{27} + 1 \times \dfrac{4}{9} + 2 \times \dfrac{2}{9} + 3 \times \dfrac{1}{27} = 1$，即 ξ 的数学期望为 1.

4. 设 Y 表示顾客办理业务所需的时间，用频率估计概率，得 Y 的分布列如下：

Y	1	2	3	4	5
P	0.1	0.4	0.3	0.1	0.1

(1) A 表示事件"第三个顾客恰好等待 4 分钟开始办理业务"，则事件 A 对应三种情形：①第一个顾客办理业务所需的时间为 1 分钟，且第二个顾客办理业务所需的时间

为 3 分钟；②第一个顾客办理业务所需的时间为 3 分钟，且第二个顾客办理业务所需的时间为 1 分钟；③第一个和第二个顾客办理业务所需的时间均为 2 分钟.

所以 $P(A)=P(Y=1)P(Y=3)+P(Y=3)P(Y=1)+P(Y=2)P(Y=2)=0.1\times0.3+0.3\times0.1+0.4\times0.4=0.22.$

(2) X 所有可能的取值为 0，1，2.

$X=0$ 对应第一个顾客办理业务所需的时间超过 2 分钟，所以 $P(X=0)=P(Y>2)=0.5$；

$X=1$ 对应第一个顾客办理业务所需的时间为 1 分钟且第二个顾客办理业务所需的时间超过 1 分钟，或第一个顾客办理业务所需的时间为 2 分钟，所以 $P(X=1)=P(Y=1)P(Y>1)+P(Y=2)=0.1\times0.9+0.4=0.49$；

$X=2$ 对应两个顾客办理业务所需的时间均为 1 分钟，所以 $P(X=2)=P(Y=1)P(Y=1)=0.1\times0.1=0.01.$

所以 X 的分布列如下：

X	0	1	2
P	0.5	0.49	0.01

$E(X)=0\times0.5+1\times0.49+2\times0.01=0.51.$

5. （Ⅰ）每道题实测的答对人数及相应的实测难度如下表：

题号	1	2	3	4	5
实测答对人数	8	8	7	7	2
实测难度	0.8	0.8	0.7	0.7	0.2

所以，估计 120 人中有 $120\times0.2=24$ 人答对第 5 题.

（Ⅱ）记编号为 i 的学生为 $A_i(i=1，2，3，4，5)$，从这 5 人中随机抽取 2 人，不同的抽取方法有 10 种. 其中恰好有 1 人答对第 5 题的抽取方法为 $(A_1，A_2)$，$(A_1，A_3)$，$(A_1，A_4)$，$(A_2，A_5)$，$(A_3，A_5)$，$(A_4，A_5)$，共 6 种.

所以，从抽样的 10 名学生中随机抽取 2 名答对至少 4 道题的学生，恰好有 1 人答对第 5 题的概率为 $P=\dfrac{6}{10}=\dfrac{3}{5}.$

（Ⅲ）P_i' 为抽样的 10 名学生中第 i 题的实测难度，用 P_i' 作为这 120 名学生第 i 题的实测难度.

$S=\dfrac{1}{5}\big[(0.8-0.9)^2+(0.8-0.8)^2+(0.7-0.7)^2+(0.7-0.6)^2+(0.2-0.4)^2\big]=0.012.$

因为 $S=0.012<0.05$，所以，该次测试的难度预估是合理的.

6. （Ⅰ）根据题意，因为 X_1 的数学期望 $E(X_1)=6$，则 $5\times0.4+6a+7b+8\times0.1=6$，

化简可得 $6a+7b=3.2$.

又由 X_1 的频率分布列，可得 $0.4+a+b+0.1=1$，即 $a+b=0.5$.

联立得 $\begin{cases} 6a+7b=3.2 \\ a+b=0.5 \end{cases}$，解得 $a=0.3$，$b=0.2$.

（Ⅱ）用这个样本的频率分布估计总体的分布，将其频率视为概率，可得 X_2 的概率分布列如下：

X_2	3	4	5	6	7	8
P	0.3	0.2	0.2	0.1	0.1	0.1

所以 $E(X_2)=3\times0.3+4\times0.2+5\times0.2+6\times0.1+7\times0.1+8\times0.1=4.8$，即乙产品的等级系数的数学期望为 4.8.

（Ⅲ）乙厂的产品更具有可购买性.

理由如下：甲厂产品的等级系数的数学期望等于 6，价格为 6 元/件，所以其性价比为 $\dfrac{6}{6}=1$，乙厂产品的等级系数的数学期望等于 4.8，价格为 4 元/件，所以其性价比为 $\dfrac{4.8}{4}=1.2$，据此乙厂的产品更具有可购买性.

7. （Ⅰ）由题意可知 X 的可能取值为 $0.9a$，$0.8a$，$0.7a$，a，$1.1a$，$1.3a$，由统计数据可知：$P(X=0.9a)=\dfrac{1}{6}$，$P(X=0.8a)=\dfrac{1}{12}$，$P(X=0.7a)=\dfrac{1}{12}$，$P(X=a)=\dfrac{1}{3}$，$P(X=1.1a)=\dfrac{1}{4}$，$P(X=1.3a)=\dfrac{1}{12}$.

所以 X 的分布列如下：

X	$0.9a$	$0.8a$	$0.7a$	a	$1.1a$	$1.3a$
P	$\dfrac{1}{6}$	$\dfrac{1}{12}$	$\dfrac{1}{12}$	$\dfrac{1}{3}$	$\dfrac{1}{4}$	$\dfrac{1}{12}$

所以 $E(X)=0.9a\times\dfrac{1}{6}+0.8a\times\dfrac{1}{12}+0.7a\times\dfrac{1}{12}+a\times\dfrac{1}{3}+1.1a\times\dfrac{1}{4}+1.3a\times\dfrac{1}{12}=\dfrac{11.9a}{12}=\dfrac{11305}{12}\approx942$.

（Ⅱ）①由统计数据可知任意一辆该品牌车龄已满三年的二手车为事故车的概率为 $\dfrac{1}{3}$，三辆车中至多有一辆事故车的概率为 $P=\left(1-\dfrac{1}{3}\right)^3+C_3^1\dfrac{1}{3}\left(\dfrac{2}{3}\right)^2=\dfrac{20}{27}$.

②设 Y 为该销售商购进并销售一辆二手车的利润，Y 的可能取值为 -5000，10000.

所以 Y 的分布列如下：

Y	-5000	10000
P	$\dfrac{1}{3}$	$\dfrac{2}{3}$

所以 $E(Y) = -5000 \times \dfrac{1}{3} + 10000 \times \dfrac{2}{3} = 5000$.

该销售商一次购进 100 辆该品牌车龄已满三年的二手车获得利润的期望值为 $100 \times E(Y) = 50$ 万元.

8.（Ⅰ）$\bar{x} = \dfrac{1}{8}(8 + 11 + 18 + 25 + 25 + 31 + 37 + 45) = 25$ 万元，$\bar{y} = \dfrac{1}{8}(2150 + 2400 + 3140 + 3750 + 4000 + 4560 + 5500 + 6500) 4000$ 元，直线 $\hat{y} = \hat{b}x + 1055$ 经过样本的（$\bar{x}$,

$\bar{y}$），即（25，4000）. 所以 $b = \dfrac{\bar{y} - 1055}{\bar{x}} = \dfrac{4000 - 1055}{25} = 117.8$.

（Ⅱ）设该车辆在 2017 年的保费倍率为 X，则 X 为随机变量，X 的取值为 0.85，1，1.25，1.5，1.75，2，则 X 的分布列如下：

X	0.85	1	1.25	1.5	1.75	2
P	0.50	0.38	0.10	0.015	0.004	0.001

计算得下一年保费的期望倍率为 $E(X) = 0.85 \times 0.5 + 1 \times 0.38 + 1.25 \times 0.1 + 1.5 \times 0.015 + 1.75 \times 0.004 + 2 \times 0.001 = 0.9615$. 该车辆估计 2017 年应缴保费 $(117.8 \times 20 + 1055) \times 0.9615 = 3279.677 \approx 3280$（元），因 $0.96 < 1$（或 $3280 < 3411$），基于以上数据可知，车险新政总体上减轻了车主负担.

9.（Ⅰ）由直方图可估算 2017 年（以 365 天计算）全年空气质量优良的天数为：$(0.1 + 0.2) \times 365 = 0.3 \times 365 = 109.5 \approx 110$.

（Ⅱ）由题可知，X 的所有可能取值为：0，10000，20000，30000，40000，50000，60000.

则 $P(X = 0) = \left(\dfrac{4}{5}\right)^3 = \dfrac{64}{125}$，$P(X = 10000) = C_3^1 \times \dfrac{1}{10} \times \left(\dfrac{4}{5}\right)^2 = \dfrac{24}{125}$，

$P(X = 20000) = C_3^2 \times \left(\dfrac{1}{10}\right)^2 \times \dfrac{4}{5} + C_3^1 \times \dfrac{1}{10} \times \left(\dfrac{4}{5}\right)^2 = \dfrac{27}{125}$，

$P(X = 30000) = \left(\dfrac{1}{10}\right)^3 + C_3^1 \times \dfrac{1}{10} \times C_2^1 \times \dfrac{1}{10} \times \dfrac{4}{5} = \dfrac{49}{1000}$，

$P(X = 40000) = C_3^2 \times \left(\dfrac{1}{10}\right)^2 \times \dfrac{1}{10} + C_3^2 \times \left(\dfrac{1}{10}\right)^2 \times \dfrac{4}{5} = \dfrac{27}{1000}$，

$P(X = 50000) = C_3^2 \times \left(\dfrac{1}{10}\right)^2 \times \dfrac{1}{10} = \dfrac{3}{1000}$，$P(X = 60000) = \left(\dfrac{1}{10}\right)^3 = \dfrac{1}{1000}$.

所以 X 的分布列如下：

X	0	10000	20000	30000	40000	50000	60000
P	$\dfrac{64}{125}$	$\dfrac{24}{125}$	$\dfrac{27}{125}$	$\dfrac{49}{1000}$	$\dfrac{27}{1000}$	$\dfrac{3}{1000}$	$\dfrac{1}{1000}$

X 的数学期望 $E(X)=0\times\dfrac{64}{125}+10000\times\dfrac{24}{125}+20000\times\dfrac{27}{125}+30000\times\dfrac{49}{1000}+40000\times$

$\dfrac{27}{1000}+50000\times\dfrac{3}{1000}+60000\times\dfrac{1}{1000}=9000.$

10. (1) 当 $0\leqslant x\leqslant 200$ 时，$y=0.5x$；

当 $200\leqslant x\leqslant 400$ 时，$y=0.5\times200+0.8\times(x-200)=0.8x-60$；

当 $x>400$ 时，$y=0.5\times200+0.8\times200+1.0\times(x-400)=x-140.$

所以 y 与 x 之间的函数解析式为：$y=\begin{cases}0.5x, & 0\leqslant x\leqslant 200\\ 0.8x-60, & 200<x\leqslant 400.\\ x-140, & x>400\end{cases}$

(2) 由 (1) 可知，当 $y=260$ 时，$x=400$，则 $P(x\leqslant400)=0.80$，结合频率分布

直方图，可知 $\begin{cases}0.1+2\times100b+0.3=0.8\\ 100a+0.05=0.2\end{cases}$，所以 $a=0.0015$，$b=0.0012.$

(3) 由题意可知 X 可取 50，150，250，350，450，550.

①当 $x=50$ 时，$y=0.5\times50=25$，$P(y=25)=0.1$；

②当 $x=150$ 时，$y=0.5\times150=75$，$P(y=75)=0.2$；

③当 $x=250$ 时，$y=0.5\times200+0.8\times50=140$，$P(y=140)=0.3$；

④当 $x=350$ 时，$y=0.5\times200+0.8\times150=220$，$P(y=220)=0.2$；

⑤当 $x=450$ 时，$y=0.5\times200+0.8\times200+1.0\times50=310$，$P(y=310)=0.15$；

⑥当 $x=550$ 时，$y=0.5\times200+0.8\times200+1.0\times150=410$，所以 $P(y=410)=0.05.$

故 Y 的概率分布如下：

Y	25	75	140	220	310	410
P	0.1	0.2	0.3	0.2	0.15	0.05

所以随机变量 Y 的数学期望为：$E(Y)=25\times0.1+75\times0.2+140\times0.3+220\times0.2+$
$310\times0.15+410\times0.05=170.5.$

11. (1) 设每天 A，B 两种产品的生产数量分别为 x 吨、y 吨，相应的获利为 z，

则有 $\begin{cases}2x+1.5y\leqslant W\\ x+1.5y\leqslant 12\\ 2x-y\geqslant 0\\ x\geqslant 0, y\geqslant 0\end{cases}$ （*），目标函数为 $z=1000x+1200y.$

①当 $W=12$ 时，（*）表示的平面区域如下：

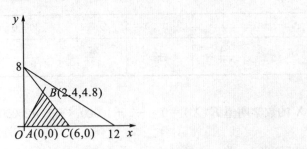

三个顶点分别为 $A(0，0)$，$B(2.4，4.8)$，$C(6，0)$. 将 $z=1000x+1200y$ 变形为 $y=-\dfrac{5}{6}x+\dfrac{z}{1200}$. 当 $x=2.4$，$y=4.8$ 时，直线 $l：y=-\dfrac{5}{6}x+\dfrac{z}{1200}$ 在 y 轴上的截距最大，最大获利 $Z=z_{max}=2.4\times1000+4.8\times1200=8160$（元）.

②当 $W=15$ 时，（＊）表示的平面区域如下：

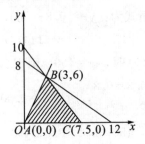

三个顶点分别为 $A(0，0)$，$B(3，6)$，$C(7.5，0)$. 将 $z=1000x+1200y$ 变形为 $l：y=-\dfrac{5}{6}x+\dfrac{z}{1200}$. 当 $x=3$，$y=6$ 时，直线 $l：y=-\dfrac{5}{6}x+\dfrac{z}{1200}$ 在 y 轴上的截距最大，最大获利 $Z=z_{max}=3\times1000+6\times1200=10200$（元）.

③当 $W=18$ 时，（＊）表示的平面区域如下：

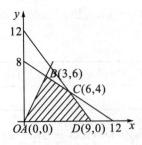

四个顶点分别为 $A(0，0)$，$B(3，6)$，$C(6，4)$，$D(9，0)$. 将 $z=1000x+1200y$ 变形为 $l：y=-\dfrac{5}{6}x+\dfrac{z}{1200}$. 当 $x=6$，$y=4$ 时，直线 $l：y=-\dfrac{5}{6}x+\dfrac{z}{1200}$ 在 y 轴上的截距最大，最大获利 $Z=z_{max}=6\times1000+4\times1200=10800$（元）.

故最大获利 Z 的分布列如下：

Z	8160	10200	10800
P	0.3	0.5	0.2

因此，$E(Z)=8160\times0.3+10200\times0.5+10800\times0.2=9708$.

（2）由（1）知，一天最大获利超过 10000 元的概率为：

$p_1=P(Z>10000)=0.5+0.2=0.7$.

由二项分布知，3 天中至少有 1 天最大获利超过 10000 元的概率为：

$p=1-(1-p_1)^3=1-0.3^3=0.973$.

12. （1）A 项目投资利润 ξ 的分布列如下：

ξ	$0.3x$	$-0.2x$
P	0.6	0.4

$E(\xi)=0.18x-0.08x=0.1x$.

B 项目投资利润 η 的分布列如下：

η	$0.35y$	$-0.1y$	0
P	0.6	0.1	0.3

$E(\eta)=0.21y-0.01y=0.2y$.

（2）由题意可知，x，y 满足的约束条件为 $\begin{cases} x+y\leqslant100 \\ x\geqslant y \\ x\geqslant0,\ y\geqslant0 \end{cases}$.

由（1）可知，$z=E(\xi)+E(\eta)=0.1x+0.2y$，当 $x=50$，$y=50$ 时，z 取得最大值 15.

所以对 A，B 项目各投资 50 万元，可使公司获得最大利润，最大利润是 15 万元.

13. （1）茎叶图如图所示：

```
        甲 | 11 | 乙
        9 | 11 | 0 0 4
0 1 3 5 9 | 12 | 6 7
  1 2 3 7 | 13 | 0
          | 14 | 4 6 6 7
```

统计结论：

①甲种树苗的平均高度小于乙种树苗的平均高度；

②甲种树苗比乙种树苗长得整齐；

③甲种树苗高度的中位数为 127，乙种树苗高度的中位数为 128.5；

④甲种树苗的高度基本上是对称的，而且大多数集中在均值附近，乙种树苗的高度分布较为分散.

（2）依题意，$x = 127$，$S = 35$.

S 表示 10 株甲种树苗高度的方差，是描述树苗高度的离散程度的量.

S 值越小，表示树苗长得越整齐；S 值越大，表示树苗长得越参差不齐.

（3）由题意可知，领取一株甲种树苗得到"良种树苗"的概率为 $\dfrac{1}{2}$，则 $X \sim$

$B\left(5, \dfrac{1}{2}\right)$，所以随机变量 X 的分布列如下：

X	0	1	2	3	4	5
P	$\dfrac{1}{32}$	$\dfrac{5}{32}$	$\dfrac{5}{16}$	$\dfrac{5}{16}$	$\dfrac{5}{32}$	$\dfrac{1}{32}$

5.2 利用概率统计知识做决策

1. 变式1：（Ⅰ）由柱状图并以频率代替概率可得，一台机器在三年内需更换的易损零件数为 8，9，10，11 的概率分别为 0.2，0.4，0.2，0.2，从而

$P(X = 16) = 0.2 \times 0.2 = 0.04$；

$P(X = 17) = 2 \times 0.2 \times 0.4 = 0.16$；

$P(X = 18) = 2 \times 0.2 \times 0.2 + 0.4 \times 0.4 = 0.24$；

$P(X = 19) = 2 \times 0.2 \times 0.2 + 2 \times 0.4 \times 0.2 = 0.24$；

$P(X = 20) = 2 \times 0.2 \times 0.4 + 0.2 \times 0.2 = 0.2$；

$P(X = 21) = 2 \times 0.2 \times 0.2 = 0.08$；

$P(X = 22) = 0.2 \times 0.2 = 0.04$.

所以 X 的分布列如下：

X	16	17	18	19	20	21	22
P	0.04	0.16	0.24	0.24	0.2	0.08	0.04

（Ⅱ）由（Ⅰ）知 $P(X \leqslant 18) = 0.44$，$P(X \leqslant 19) = 0.68$，故 n 的最小值为 19.

（Ⅲ）记 Y 表示 2 台机器在购买易损零件上所需的费用（单位：元）.

当 $n = 19$ 时，$EY = 19 \times 200 \times 0.68 + (19 \times 200 + 500) \times 0.2 + (19 \times 200 + 2 \times 500) \times 0.08 + (19 \times 200 + 3 \times 500) \times 0.04 = 4040$.

当 $n = 20$ 时，$EY = 20 \times 200 \times 0.88 + (20 \times 200 + 500) \times 0.08 + (20 \times 200 + 2 \times 500) \times 0.04 = 4080$.

可知当 $n = 19$ 时所需费用的期望值小于 $n = 20$ 时所需费用的期望值，故应选 $n = 19$.

变式 2：(1) 易知需求量可取 200，300，500.

$$P(X=200)=\frac{2+16}{30\times3}=\frac{1}{5}, \quad P(X=300)=\frac{36}{30\times3}=\frac{2}{5}, \quad P(X=500)=\frac{25+7+4}{30\times3}=\frac{2}{5}.$$

则分布列如下：

X	200	300	500
P	$\frac{1}{5}$	$\frac{2}{5}$	$\frac{2}{5}$

(2) ①当 $n\leqslant200$ 时，$Y=n(6-4)=2n$，此时 $Y_{\max}=400$，当 $n=200$ 时取到.

②当 $200<n\leqslant300$ 时，$Y=\frac{4}{5}\cdot2n+\frac{1}{5}[200\times2+(n-200)\cdot(-2)]=\frac{8}{5}n+\frac{800-2n}{5}=\frac{6n+800}{5}$，此时 $Y_{\max}=520$，当 $n=300$ 时取到.

③ 当 $300<n\leqslant500$ 时，$Y=\frac{1}{5}[200\times2+(n-200)\cdot(-2)]+\frac{2}{5}[300\times2+(n-300)\cdot(-2)]+\frac{2}{5}\cdot n\cdot2=\frac{3200-2n}{5}$，此时 $Y<520$.

④当 $n\geqslant500$ 时，易知一定小于③的情况.

综上所述，当 $n=300$ 时，取到最大值为 520.

变式 3：(1) 依题意，$p_1=P(40<X<80)=\frac{10}{50}=0.2$，$p_2=P(80\leqslant X\leqslant120)=\frac{35}{50}=0.7$，$p_3=P(X>120)=\frac{5}{50}=0.1$.

由二项分布，在未来 4 年中至多有一年的年入流量超过 120 的概率为：$p=C_4^0(1-p_3)^4+C_4^1(1-p_3)^3p_3=\left(\frac{9}{10}\right)^4+4\times\left(\frac{9}{10}\right)^3\times\frac{1}{10}=0.9477$.

(2) 记水电站年总利润为 Y.

①安装一台发电机的情形.

由于水库年入流量总大于 40，故一台发电机运行的概率为 1，对应的年利润 $Y=5000$，$E(Y)=1\times5000=5000$.

②安装两台发电机的情形.

依题意，当 $40<x<80$ 时，一台发电机运行，此时 $Y=5000-800=4200$，因此 $P(Y=4200)=P(40<x<80)=p_1=0.2$；当 $X\geqslant80$ 时，两台发电机运行，此时 $Y=5000\times2=10000$，因此 $P(Y=10000)=P(X\geqslant80)=p_2+p_3=0.8$. 由此得到分布列如下：

Y	4200	10000
P	0.2	0.8

所以，$E(Y)=4200\times0.2+1000\times0.8=8840$.

③安装三台发电机的情形.

依题意，当 $40<x<80$ 时，一台发电机运行，此时 $Y=5000-1600=3400$，因此 $P(Y=3400)=P(40<x<80)=p_1=0.2$；当 $80\leqslant X\leqslant120$ 时，两台发电机运行，此时 $Y=5000\times2-800=9200$，因此 $P(Y=9200)=P(80\leqslant X\leqslant120)=p_2=0.7$；当 $X>120$ 时，三台发电机运行，此时 $Y=5000\times3=15000$，因此 $P(Y=15000)=P(X>120)=p_3=0.1$. 由此得到分布列如下：

Y	3400	8200	15000
P	0.2	0.7	0.1

所以，$E(Y)=3400\times0.2+9200\times0.7+15000\times0.1=8620$.

综上，欲使水电站年总利润的均值达到最大，应安装发电机两台.

变式 4：（1）设顾客所获的奖励额为 X.

①依题意，得 $P(X=60)=\dfrac{C_1^1C_3^1}{C_4^2}=\dfrac{1}{2}$，即顾客所获的奖励额为 60 元的概率为 $\dfrac{1}{2}$.

②依题意，得 X 的所有可能取值为 20，60，$P(X=60)=\dfrac{1}{2}$，$P(X=20)=\dfrac{C_3^2}{C_4^2}=\dfrac{1}{2}$，即 X 的分布列如下：

X	20	60
P	$\dfrac{1}{2}$	$\dfrac{1}{2}$

所以顾客所获的奖励额的数学期望 $E(X)=20\times0.5+60\times0.5=40$（元）.

（2）根据商场的预算，每个顾客的平均奖励额为 60 元，所以，先寻找期望为 60 元的可能方案.

对于面值由 10 元和 50 元组成的情况，如果选择（10，10，10，50）的方案，因为 60 元是面值之和的最大值，所以期望不可能为 60 元；如果选择（50，50，50，10）的方案，因为 60 元是面值之和的最小值，所以期望也不可能为 60 元. 因此可能的方案是（10，10，50，50），记为方案 1.

对于面值由 20 元和 40 元组成的情况，同理可排除（20，20，40，40）和（40，40，40，20）的方案，所以可能的方案是（20，20，20，40），记为方案 2.

以下是对两个方案的分析：

对于方案 1，即方案（10，10，50，50），设顾客所获的奖励额为 X_1，则 X_1 的分布列如下：

X_1	20	60	100
P	$\frac{1}{6}$	$\frac{2}{3}$	$\frac{1}{6}$

X_1 的期望为 $E(X_1)=20\times\frac{1}{6}+60\times\frac{2}{3}+100\times\frac{1}{6}=60$，

X_1 的方差为 $D(X_1)=(20-60)^2\times\frac{1}{6}+(60-60)^2\times\frac{2}{3}+(100-60)^2\times\frac{1}{6}=\frac{1600}{3}$.

对于方案 2，即方案（20，20，20，40），设顾客所获的奖励额为 X_2，则 X_2 的分布列如下：

X_2	20	60	80
P	$\frac{1}{6}$	$\frac{2}{3}$	$\frac{1}{6}$

X_2 的期望为 $E(X_2)=40\times\frac{1}{6}+60\times\frac{2}{3}+80\times\frac{1}{6}=60$，

X_2 的方差为 $D(X_2)=(40-60)^2\times\frac{1}{6}+(60-60)^2\times\frac{2}{3}+(80-60)^2\times\frac{1}{6}=\frac{400}{3}$.

由于两种方案的奖励额的期望都符合要求，但方案 2 奖励额的方差比方案 1 小，所以应该选择方案 2.

变式 5：（1）X 可能取值有 -200，10，20，100. 根据题意，有

$P(X=-200)=C_3^0\left(\frac{1}{2}\right)^0\left(1-\frac{1}{2}\right)^3=\frac{1}{8}$，$P(X=10)=C_3^1\left(\frac{1}{2}\right)^1\left(1-\frac{1}{2}\right)^2=\frac{3}{8}$，

$P(X=20)=C_3^2\left(\frac{1}{2}\right)^2\left(1-\frac{1}{2}\right)^1=\frac{3}{8}$，$P(X=100)=C_3^3\left(\frac{1}{2}\right)^3\left(1-\frac{1}{2}\right)^0=\frac{1}{8}$.

所以 X 的分布列如下：

X	-200	10	20	100
P	$\frac{1}{8}$	$\frac{3}{8}$	$\frac{3}{8}$	$\frac{1}{8}$

（2）由（1）知，每盘游戏出现音乐的概率是 $p=\frac{3}{8}+\frac{3}{8}+\frac{1}{8}=\frac{7}{8}$，则玩三盘游戏，至少有一盘出现音乐的概率是 $p_1=1-C_3^0\left(\frac{7}{8}\right)^0\left(1-\frac{7}{8}\right)^3=\frac{511}{512}$.

（3）由（1）知，每盘游戏获得的分数为 X 的数学期望是 $E(X)=(-200)\times\frac{1}{8}+10\times\frac{3}{8}+20\times\frac{3}{8}+100\times\frac{1}{8}=-\frac{5}{4}$. 这表明，每盘游戏平均得分是负分，因此，多次游

戏之后分数减少的可能性更大.

2.（1）顾客 A 只选择方案 a 进行抽奖，则其抽奖方式为按方案 a 抽奖三次，按方案 a 一次抽中的概率 $P(A)=\dfrac{C_2^2}{C_5^2}=\dfrac{1}{10}$，此时满足二项分布 $B\left(3,\dfrac{1}{10}\right)$，

设所得奖金为 w_1，则 $Ew_1=3\times\dfrac{1}{10}\times30=9$，所以顾客 A 只选择方案 a 进行抽奖，其所获奖金的期望值为 9 元.

（2）按方案 b 一次抽中的概率 $P(B)=\dfrac{C_3^2}{C_5^2}=\dfrac{3}{10}$.

假设①：顾客 A 按方案 a 抽奖两次，按方案 b 抽奖一次，此时方案 a 的抽法满足二项分布 $B_1\left(2,\dfrac{1}{10}\right)$，方案 b 的抽法满足二项分布 $B_2\left(1,\dfrac{3}{10}\right)$. 设所得奖金为 w_2，则 $Ew_2=2\times\dfrac{1}{10}\times30+1\times\dfrac{3}{10}\times15=10.5$.

假设②：顾客 A 按方案 b 抽奖两次，此时满足二项分布 $B\left(2,\dfrac{3}{10}\right)$，设所得奖金为 w_3，$Ew_3=2\times\dfrac{3}{10}\times15=9$. 因为 $Ew_1=Ew_3<Ew_2$，所以要使所获奖金的期望值最大，顾客 A 应按方案 a 抽奖两次，按方案 b 抽奖一次.

3.（Ⅰ）由表格知，甲地不缺货的概率大于 0.7 时，至少需配货 5 件；乙地不缺货的概率大于 0.7 时，至少需配货 4 件. 所以共有两种方案：甲地配 5 件，乙地配 5 件；甲地配 6 件，乙地配 4 件.

（Ⅱ）（1）方案一：甲地配 5 件时，记甲地的利润为 X_1，乙地的利润为 Y_1，则 X_1 的分布列如下：

X_1	7	10
P	0.5	0.5

Y_1 的分布列如下：

Y_1	4	7	10
P	0.6	0.3	0.1

所以，方案一中供货商净利润的期望为：$E(X_1)+E(Y_1)=(7\times0.5+10\times0.5)+(4\times0.6+7\times0.3+10\times0.1)=14$（万元）.

（2）方案二：甲地配 6 件，乙地配 4 件时，记甲地的利润为 X_2，乙地的利润为 Y_2，则 X_2 的分布列如下：

X_2	6	9	12
P	0.5	0.3	0.2

Y_2 的分布列如下：

Y_2	5	8
P	0.6	0.4

所以，方案二中供货商净利润为：$E(X_2)+E(Y_2)=(6\times0.5+9\times0.3+12\times0.1)+(5\times0.6+8\times0.4)=14.3$（万元）.

综上，仅考虑供货商所获净利润，选择方案二最佳.

4. （Ⅰ）依题意，ξ_1 的所有取值为 1.68，1.92，2.1，2.4，因为 $P(\xi_1=1.68)=0.6\times0.5=0.30$，$P(\xi_1=1.92)=0.6\times0.5=0.30$，$P(\xi_1=2.1)=0.4\times0.5=0.20$，$P(\xi_1=2.4)=0.4\times0.5=0.20$，所以 ξ_1 的分布列如下：

ξ_1	1.68	1.92	2.1	2.4
P_1	0.30	0.30	0.20	0.20

依题意，ξ_2 的所有取值为 1.68，1.8，2.24，2.4，因为 $P(\xi_2=1.68)=0.7\times0.6=0.42$，$P(\xi_2=1.8)=0.3\times0.6=0.18$，$P(\xi_2=2.24)=0.7\times0.4=0.28$，$P(\xi_2=2.4)=0.3\times0.4=0.12$，所以 ξ_2 的分布列如下：

ξ_2	1.68	1.8	2.24	2.4
P_2	0.42	0.18	0.28	0.12

（Ⅱ）令 Q_i 表示方案 i 所带来的利润，则

Q_1	15	20	25
P	0.30	0.50	0.20

Q_2	15	20	25
P	0.42	0.46	0.12

所以 $EQ_1=15\times0.30+20\times0.50+25\times0.20=19.5$，$EQ_2=15\times0.42+20\times0.46+25\times0.12=18.5$.

因为 $EQ_1>EQ_2$，所以实施方案 1，第二个月的利润更大.

变式 1：（1）由已知数据，可得 $\bar{x}=\dfrac{2+4+5+6+8}{5}=5$，$\bar{y}=\dfrac{3+4+4+4+5}{5}=4$.

因为 $\displaystyle\sum_{i=1}^{5}(x_i-\bar{x})(y_i-\bar{y})=(-3)\times(-1)+0+0+0+3\times1=6$，

$$\sqrt{\sum_{i=1}^{5} (x_i - \bar{x})^2} = \sqrt{(-3)^2 + (-1)^2 + 0^2 + 1^2 + 3^2} = 2\sqrt{5},$$

$$\sqrt{\sum_{i=1}^{5} (y_i - \bar{y})^2} = \sqrt{(-1)^2 + 0^2 + 0^2 + 0^2 + 1^2} = \sqrt{2}.$$

所以相关系数 $r = \dfrac{\sum\limits_{i=1}^{n} (x_i - \bar{x})(y_i - \bar{y})}{\sqrt{\sum\limits_{i=1}^{n} (x_i - \bar{x})^2} \sqrt{\sum\limits_{i=1}^{n} (y_i - \bar{y})^2}} = \dfrac{6}{2\sqrt{5} \cdot \sqrt{2}} = \sqrt{\dfrac{9}{10}} \approx 0.95.$

因为 $r > 0.75$，所以可用线性回归模型拟合 y 与 x 的关系.

（2）记商家周总利润为 Y 元，由条件可知至少需安装 1 台，最多安装 3 台光照控制仪.

①安装 1 台光照控制仪可获得周总利润 3000 元.

②安装 2 台光照控制仪的情形：

当 $X > 70$ 时，只有 1 台光照控制仪运行，此时周总利润 $Y = 3000 - 1000 = 2000$（元）；

当 $30 < X \leqslant 70$ 时，2 台光照控制仪都运行，此时周总利润 $Y = 2 \times 3000 = 6000$（元）.

故 Y 的分布列如下：

Y	2000	6000
P	0.2	0.8

所以 $E(Y) = 2000 \times 0.2 + 6000 \times 0.8 = 5200$（元）.

③安装 3 台光照控制仪的情形：

当 $X > 70$ 时，只有 1 台光照控制仪运行，此时周总利润 $Y = 1 \times 3000 - 2 \times 1000 = 1000$（元）；

当 $50 \leqslant X \leqslant 70$ 时，有 2 台光照控制仪运行，此时周总利润 $Y = 2 \times 3000 - 1 \times 1000 = 5000$（元）；

当 $30 < X \leqslant 70$ 时，3 台光照控制仪都运行，周总利润 $Y = 3 \times 3000 = 9000$（元）.

故 Y 的分布列如下：

Y	1000	5000	9000
P	0.2	0.7	0.1

所以 $E(Y) = 1000 \times 0.2 + 5000 \times 0.7 + 9000 \times 0.1 = 4600$（元）.

综上可知，为使商家周总利润的均值达到最大，应该安装 2 台光照控制仪.

变式 2： （1）$\bar{y} = \dfrac{11+13+16+15+20+21}{6} = 16$，所以 $\displaystyle\sum_{i=1}^{6}(y_i - \bar{y})^2 = 76, r =$

$$\dfrac{\displaystyle\sum_{i=1}^{n}(x_i - \bar{x})(y_i - \bar{y})}{\sqrt{\displaystyle\sum_{i=1}^{n}(x_i - \bar{x})^2 \sum_{i=1}^{i}(y_i - \bar{y})^2}} = \dfrac{35}{\sqrt{17.5 \times 76}} = \dfrac{35}{\sqrt{1330}} = \dfrac{35}{36.5} \approx 0.96.$$

所以两变量之间具有较强的线性相关关系，故可用线性回归模型拟合两变量之间的关系.

（2）$\hat{b} = \dfrac{\displaystyle\sum_{i=1}^{n}(x_i - \bar{x})(y_i - \bar{y})}{\displaystyle\sum_{i=1}^{n}(x_i - \bar{x})^2} = \dfrac{35}{17.5} = 2$，又 $\bar{x} = \dfrac{1+2+3+4+5+6}{6} = 3.5$，所

以 $\hat{a} = \bar{y} - \hat{b}\bar{x} = 16 - 2 \times 3.5 = 9$，回归直线方程为 $\hat{y} = 2x + 9$.

2018 年 12 月的月份代码 $x = 7$，$\hat{y} = 2 \times 7 + 9 = 23$，所以估计 2018 年 12 月的市场占有率为 23%.

（3）用频率估计概率，A 款单车的利润 X 的分布列如下：

X	-500	0	500	1000
P	0.1	0.3	0.4	0.2

所以 $E(X) = -500 \times 0.1 + 0 \times 0.3 + 500 \times 0.4 + 1000 \times 0.2 = 350$（元）.

B 款单车的利润 Y 的分布列如下：

Y	-300	200	700	1200
P	0.15	0.4	0.35	0.1

所以 $E(Y) = -300 \times 0.15 + 200 \times 0.4 + 700 \times 0.35 + 1200 \times 0.1 = 400$（元）.

以每辆单车产生利润的期望值为决策依据，故应选择 B 款车型.

5.3 数据处理能力

1. （Ⅰ）由样本数据得 (x_i, i) $(i=1, 2, \cdots, 16)$ 的相关系数为：$r =$

$$\dfrac{\displaystyle\sum_{i=1}^{16}(x_i - \bar{x})(i - 8.5)}{\sqrt{\displaystyle\sum_{i=1}^{16}(x_i - \bar{x})^2} \sqrt{\displaystyle\sum_{i=1}^{16}(i - 8.5)^2}} = \dfrac{-2.78}{0.212 \times \sqrt{16} \times 18.439} \approx -0.18.$$

由于 $|r| < 0.25$，因此可以认为这一天生产的零件尺寸不随生产过程的进行而系统地变大或变小.

（Ⅱ）（i）由于 $\bar{x} = 9.97$，$s \approx 0.212$，由样本数据可以看出抽取的第 13 个零件的尺寸在 $(\bar{x} - 3s, \bar{x} + 3s)$ 以外，因此需对当天的生产过程进行检查.

(ii) 剔除离群值，即第 13 个数据，剩下数据的平均数为 $\frac{1}{15}(16 \times 9.97 - 9.22) =$ 10.02，这条生产线当天生产的零件尺寸的均值的估计值为 10.02.

$\sum\limits_{i=1}^{16} x_i^2 = 16 \times 0.212^2 + 16 \times 9.97^2 \approx 1591.134$（在计算的过程中，一定要保留 3 位小数，算出所有数据后，再按照要求保留两位小数，这样才能达到题目所要求的精确程度）. 剔除第 13 个数据，剩下数据的样本方差为 $\frac{1}{15}(1591.134 - 9.22^2 - 15 \times 10.02^2) \approx$ 0.008，这条生产线当天生产的零件尺寸的标准差的估计值为 $\sqrt{0.008} \approx 0.09$.

2.　（Ⅰ）变量 y 与 t 的相关系数为：$r = \dfrac{\sum\limits_{i=1}^{7}(t_i - \bar{t})(y_i - \bar{y})}{\sqrt{\sum\limits_{i=1}^{7}(t_i - \bar{t})^2 \cdot \sum\limits_{i=1}^{7}(y_i - \bar{y})^2}} =$

$\dfrac{\sum\limits_{i=1}^{7} t_i y_i - 7\bar{t}\bar{y}}{\sqrt{\sum\limits_{i=1}^{7}(t_i - \bar{t})^2} \cdot \sqrt{\sum\limits_{i=1}^{7}(y_i - \bar{y})^2}}$，又 $\sum\limits_{i=1}^{7} t_i = 28$，$\sum\limits_{i=1}^{7} y_i = 9.32$，$\sum\limits_{i=1}^{7} t_i y_i = 40.17$，

$\sqrt{\sum\limits_{i=1}^{7}(t_i - \bar{t})^2} = 2\sqrt{7} = 5.292$，$\sqrt{\sum\limits_{i=1}^{7}(y_i - \bar{y})^2} = 0.55$，所以 $r = \dfrac{40.17 - 4 \times 9.32}{5.292 \times 0.55} \approx$ 0.99，故可用线性回归模型拟合变量 y 与 t 的关系.

（Ⅱ）$\bar{t} = 4$，$\bar{y} = \dfrac{1}{7}\sum\limits_{i=1}^{7} y_i$，所以 $\hat{b} = \dfrac{\sum\limits_{i=1}^{7} t_i y_i - 7\bar{t}\bar{y}}{\sum\limits_{i=1}^{7} t_i^2 - 7\bar{t}^2} = \dfrac{40.17 - 7 \times 4 \times \frac{1}{7} \times 9.32}{28} =$

0.103，$\hat{a} = \bar{y} - \hat{b}\bar{x} = \dfrac{1}{7} \times 9.32 - 0.10 \times 4 \approx 0.92$，所以回归直线方程为 $\hat{y} = 0.10x + 0.92$，当 $x = 9$ 时，$\hat{y} = 1.82$. 所以 2016 年我国生活垃圾无害化处理量的预报值为 1.82 亿吨.